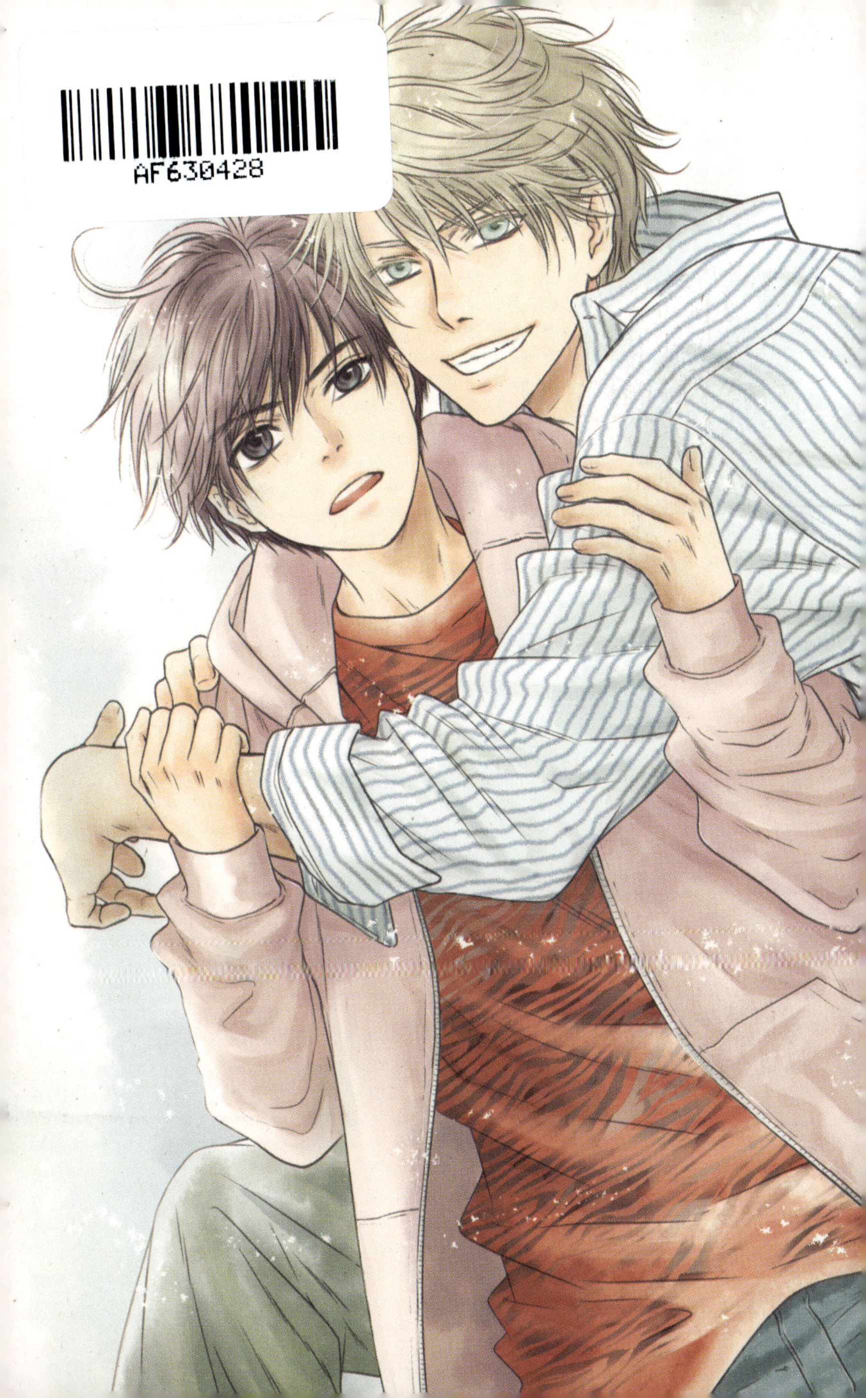

SUPER LOVERS

17

Inhalt

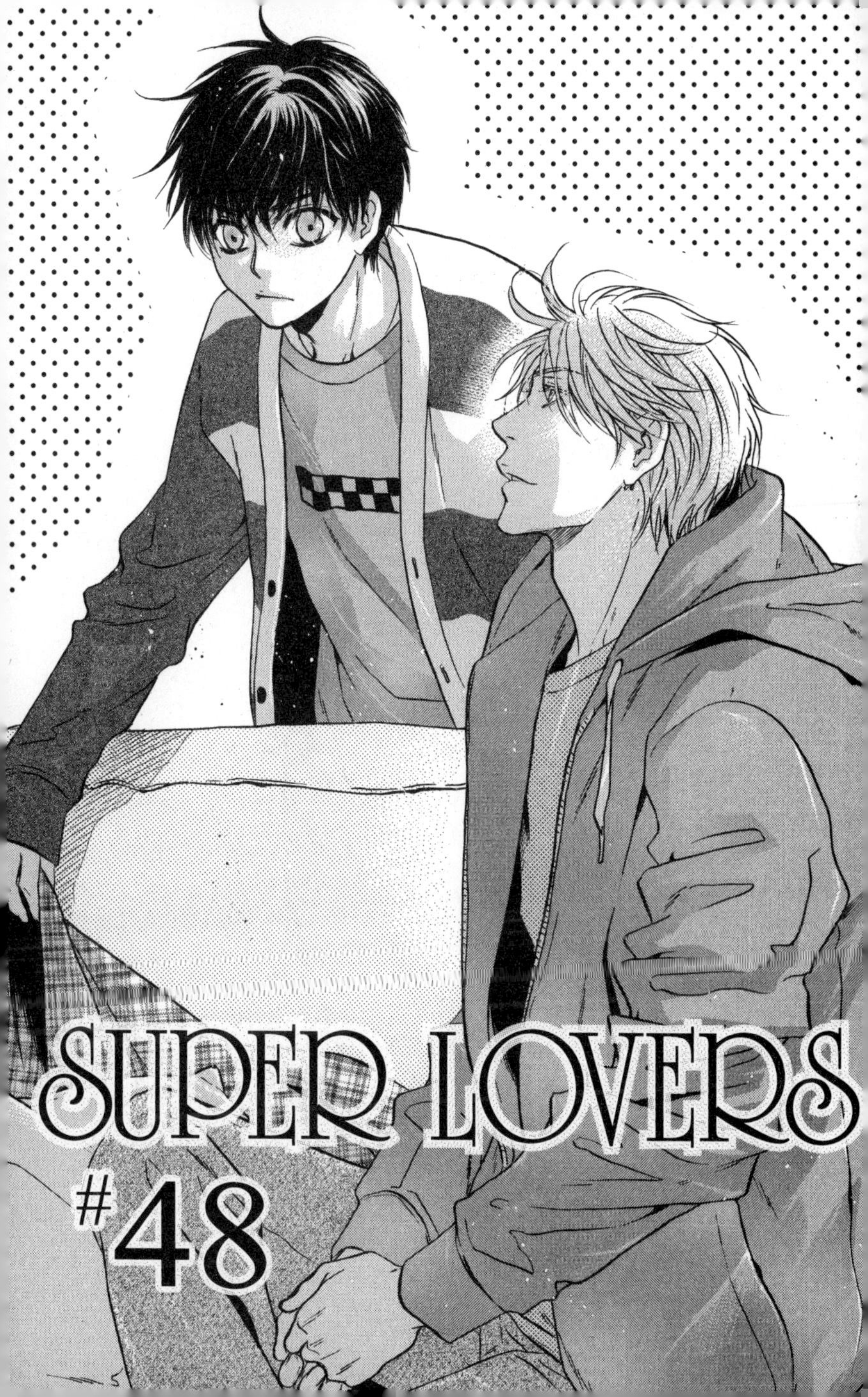
SUPER LOVERS
#48

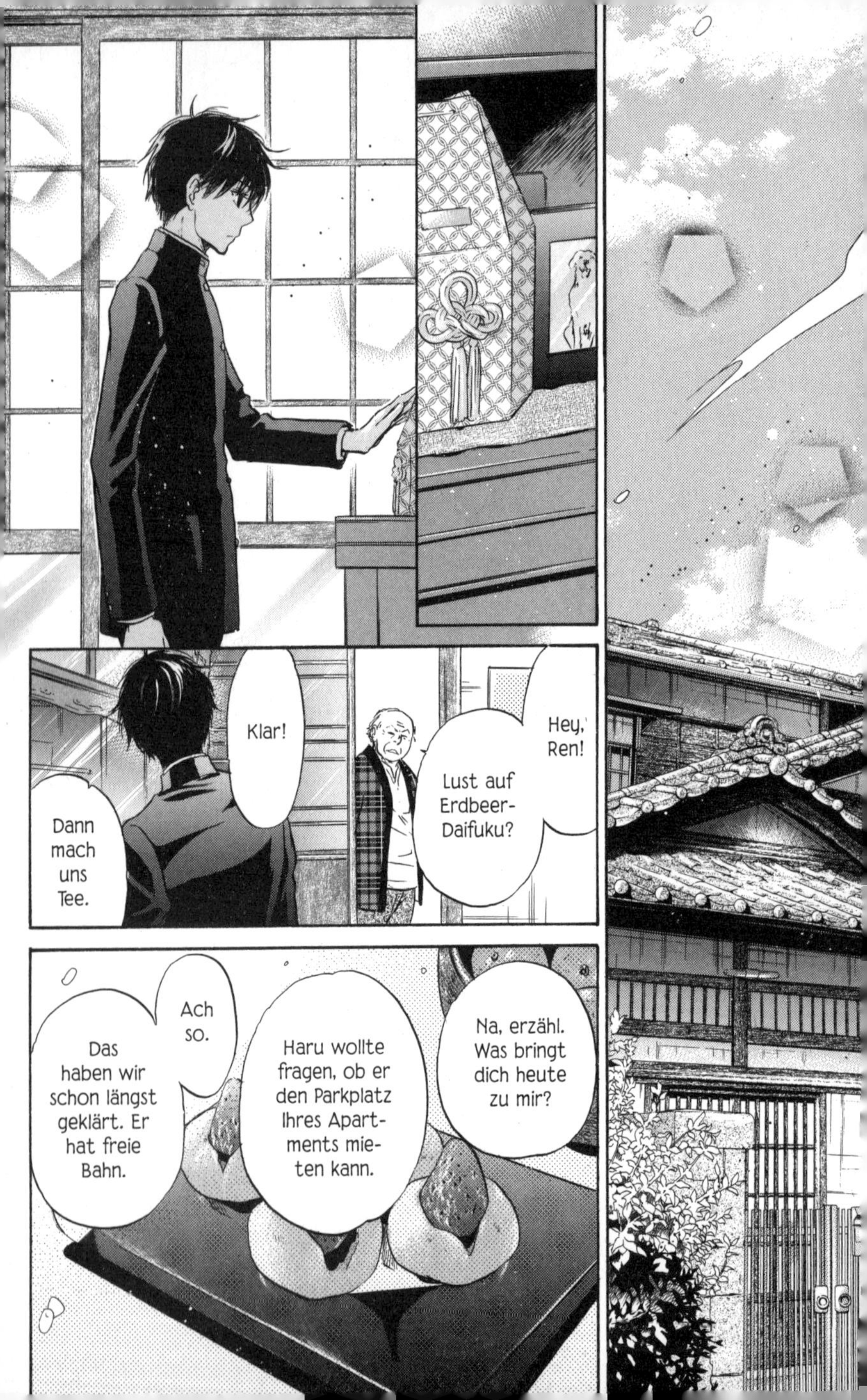
Hey, Ren!
Lust auf Erdbeer-Daifuku?
Klar!
Dann mach uns Tee.
Na, erzähl. Was bringt dich heute zu mir?
Haru wollte fragen, ob er den Parkplatz Ihres Apartments mieten kann.
Ach so.
Das haben wir schon längst geklärt. Er hat freie Bahn.

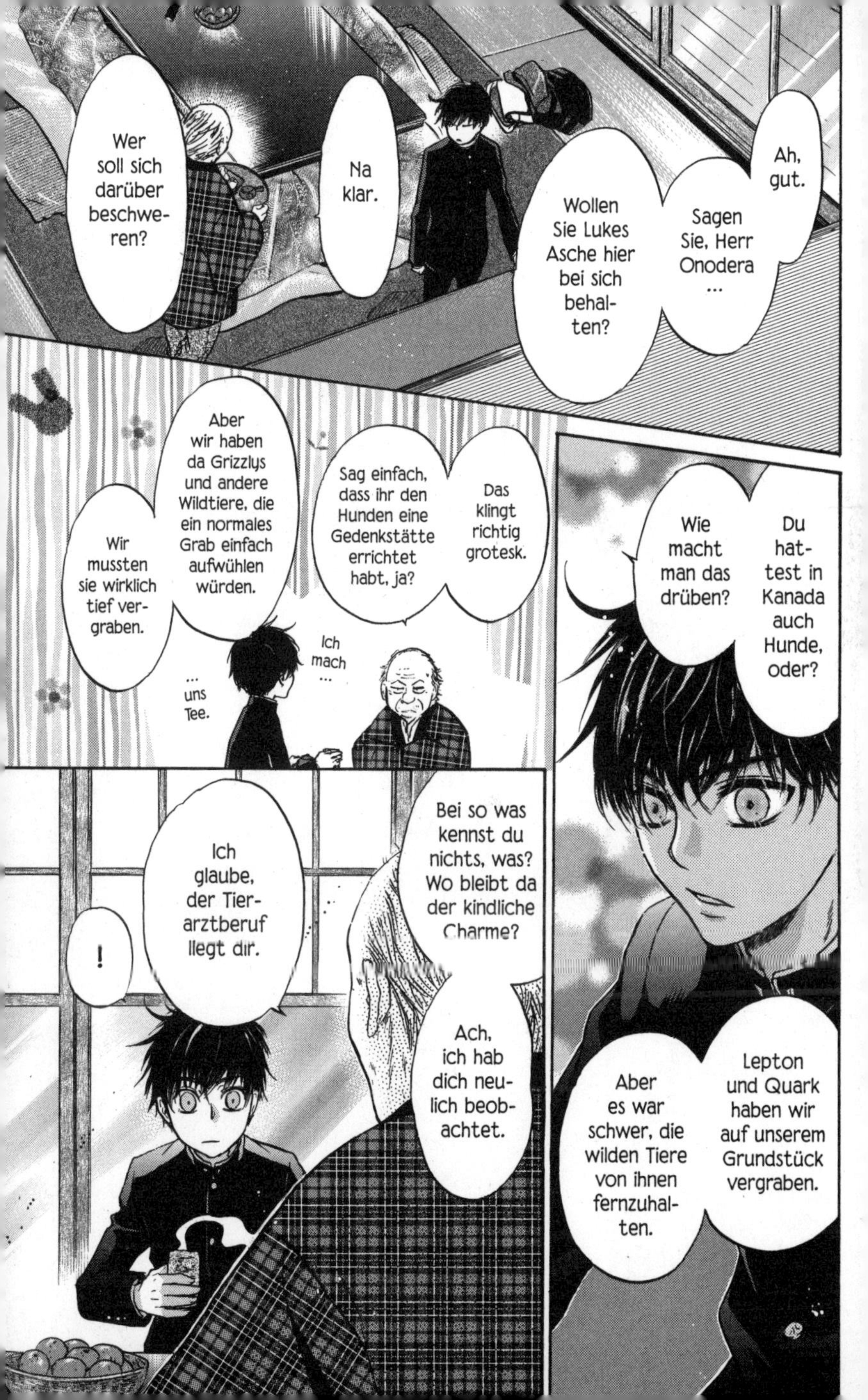
Ah, gut.
Sagen Sie, Herr Onodera ...
Wollen Sie Lukes Asche hier bei sich behalten?
Na klar.
Wer soll sich darüber beschweren?
Du hattest in Kanada auch Hunde, oder?
Wie macht man das drüben?
Lepton und Quark haben wir auf unserem Grundstück vergraben.
Aber es war schwer, die wilden Tiere von ihnen fernzuhalten.
Das klingt richtig grotesk.
Sag einfach, dass ihr den Hunden eine Gedenkstätte errichtet habt, ja?
Ich mach ...
... uns Tee.
Aber wir haben da Grizzlys und andere Wildtiere, die ein normales Grab einfach aufwühlen würden.
Wir mussten sie wirklich tief vergraben.
Bei so was kennst du nichts, was? Wo bleibt da der kindliche Charme?
Ach, ich hab dich neulich beobachtet.
Ich glaube, der Tierarztberuf liegt dir.
!

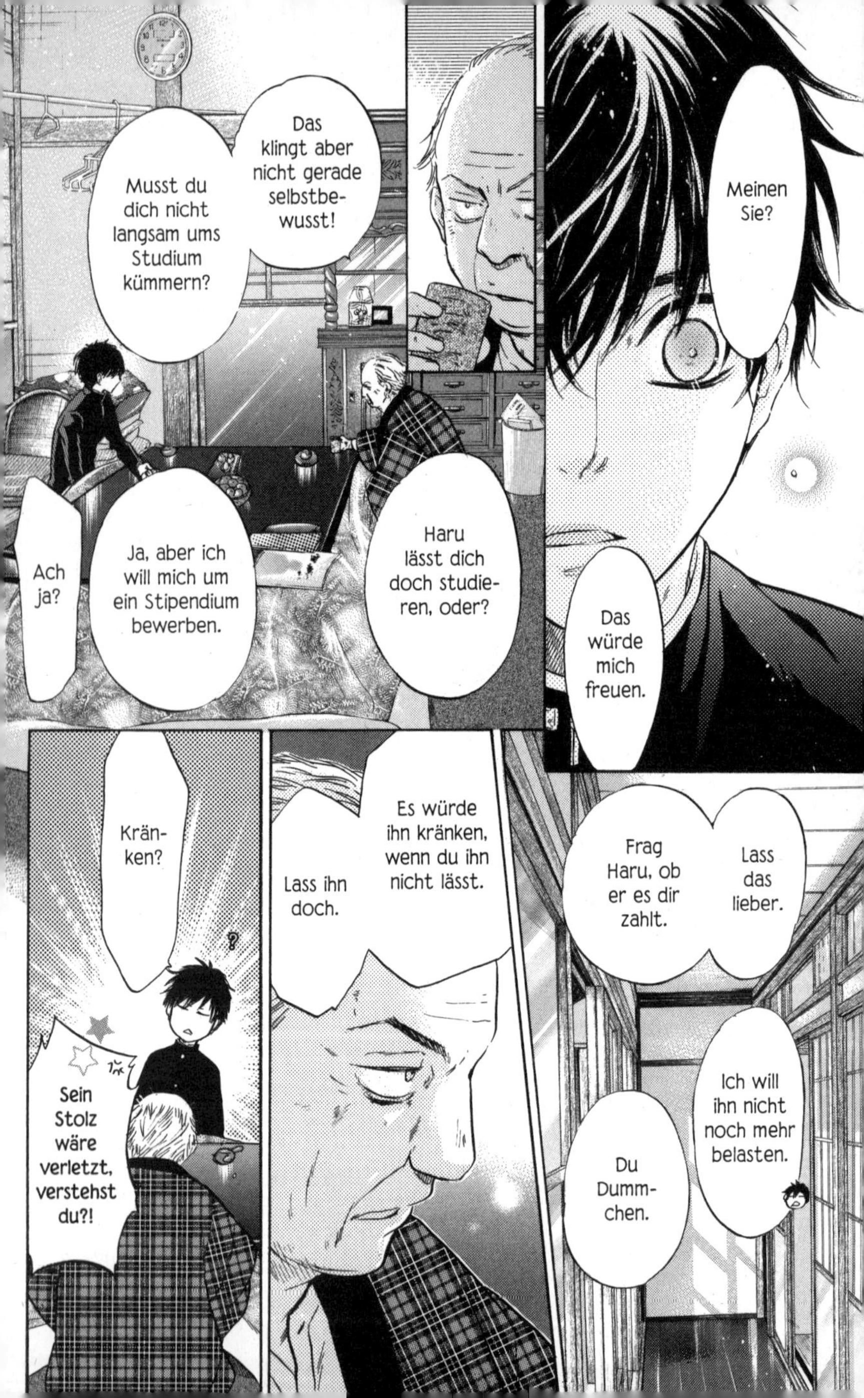
Musst du dich nicht langsam ums Studium kümmern?
Ja, aber ich will mich um ein Stipendium bewerben.
Ach ja?
Haru lässt dich doch studieren, oder?
Das würde mich freuen.
Das klingt aber nicht gerade selbstbewusst!
Meinen Sie?
Frag Haru, ob er es dir zahlt.
Lass das lieber.
Ich will ihn nicht noch mehr belasten.
Du Dummchen.
Lass ihn doch.
Es würde ihn kränken, wenn du ihn nicht lässt.
Kränken?
Sein Stolz wäre verletzt, verstehst du?!

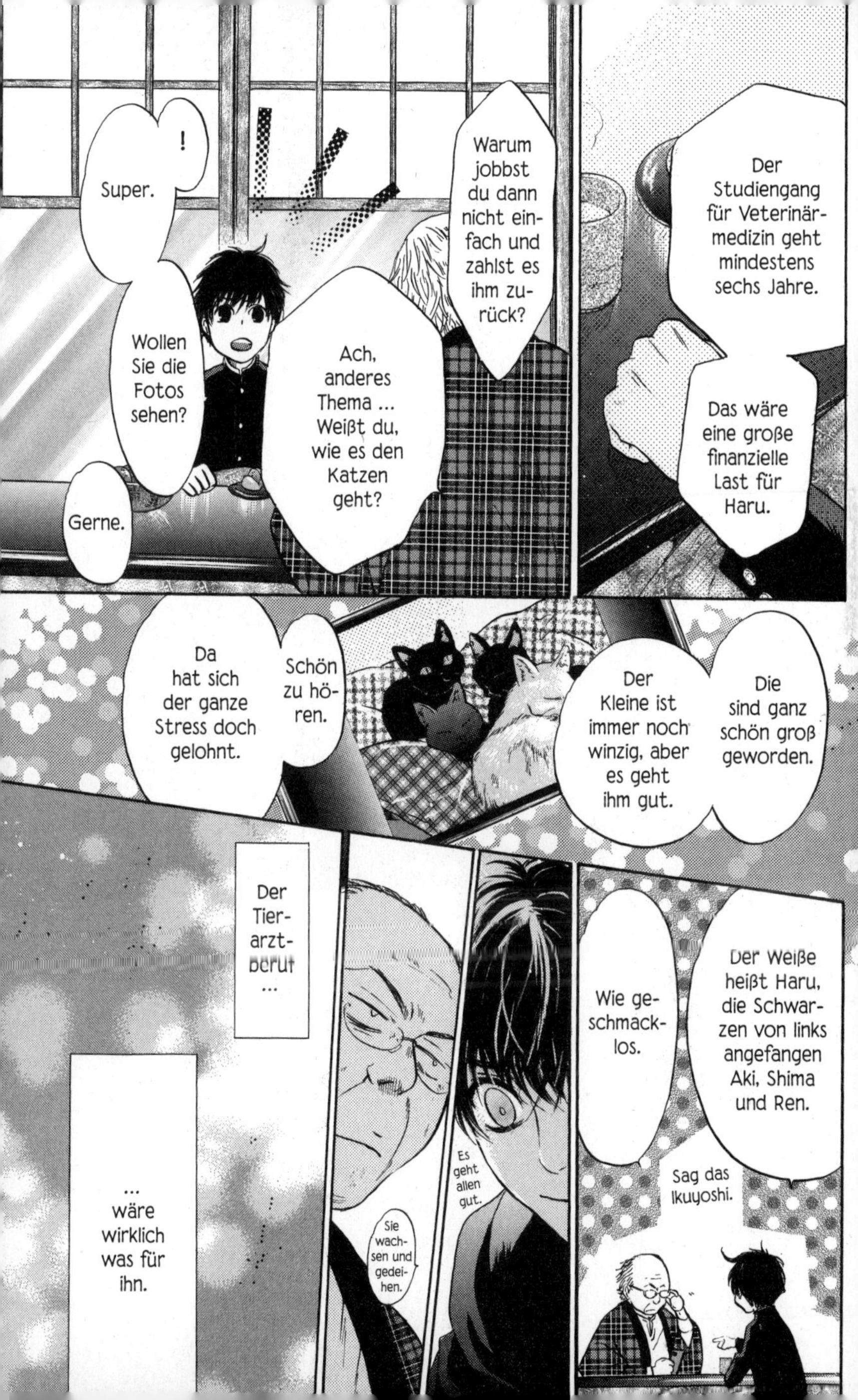
Der Studiengang für Veterinärmedizin geht mindestens sechs Jahre.
Das wäre eine große finanzielle Last für Haru.
Warum jobbst du dann nicht einfach und zahlst es ihm zurück?
Ach, anderes Thema ... Weißt du, wie es den Katzen geht?
!
Super.
Wollen Sie die Fotos sehen?
Gerne.
Die sind ganz schön groß geworden.
Der Kleine ist immer noch winzig, aber es geht ihm gut.
Schön zu hören.
Da hat sich der ganze Stress doch gelohnt.
Der Weiße heißt Haru, die Schwarzen von links angefangen Aki, Shima und Ren.
Wie geschmacklos.
Sag das Ikuyoshi.
Es geht allen gut.
Sie wachsen und gedeihen.
Der Tierarztberuf ...
... wäre wirklich was für ihn.

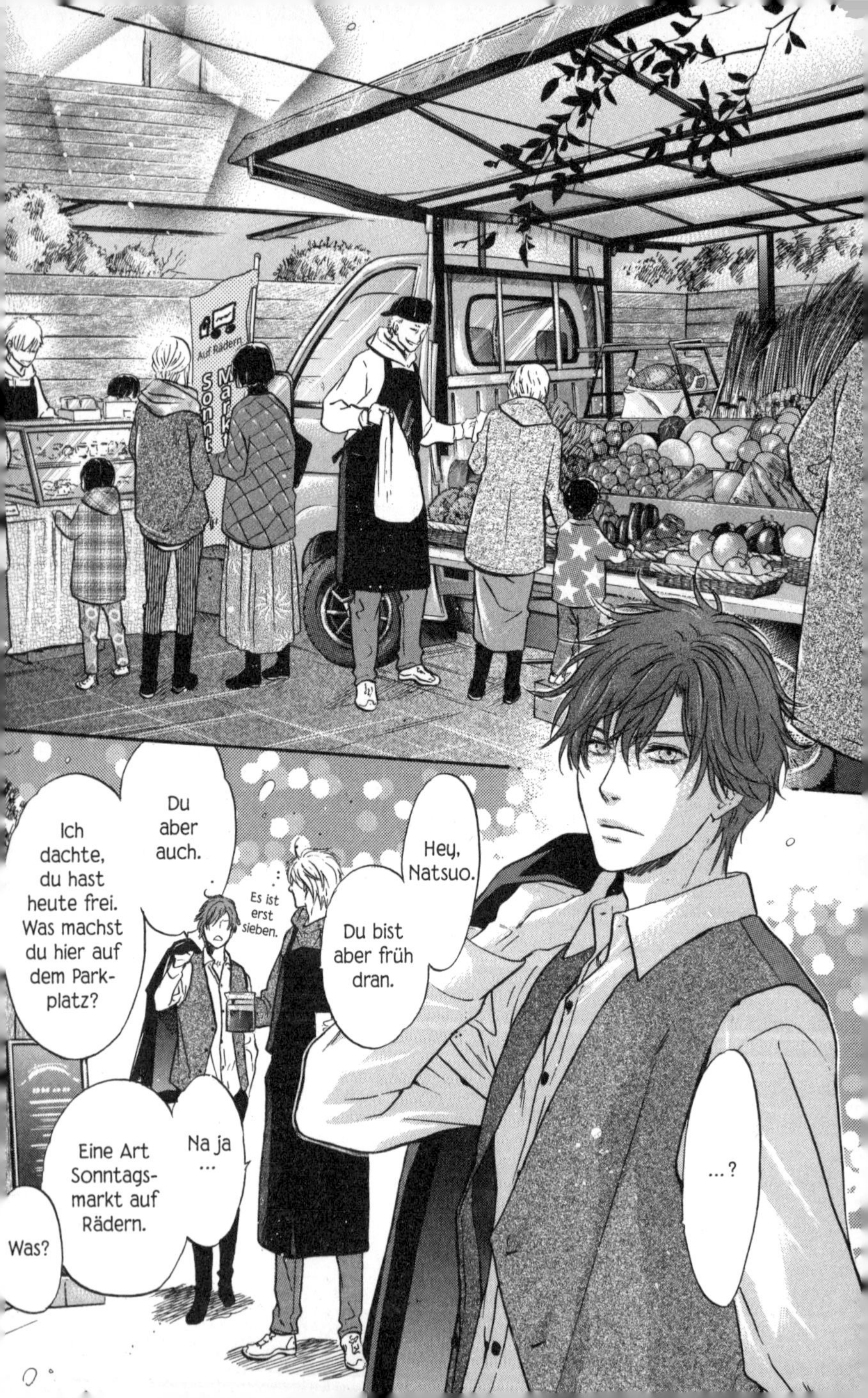

Auf Rädern
...?
Hey, Natsuo.
Du bist aber früh dran.
Es ist erst sieben.
Du aber auch.
Ich dachte, du hast heute frei. Was machst du hier auf dem Parkplatz?
Na ja ...
Eine Art Sonntagsmarkt auf Rädern.
Was?

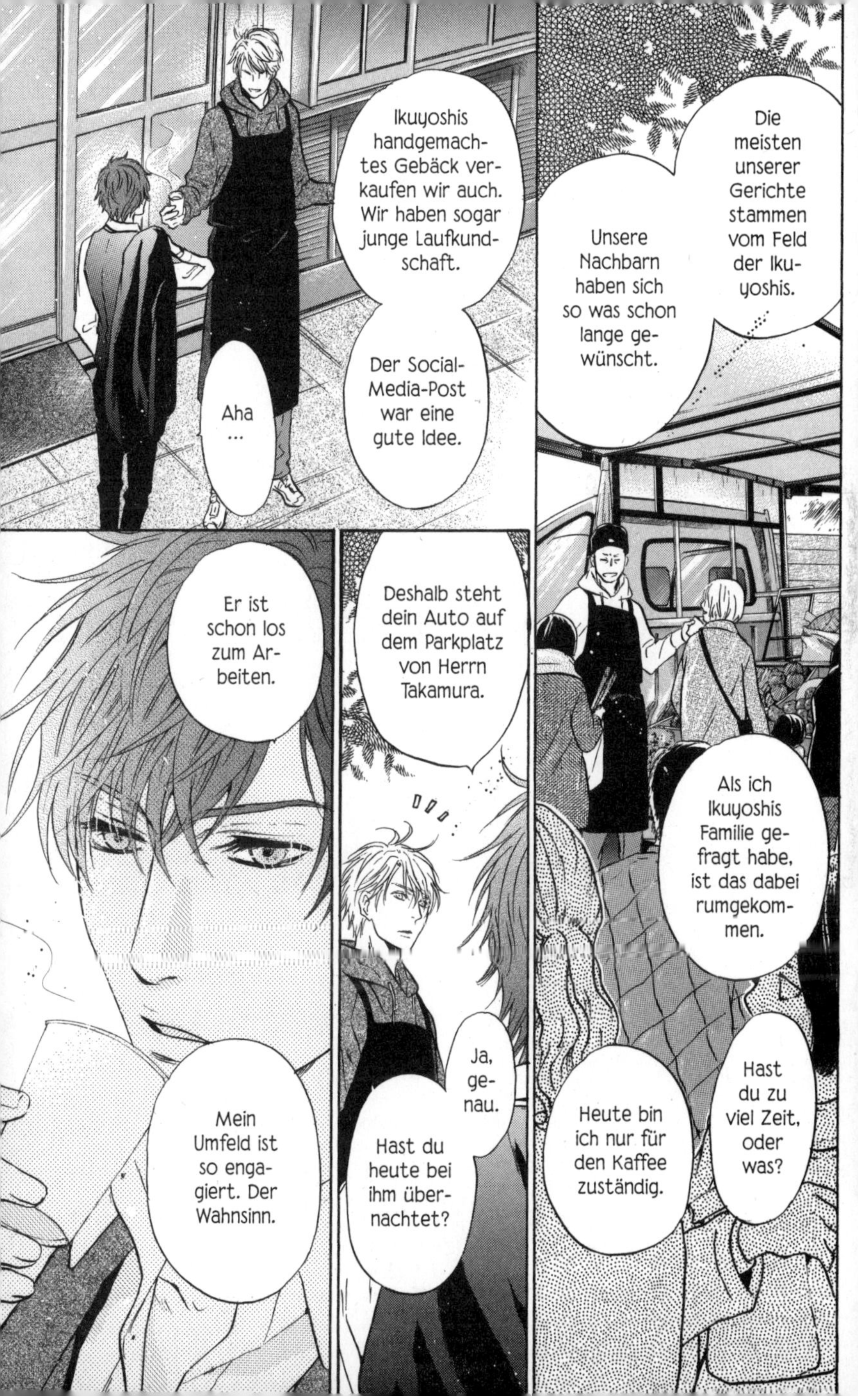
Die meisten unserer Gerichte stammen vom Feld der Ikuyoshis.
Unsere Nachbarn haben sich so was schon lange gewünscht.
Als ich Ikuyoshis Familie gefragt habe, ist das dabei rumgekommen.
Hast du zu viel Zeit, oder was?
Heute bin ich nur für den Kaffee zuständig.
Ikuyoshis handgemachtes Gebäck verkaufen wir auch. Wir haben sogar junge Laufkundschaft.
Der Social-Media-Post war eine gute Idee.
Aha …
Deshalb steht dein Auto auf dem Parkplatz von Herrn Takamura.
Ja, genau.
Hast du heute bei ihm übernachtet?
Er ist schon los zum Arbeiten.
Mein Umfeld ist so engagiert. Der Wahnsinn.

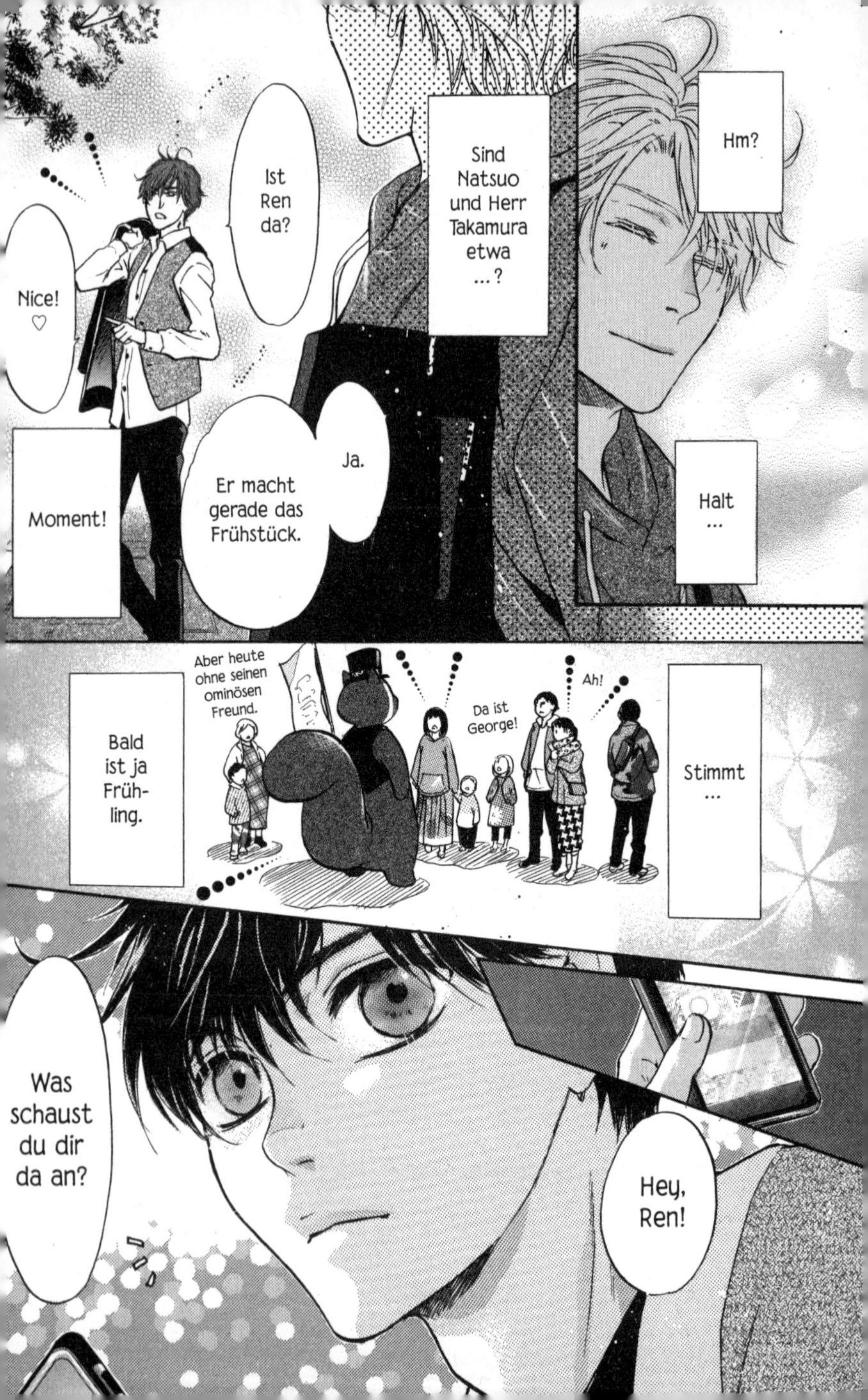

Hm?
Halt …
Sind Natsuo und Herr Takamura etwa …?
Ja.
Er macht gerade das Frühstück.
Ist Ren da?
Nice! ♡
Moment!
Stimmt …
Ah!
Da ist George!
Aber heute ohne seinen ominösen Freund.
Bald ist ja Früh-ling.
Hey, Ren!
Was schaust du dir da an?

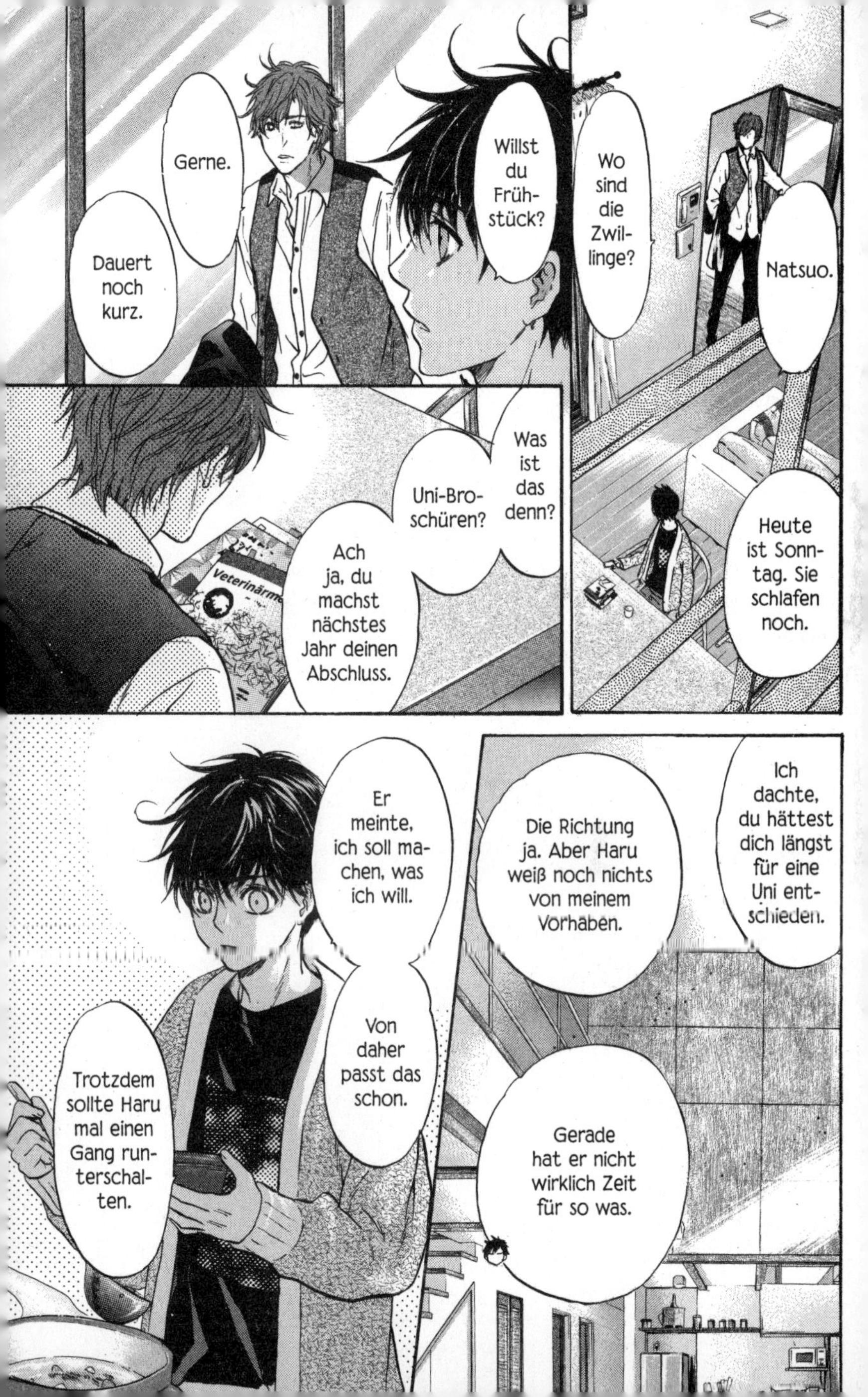
Natsuo.
Wo sind die Zwil-linge?
Heute ist Sonn-tag. Sie schlafen noch.
Willst du Früh-stück?
Gerne.
Dauert noch kurz.
Was ist das denn?
Uni-Bro-schüren?
Ach ja, du machst nächstes Jahr deinen Abschluss.
Ich dachte, du hättest dich längst für eine Uni ent-schieden.
Die Richtung ja. Aber Haru weiß noch nichts von meinem Vorhaben.
Er meinte, ich soll ma-chen, was ich will.
Von daher passt das schon.
Gerade hat er nicht wirklich Zeit für so was.
Trotzdem sollte Haru mal einen Gang run-terschal-ten.

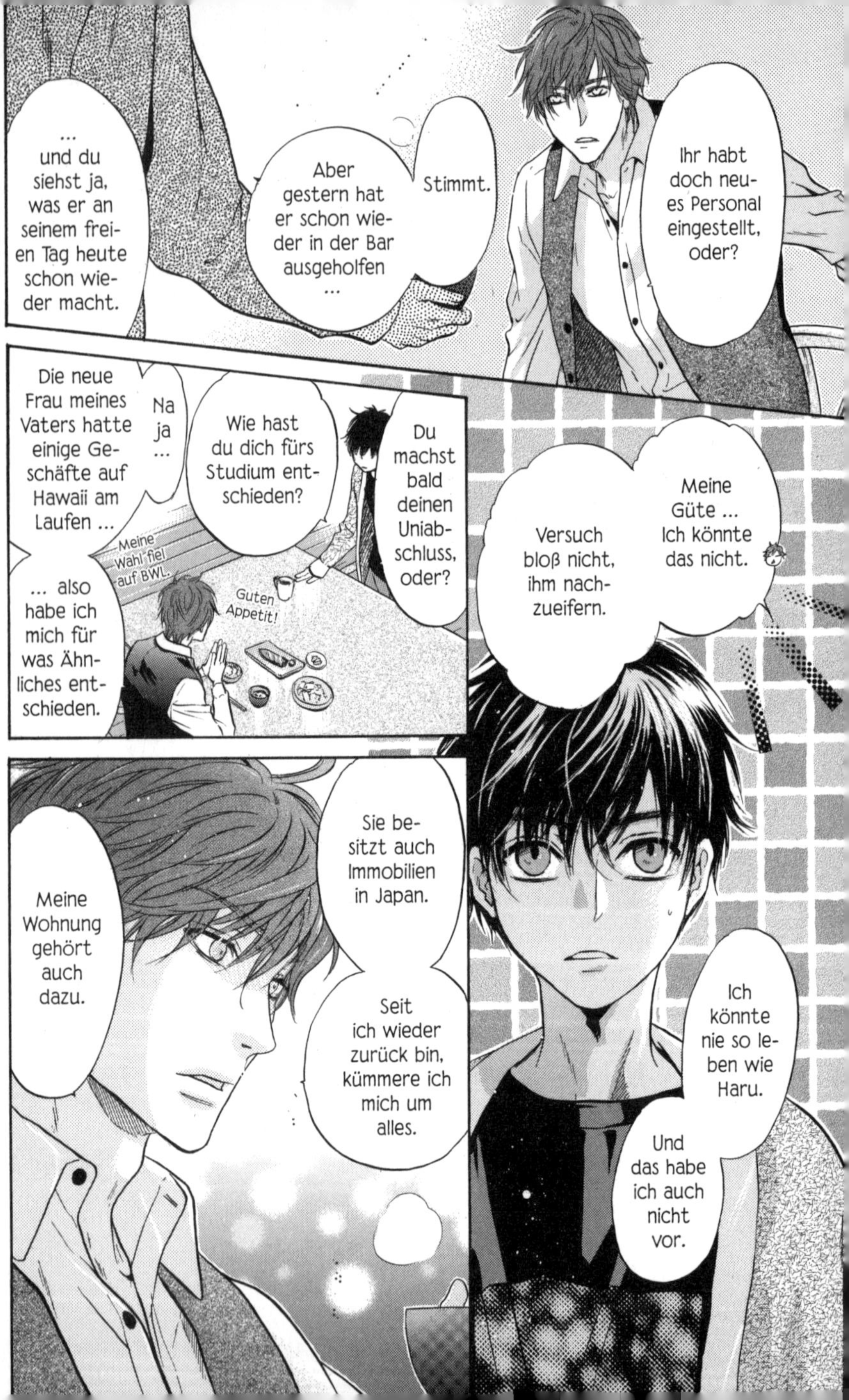
Ihr habt doch neues Personal eingestellt, oder?
Stimmt.
Aber gestern hat er schon wieder in der Bar ausgeholfen ...
... und du siehst ja, was er an seinem freien Tag heute schon wieder macht.
Meine Güte ... Ich könnte das nicht.
Versuch bloß nicht, ihm nachzueifern.
Du machst bald deinen Uniabschluss, oder?
Wie hast du dich fürs Studium entschieden?
Meine Wahl fiel auf BWL.
Guten Appetit!
Na ja ...
Die neue Frau meines Vaters hatte einige Geschäfte auf Hawaii am Laufen ...
... also habe ich mich für was Ähnliches entschieden.
Ich könnte nie so leben wie Haru.
Und das habe ich auch nicht vor.
Sie besitzt auch Immobilien in Japan.
Meine Wohnung gehört auch dazu.
Seit ich wieder zurück bin, kümmere ich mich um alles.

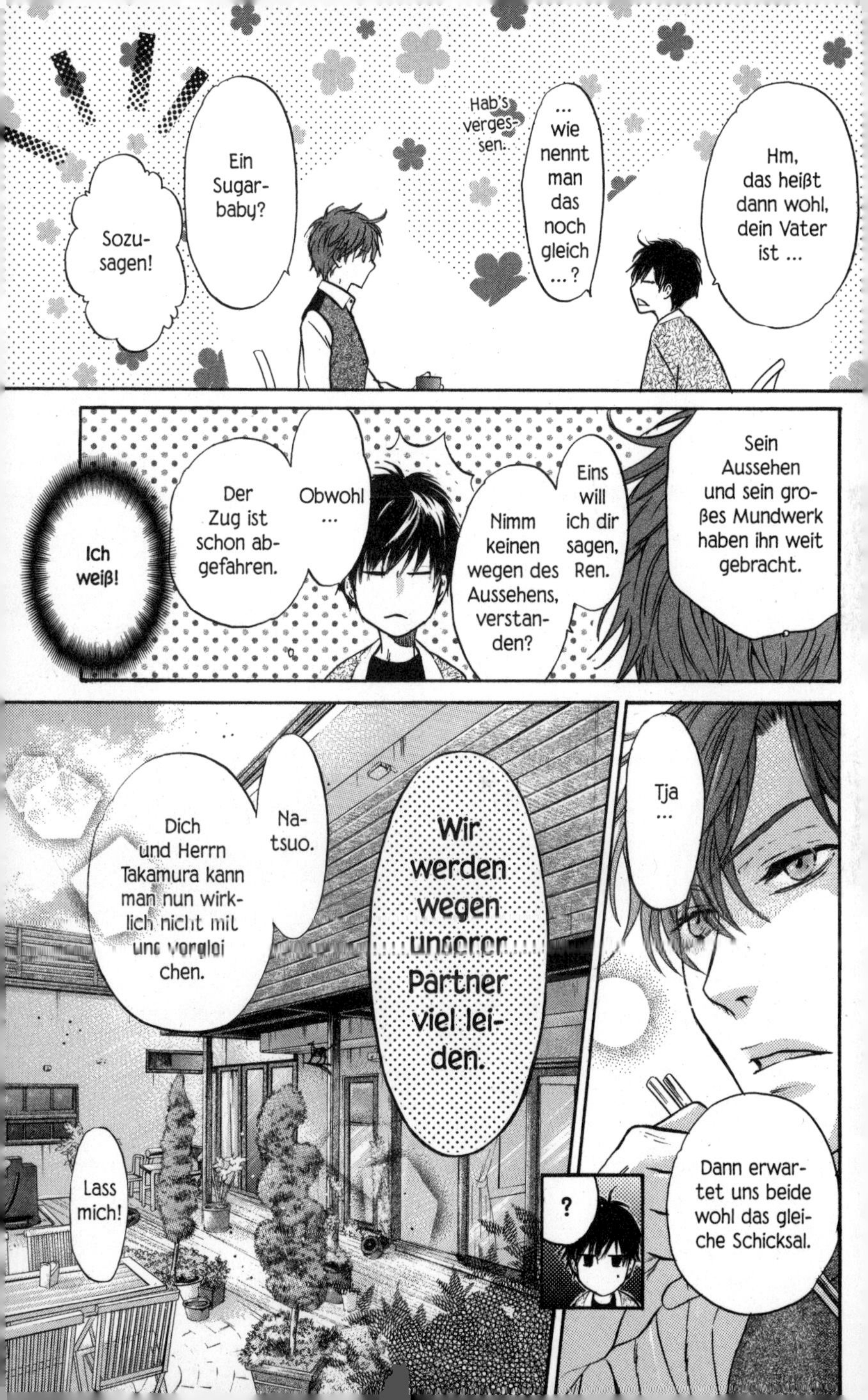

Hm, das heißt dann wohl, dein Vater ist ...
... wie nennt man das noch gleich ...?
Hab's vergessen.
Ein Sugarbaby?
Sozusagen!
Sein Aussehen und sein großes Mundwerk haben ihn weit gebracht.
Eins will ich dir sagen, Ren.
Nimm keinen wegen des Aussehens, verstanden?
Obwohl ...
Der Zug ist schon abgefahren.
Ich weiß!
Tja ...
Dann erwartet uns beide wohl das gleiche Schicksal.
?
Wir werden wegen unserer Partner viel leiden.
Natsuo.
Dich und Herrn Takamura kann man nun wirklich nicht mit uns vergleichen.
Lass mich!

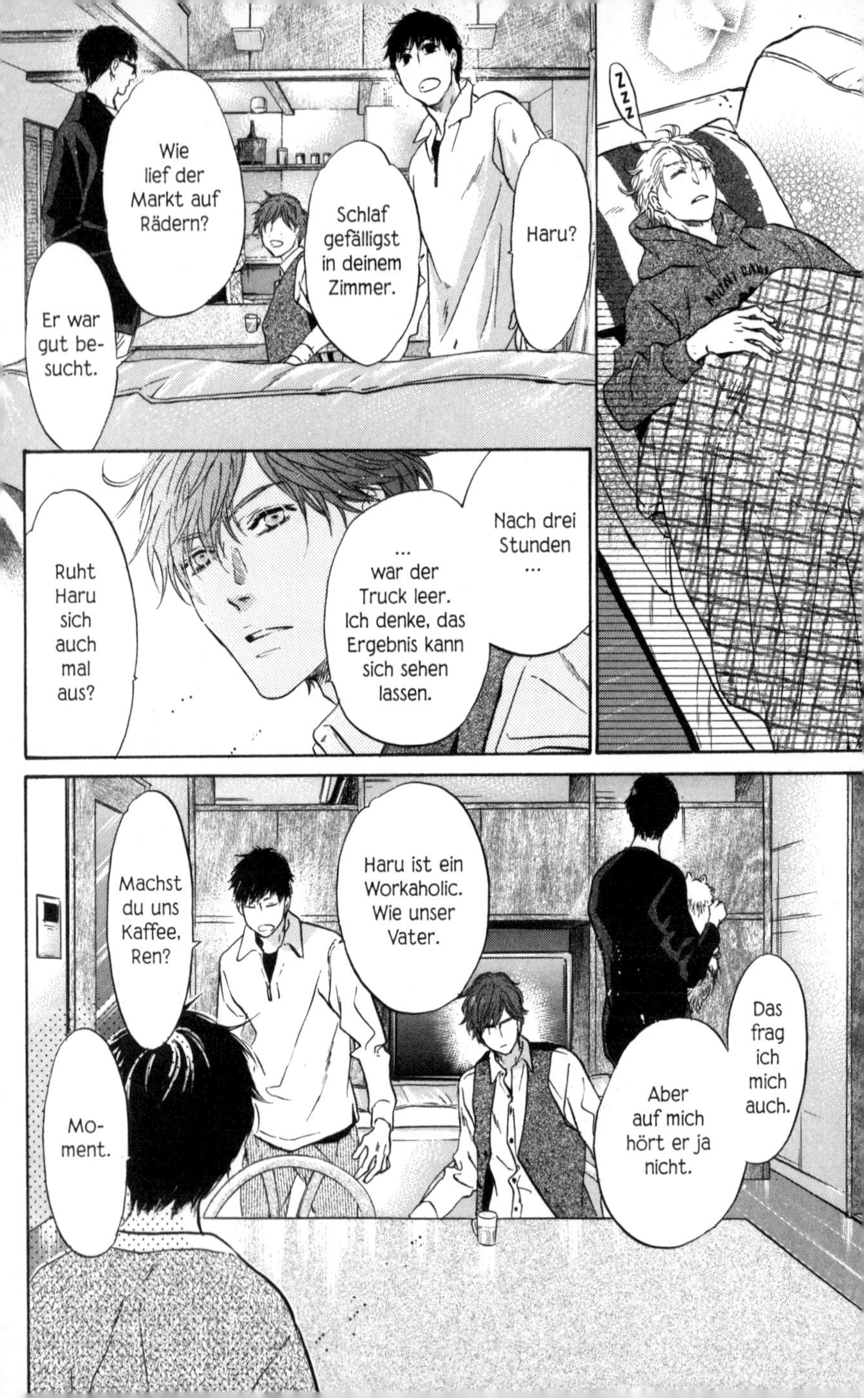
ZZZ
Haru?
Schlaf gefälligst in deinem Zimmer.
Wie lief der Markt auf Rädern?
Er war gut besucht.
Nach drei Stunden ...
... war der Truck leer. Ich denke, das Ergebnis kann sich sehen lassen.
Ruht Haru sich auch mal aus?
Das frag ich mich auch.
Aber auf mich hört er ja nicht.
Haru ist ein Workaholic. Wie unser Vater.
Machst du uns Kaffee, Ren?
Moment.

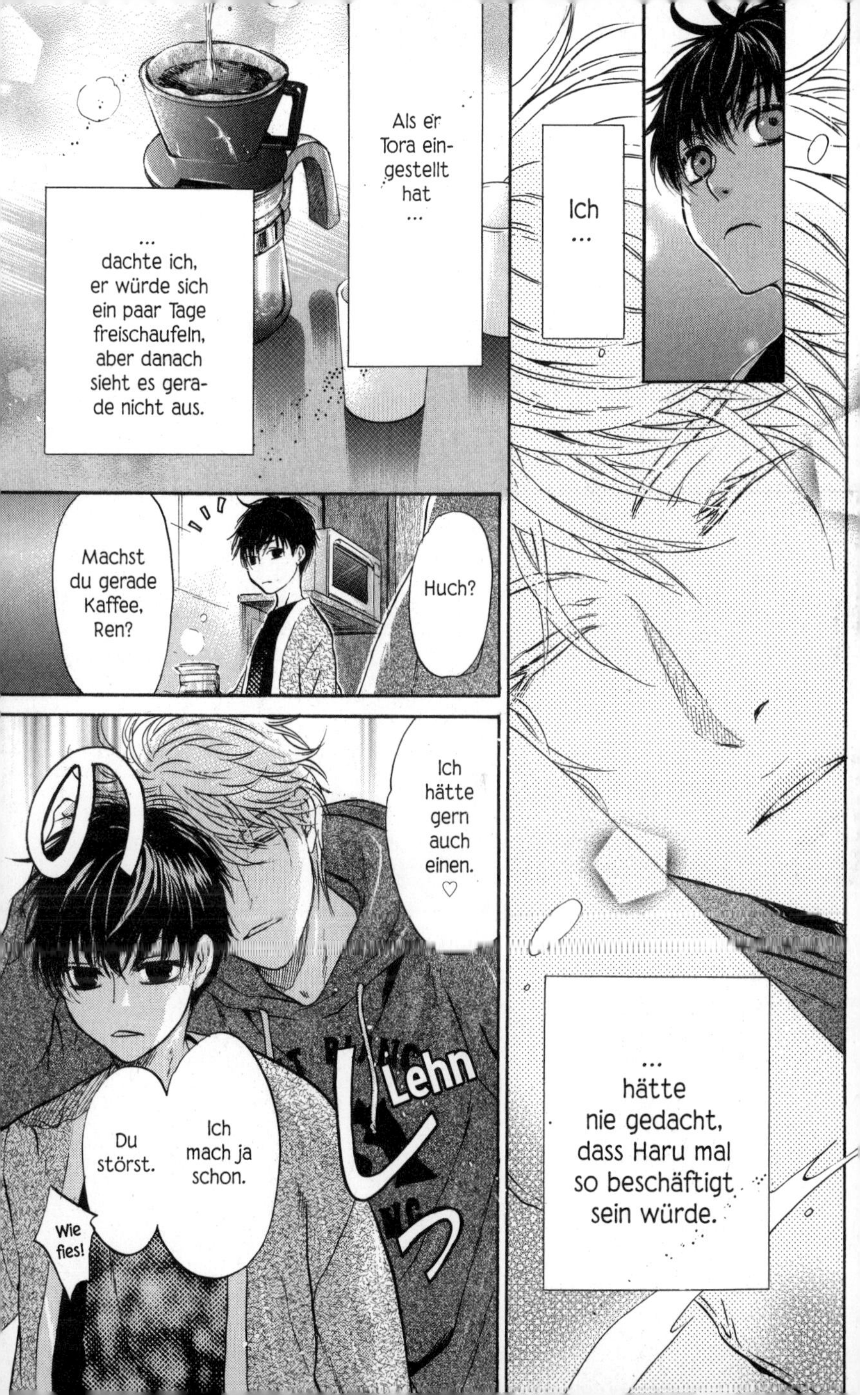
Als er Tora ein-gestellt hat ...
... dachte ich, er würde sich ein paar Tage freischaufeln, aber danach sieht es gera-de nicht aus.
Huch?
Machst du gerade Kaffee, Ren?
Ich hätte gern auch einen. ♡
Lehn
Ich mach ja schon.
Du störst.
Wie fies!
Ich ...
... hätte nie gedacht, dass Haru mal so beschäftigt sein würde.

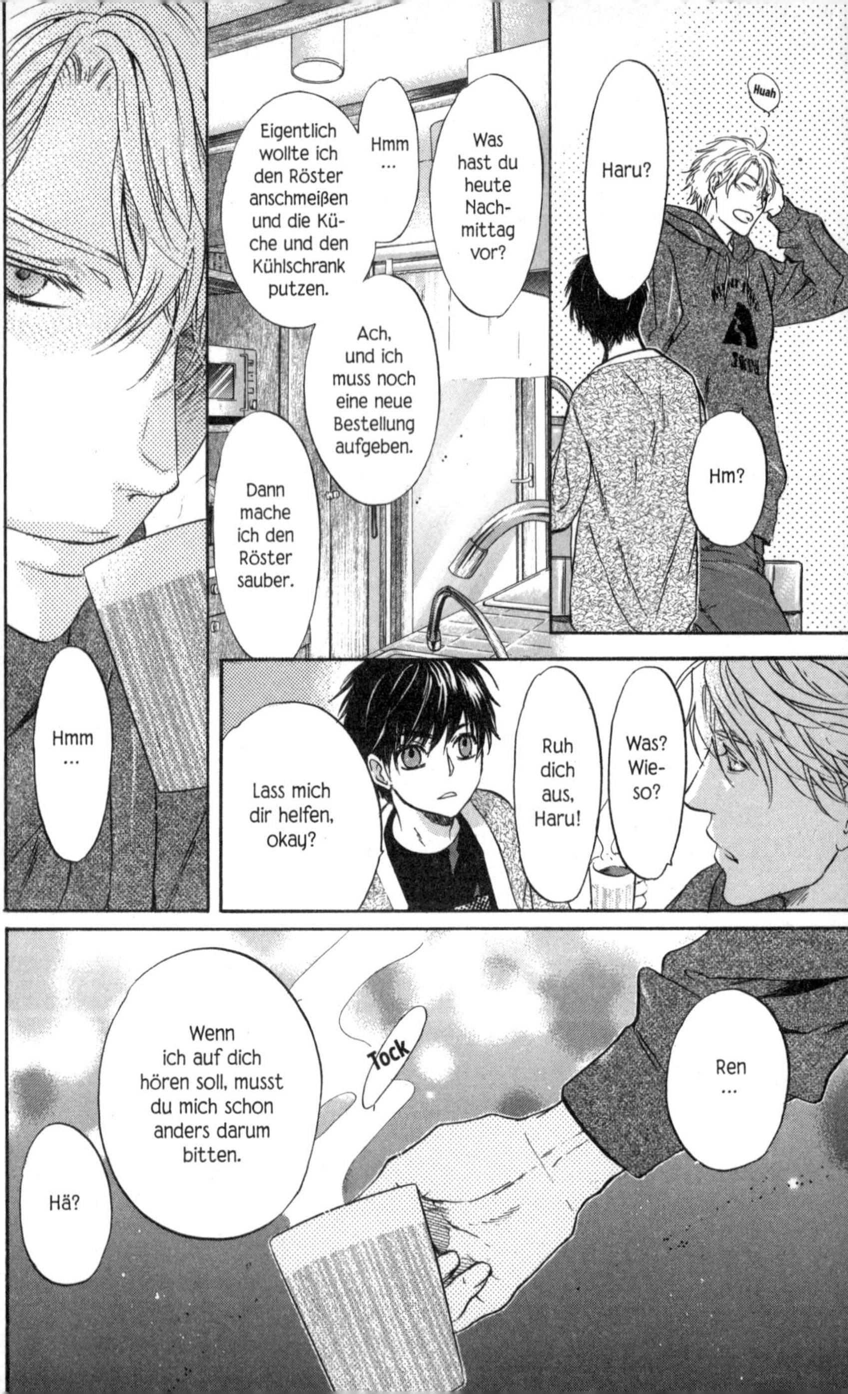
Huah
Haru?
Hm?
Was hast du heute Nachmittag vor?
Hmm ...
Eigentlich wollte ich den Röster anschmeißen und die Küche und den Kühlschrank putzen.
Ach, und ich muss noch eine neue Bestellung aufgeben.
Dann mache ich den Röster sauber.
Was? Wieso?
Ruh dich aus, Haru!
Lass mich dir helfen, okay?
Hmm ...
Ren ...
Tock
Wenn ich auf dich hören soll, musst du mich schon anders darum bitten.
Hä?

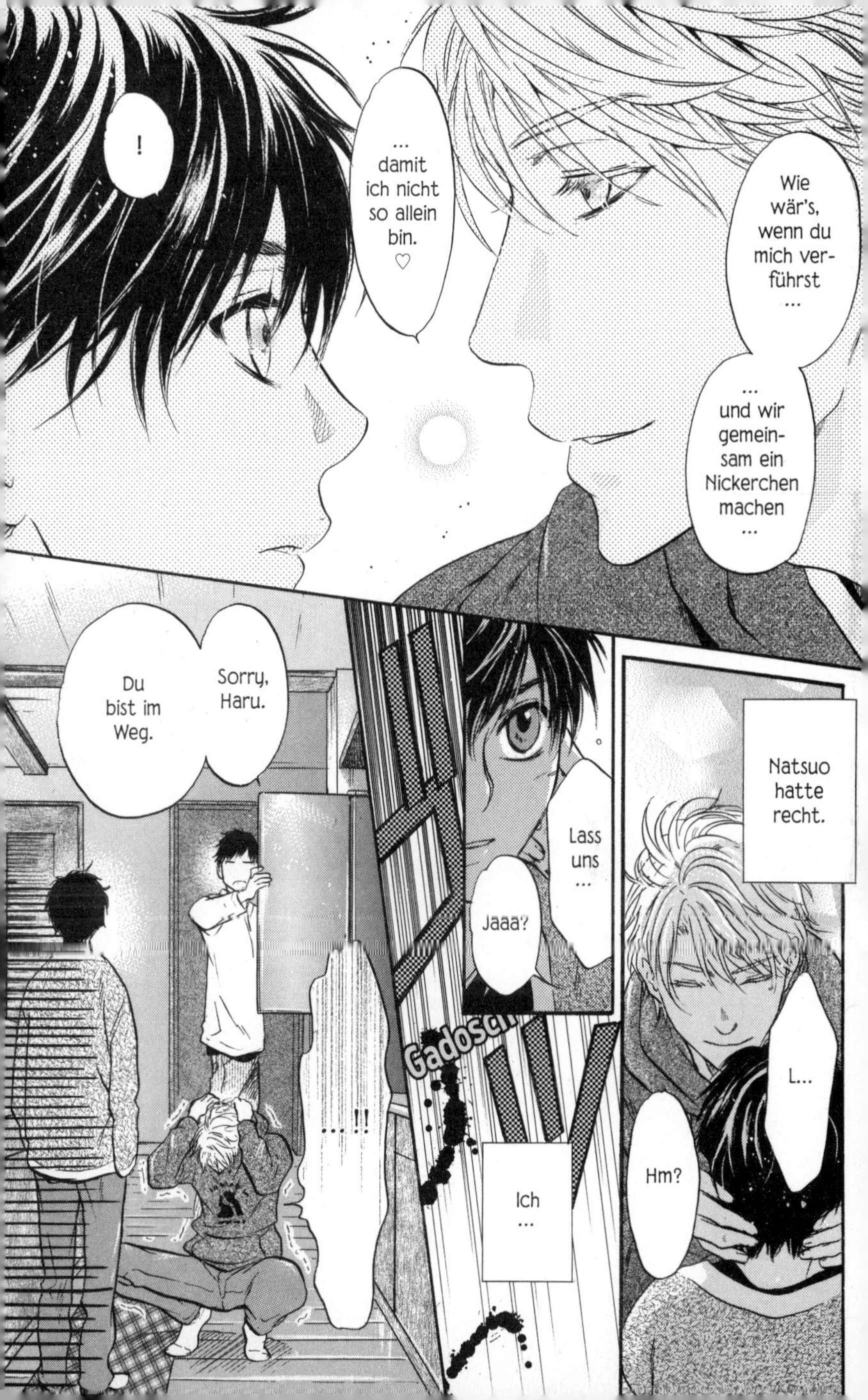
Wie wär's, wenn du mich verführst ...
... und wir gemeinsam ein Nickerchen machen ...
... damit ich nicht so allein bin. ♡
!
Natsuo hatte recht.
L...
Hm?
Lass uns ...
Jaaa?
Ich ...
Gadosch
Sorry, Haru.
Du bist im Weg.
... !!

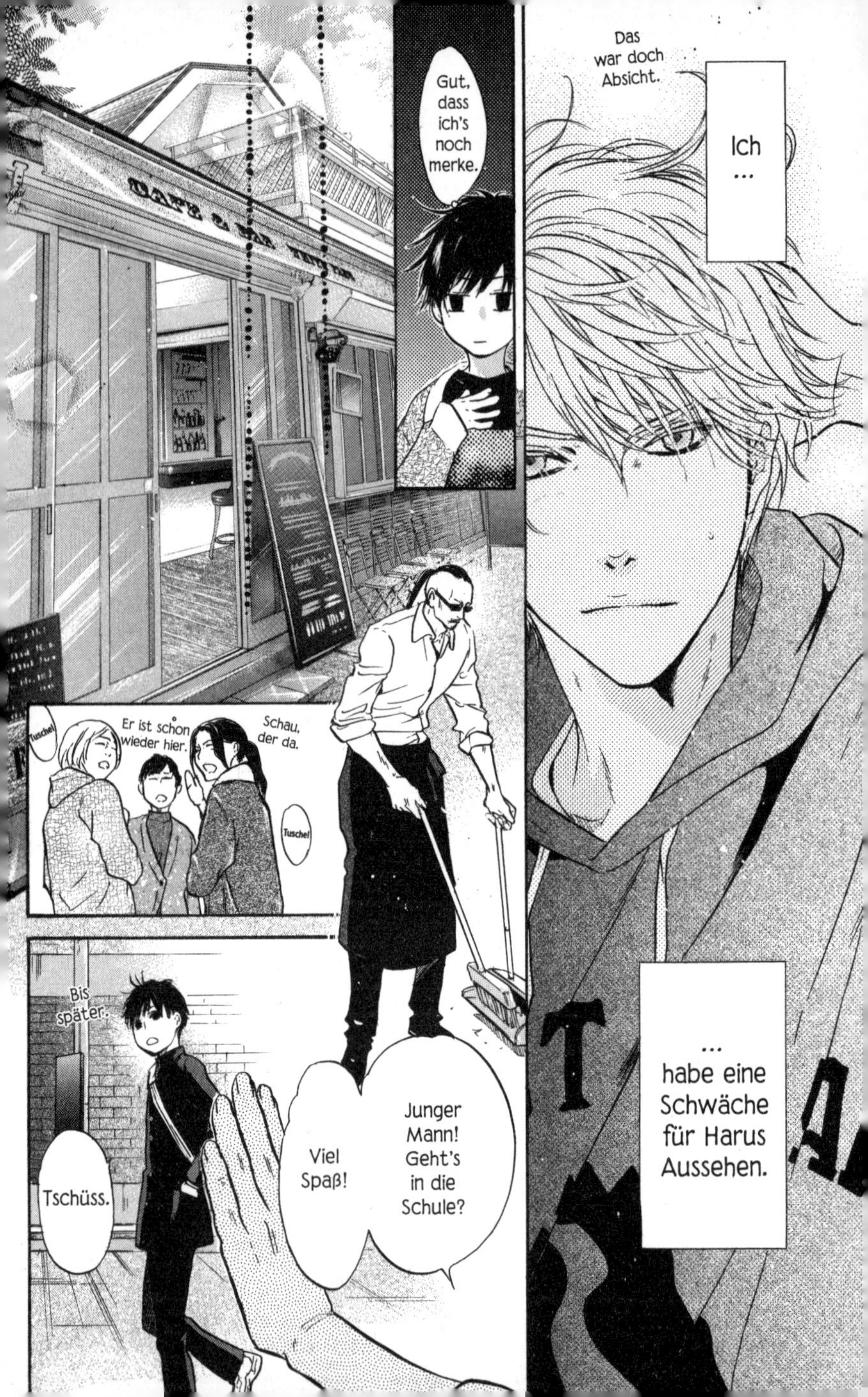
Das war doch Absicht.
Ich ...
... habe eine Schwäche für Harus Aussehen.
Gut, dass ich's noch merke.
Schau, der da.
Tuschel
Er ist schon wieder hier.
Tuschel
Junger Mann! Geht's in die Schule?
Viel Spaß!
Bis später.
Tschüss.

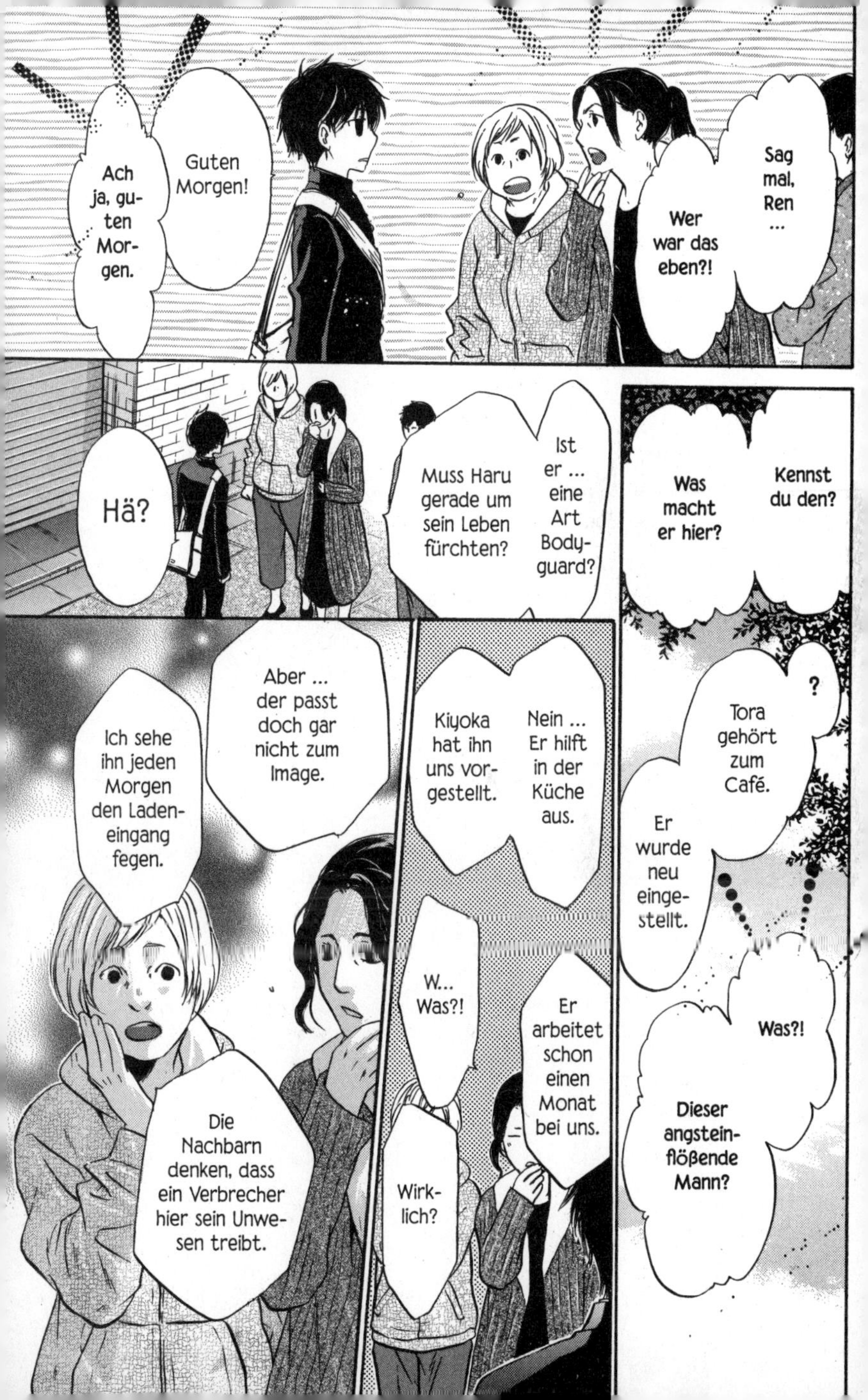

Sag mal, Ren ...
Wer war das eben?!
Guten Morgen!
Ach ja, guten Morgen.
Kennst du den?
Was macht er hier?
Ist er ... eine Art Bodyguard?
Muss Haru gerade um sein Leben fürchten?
Hä?
?
Tora gehört zum Café.
Er wurde neu eingestellt.
Was?!
Dieser angsteinflößende Mann?
Nein ... Er hilft in der Küche aus.
Kiyoka hat ihn uns vorgestellt.
W... Was?!
Er arbeitet schon einen Monat bei uns.
Wirklich?
Aber ... der passt doch gar nicht zum Image.
Ich sehe ihn jeden Morgen den Ladeneingang fegen.
Die Nachbarn denken, dass ein Verbrecher hier sein Unwesen treibt.

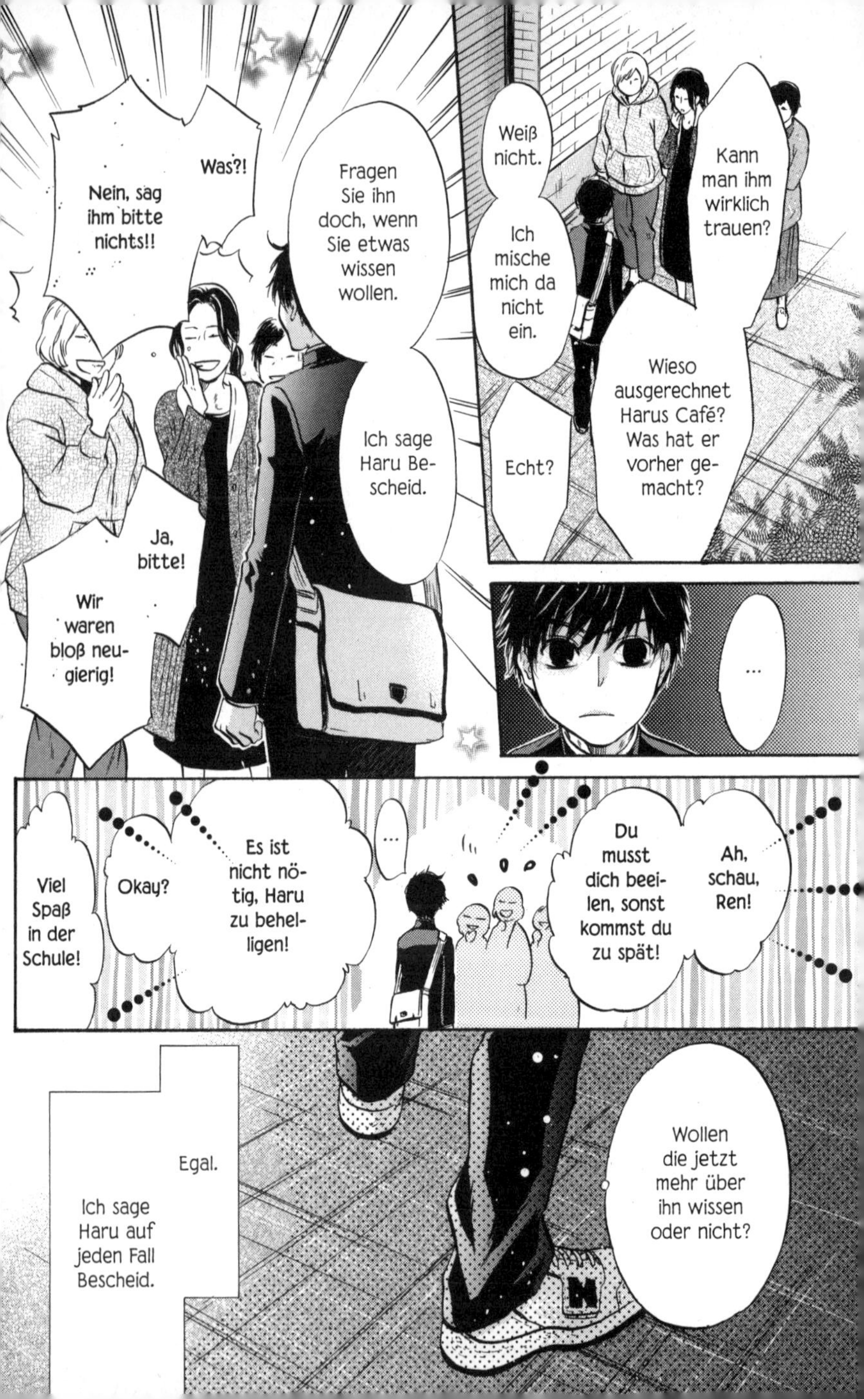

Kann man ihm wirklich trauen?
Weiß nicht.
Ich mische mich da nicht ein.
Wieso ausgerechnet Harus Café? Was hat er vorher gemacht?
Echt?
Fragen Sie ihn doch, wenn Sie etwas wissen wollen.
Was?!
Nein, sag ihm bitte nichts!!
Ich sage Haru Bescheid.
Ja, bitte!
Wir waren bloß neugierig!
...
Ah, schau, Ren!
Du musst dich beeilen, sonst kommst du zu spät!
...
Es ist nicht nötig, Haru zu behelligen!
Okay?
Viel Spaß in der Schule!
Wollen die jetzt mehr über ihn wissen oder nicht?
Egal.
Ich sage Haru auf jeden Fall Bescheid.

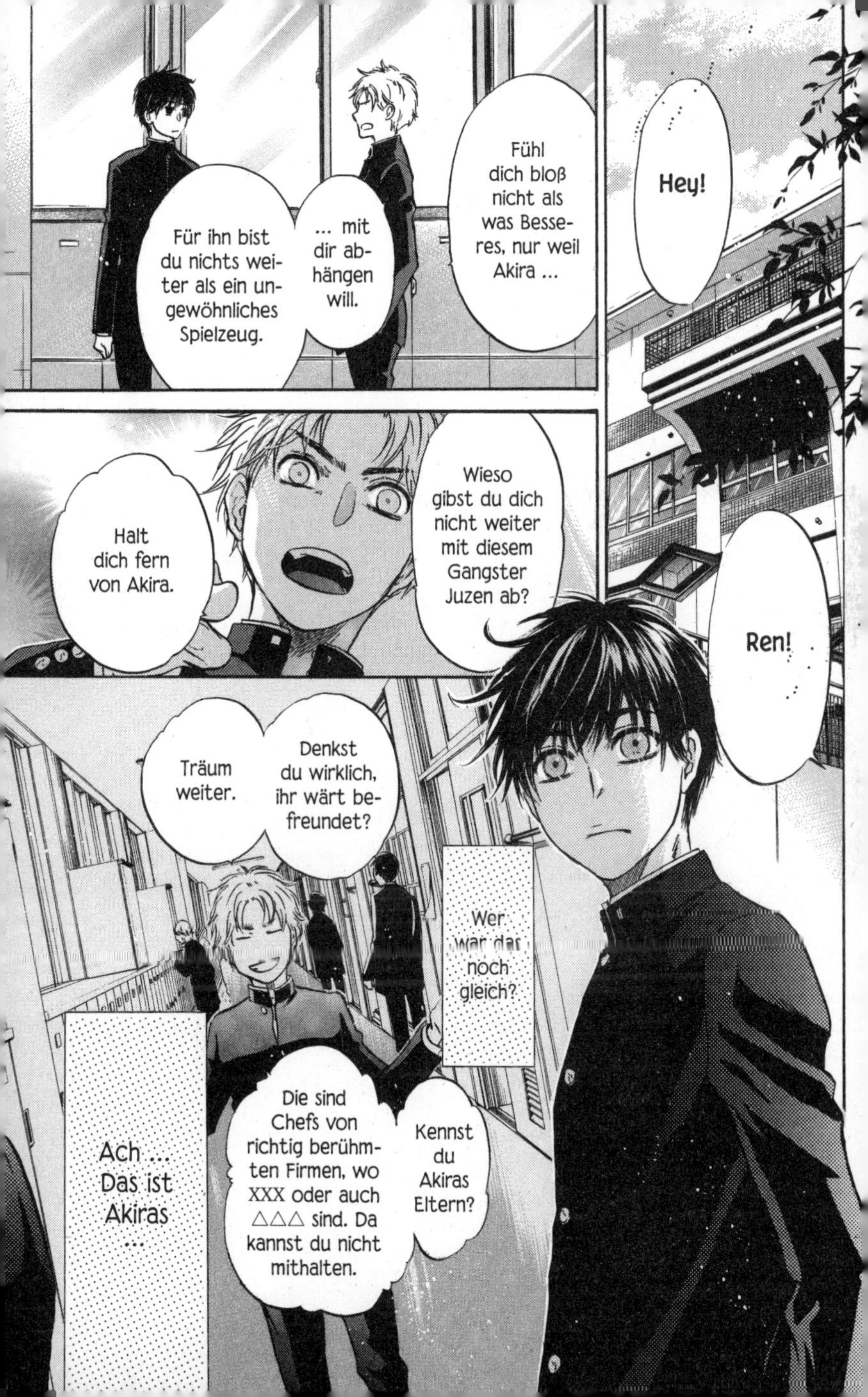
Hey!
Fühl dich bloß nicht als was Besseres, nur weil Akira ...
... mit dir abhängen will.
Für ihn bist du nichts weiter als ein ungewöhnliches Spielzeug.
Ren!
Wieso gibst du dich nicht weiter mit diesem Gangster Juzen ab?
Halt dich fern von Akira.
Denkst du wirklich, ihr wärt befreundet?
Träum weiter.
Wer war das noch gleich?
Kennst du Akiras Eltern?
Die sind Chefs von richtig berühmten Firmen, wo XXX oder auch △△△ sind. Da kannst du nicht mithalten.
Ach ... Das ist Akiras ...

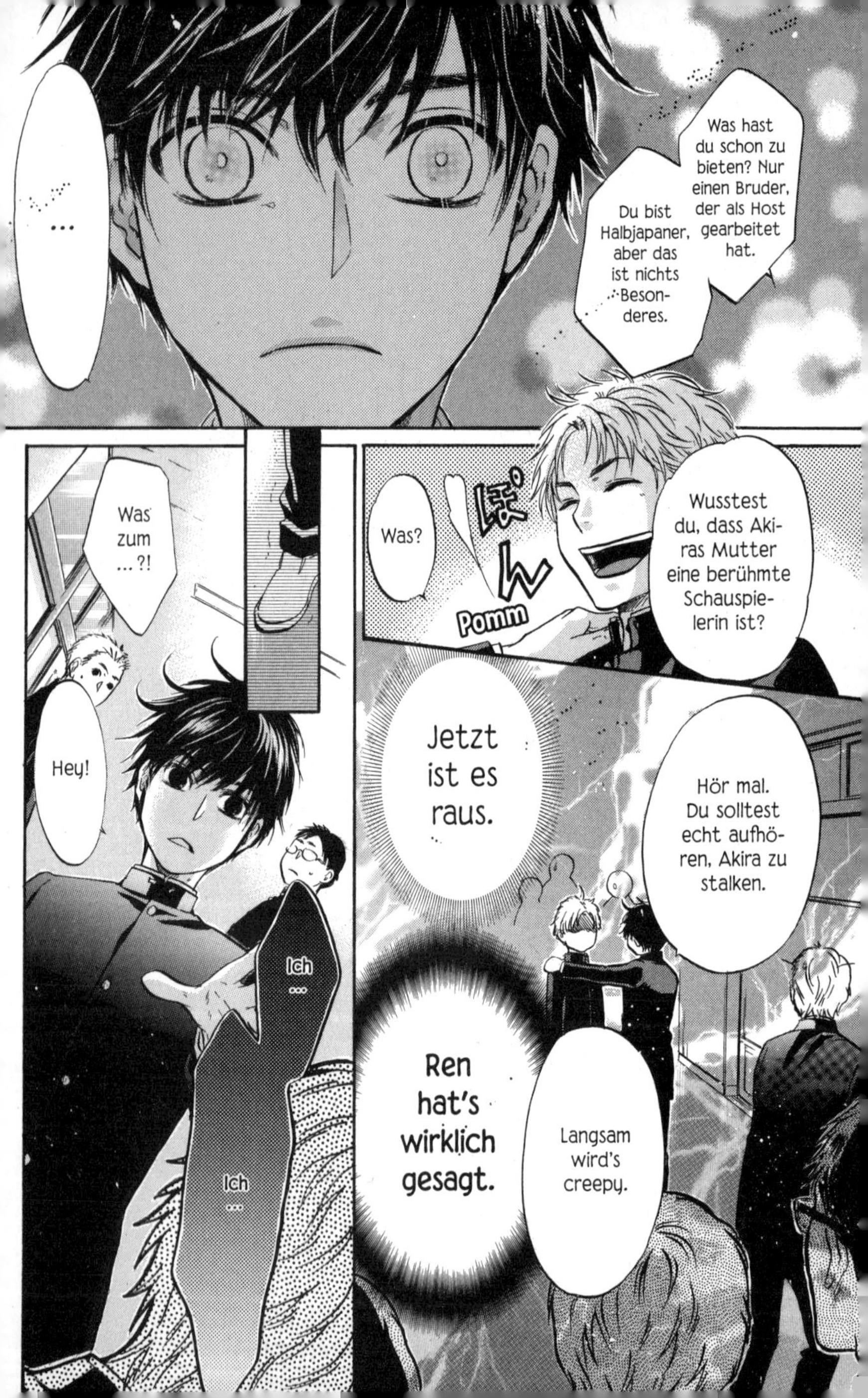
Was hast du schon zu bieten? Nur einen Bruder, der als Host gearbeitet hat.
Du bist Halbjapaner, aber das ist nichts Besonderes.
...
Wusstest du, dass Akiras Mutter eine berühmte Schauspielerin ist?
Pomm
Was?
Was zum ...?!
Hör mal. Du solltest echt aufhören, Akira zu stalken.
Jetzt ist es raus.
Langsam wird's creepy.
Ren hat's wirklich gesagt.
Hey!
Ich ...
Ich ...

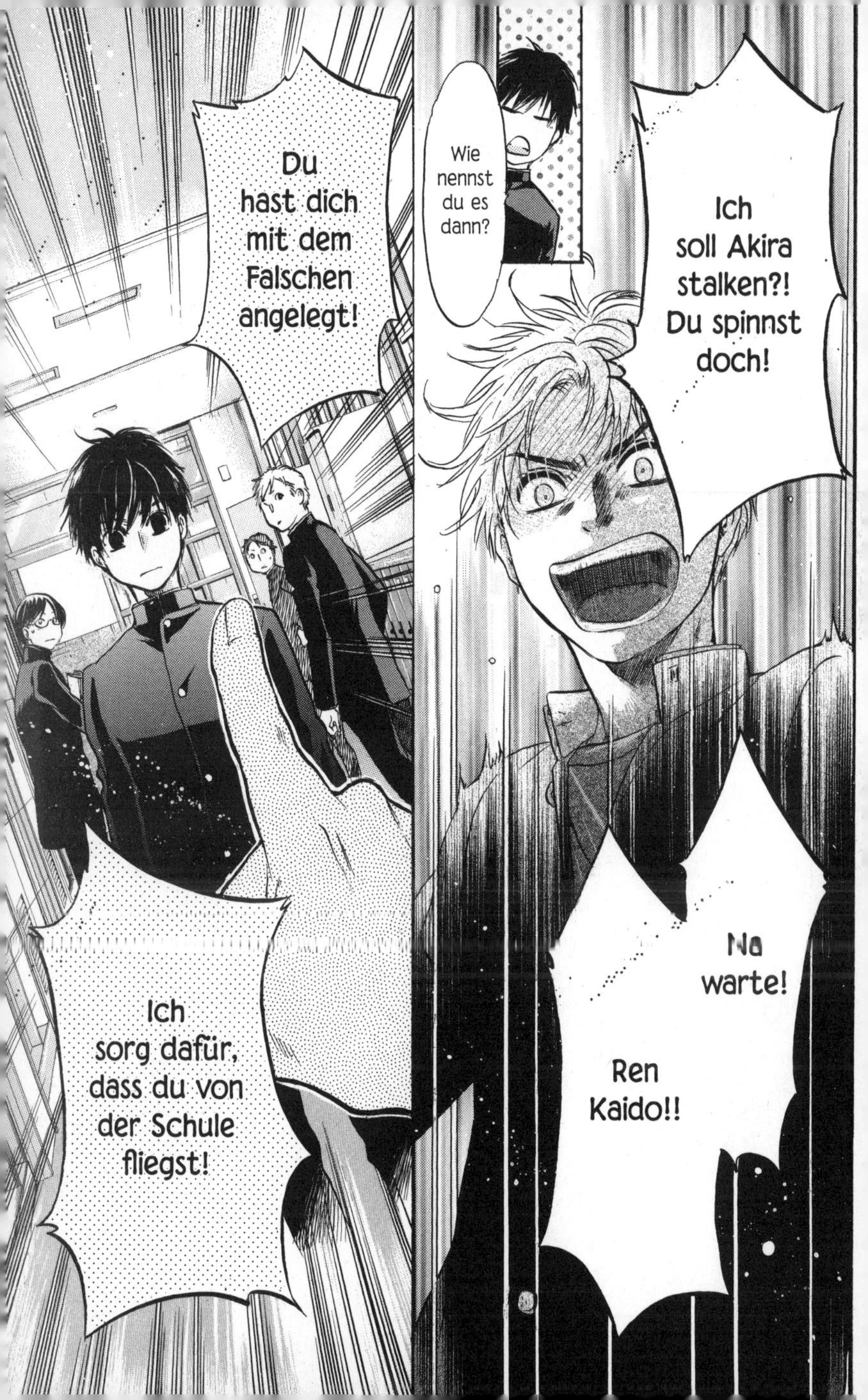
Ich soll Akira stalken?! Du spinnst doch!
Wie nennst du es dann?
Na warte!
Ren Kaido!!
Du hast dich mit dem Falschen angelegt!
Ich sorg dafür, dass du von der Schule fliegst!

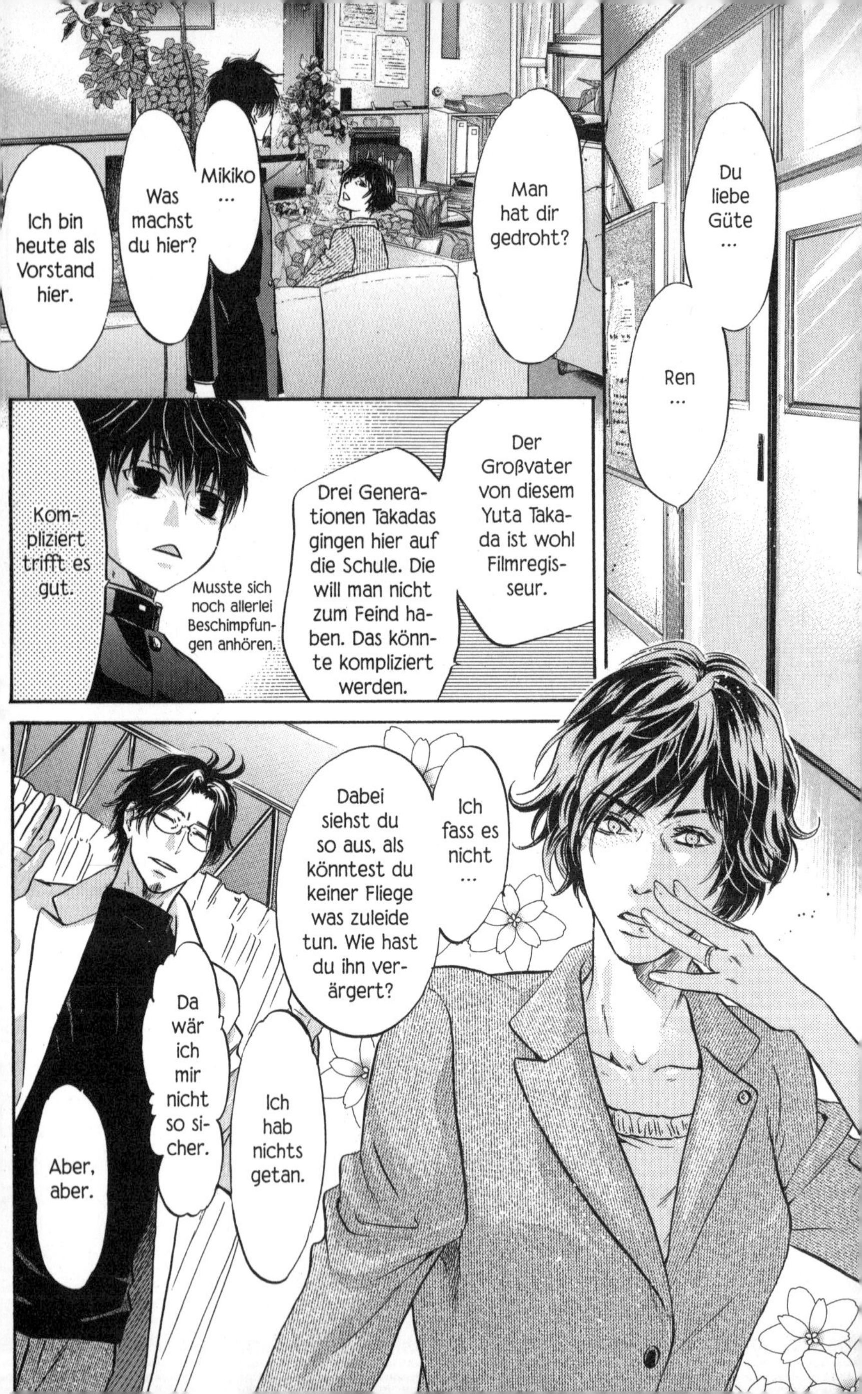

Du liebe Güte ...
Ren ...
Man hat dir gedroht?
Mikiko ...
Was machst du hier?
Ich bin heute als Vorstand hier.
Der Großvater von diesem Yuta Takada ist wohl Filmregisseur.
Drei Generationen Takadas gingen hier auf die Schule. Die will man nicht zum Feind haben. Das könnte kompliziert werden.
Musste sich noch allerlei Beschimpfungen anhören.
Kompliziert trifft es gut.
Ich fass es nicht ...
Dabei siehst du so aus, als könntest du keiner Fliege was zuleide tun. Wie hast du ihn verärgert?
Ich hab nichts getan.
Da wär ich mir nicht so sicher.
Aber, aber.

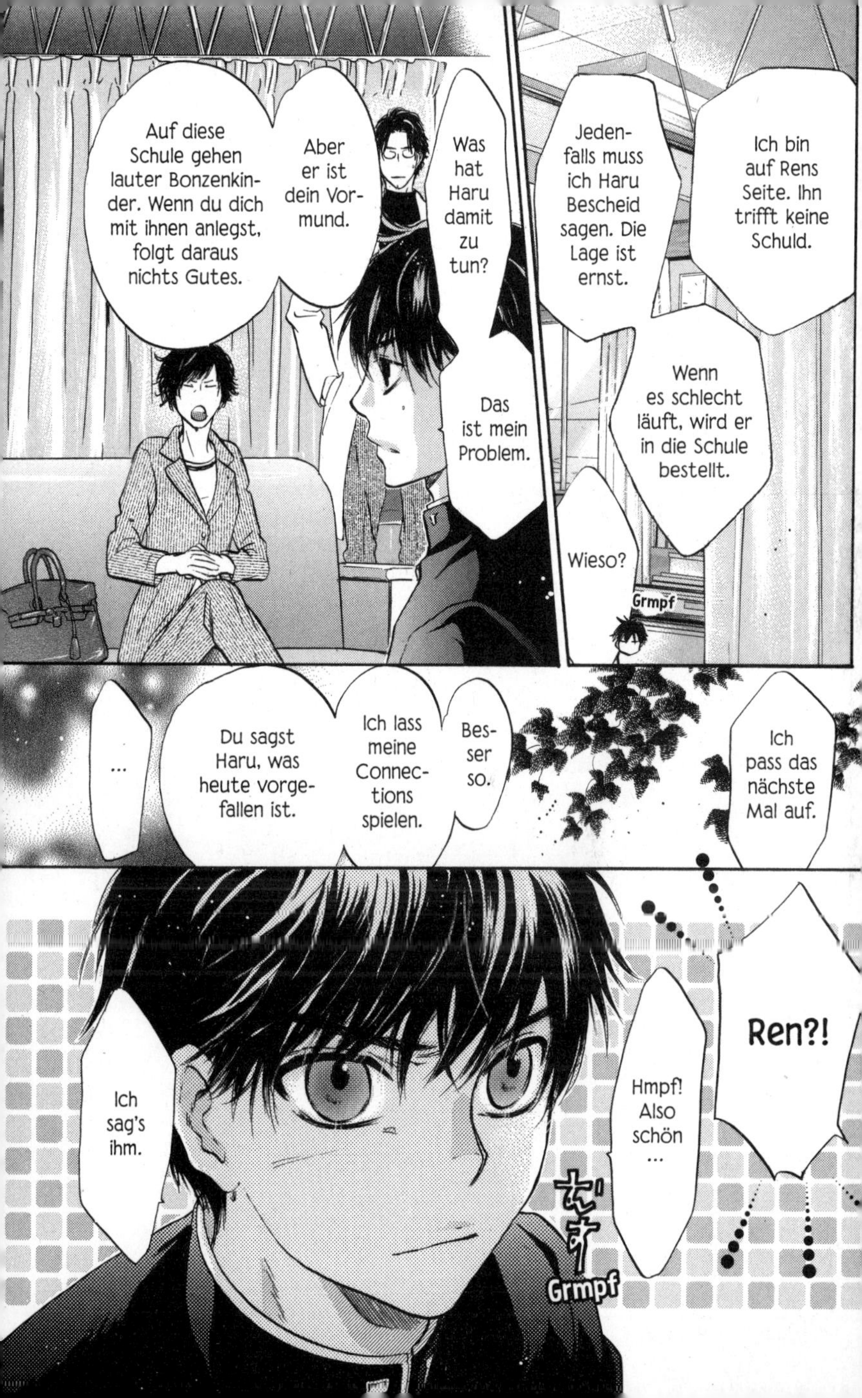
Ich bin auf Rens Seite. Ihn trifft keine Schuld.
Jedenfalls muss ich Haru Bescheid sagen. Die Lage ist ernst.
Wenn es schlecht läuft, wird er in die Schule bestellt.
Wieso?
Grmpf
Was hat Haru damit zu tun?
Aber er ist dein Vormund.
Auf diese Schule gehen lauter Bonzenkinder. Wenn du dich mit ihnen anlegst, folgt daraus nichts Gutes.
Das ist mein Problem.
Ich pass das nächste Mal auf.
Besser so.
Ich lass meine Connections spielen.
Du sagst Haru, was heute vorgefallen ist.
...
Ren?!
Hmpf! Also schön ...
Grmpf
Ich sag's ihm.

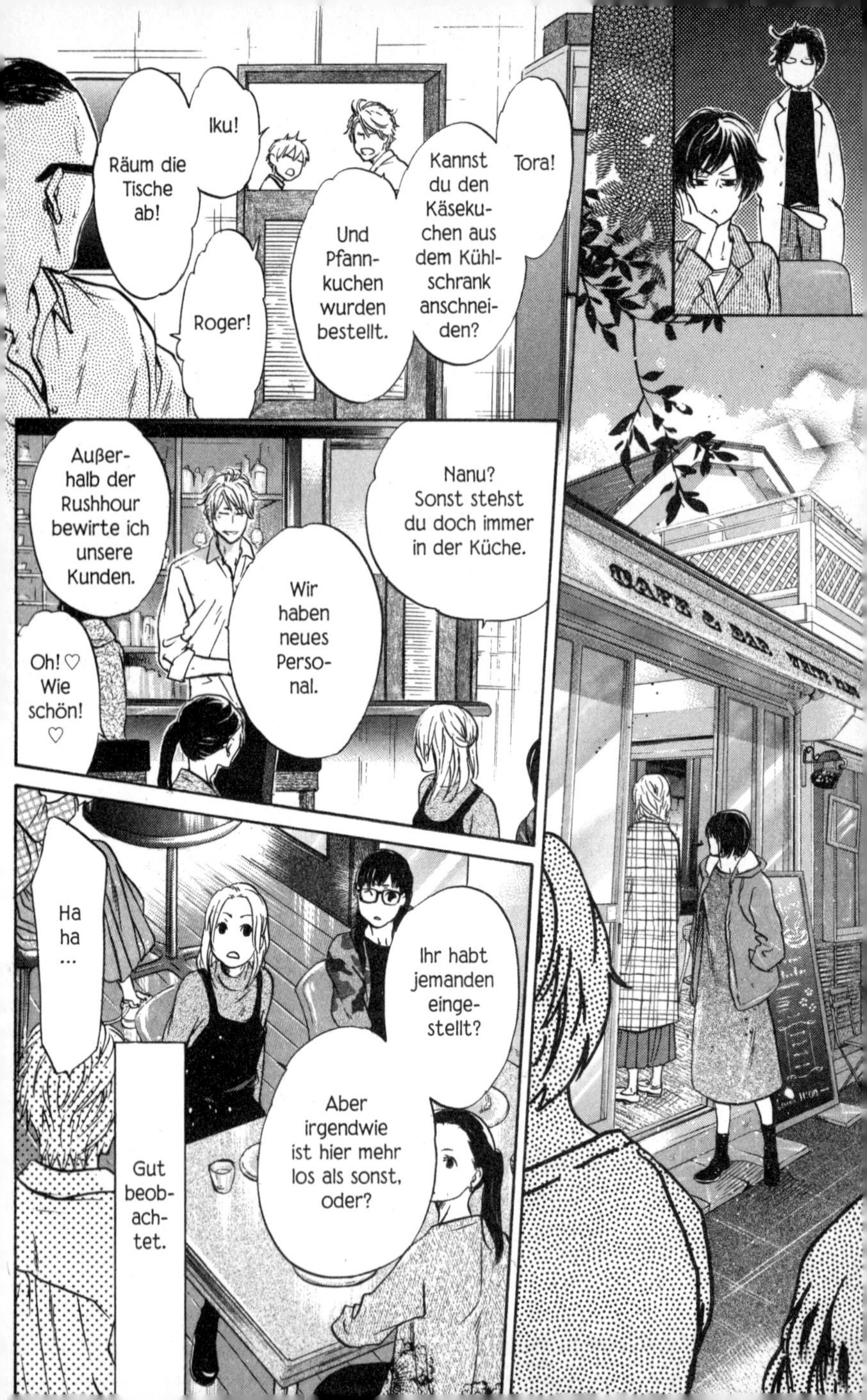

Tora!
Kannst du den Käseku-chen aus dem Kühl-schrank anschnei-den?
Und Pfann-kuchen wurden bestellt.
Iku!
Räum die Tische ab!
Roger!
Nanu? Sonst stehst du doch immer in der Küche.
Wir haben neues Perso-nal.
Außer-halb der Rushhour bewirte ich unsere Kunden.
Oh! ♡ Wie schön! ♡
Ihr habt jemanden einge-stellt?
Ha ha ...
Aber irgendwie ist hier mehr los als sonst, oder?
Gut beob-ach-tet.

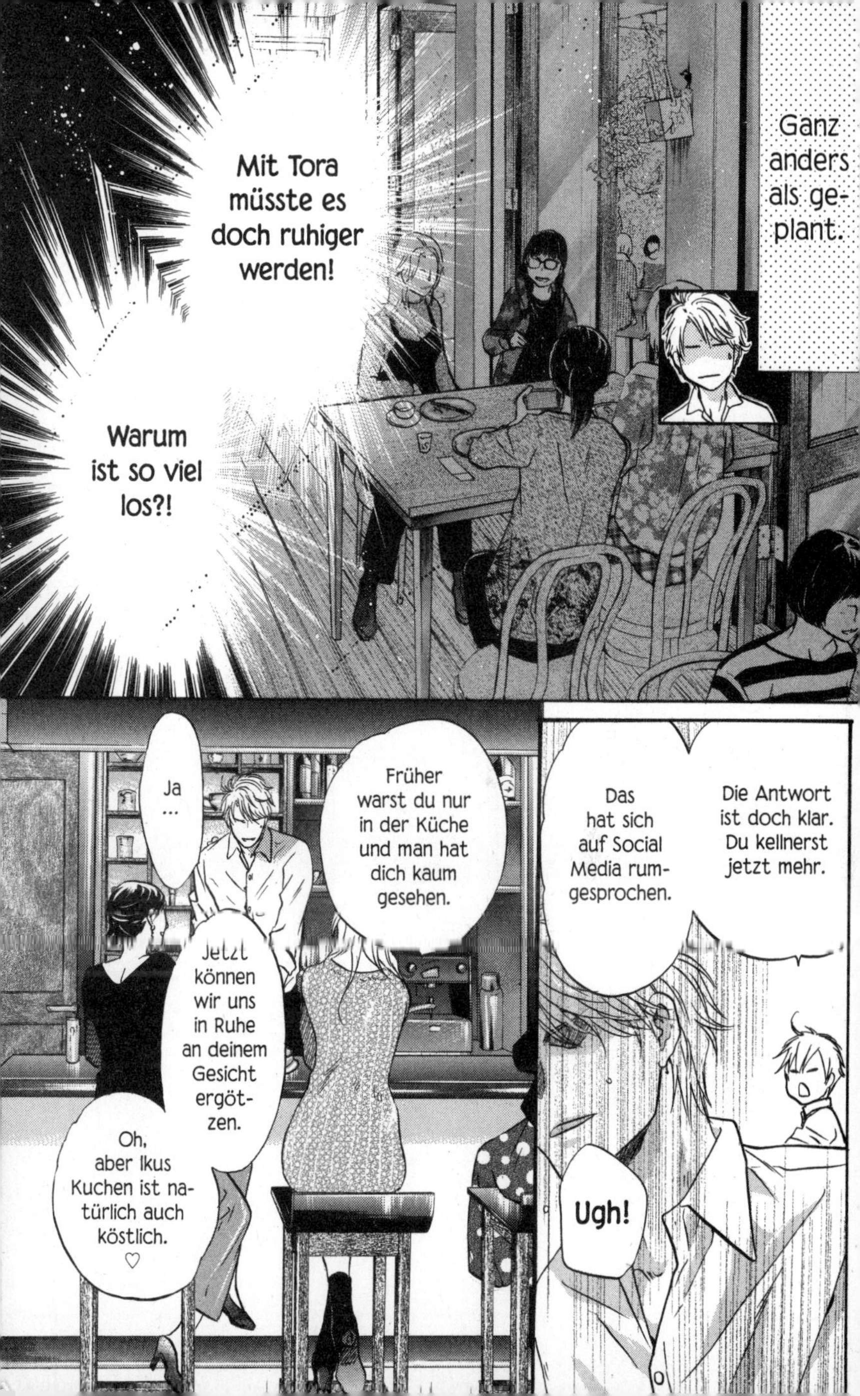
Ganz anders als geplant.
Mit Tora müsste es doch ruhiger werden!
Warum ist so viel los?!
Die Antwort ist doch klar. Du kellnerst jetzt mehr.
Das hat sich auf Social Media rumgesprochen.
Ugh!
Früher warst du nur in der Küche und man hat dich kaum gesehen.
Ja ...
Jetzt können wir uns in Ruhe an deinem Gesicht ergötzen.
Oh, aber Ikus Kuchen ist natürlich auch köstlich. ♡

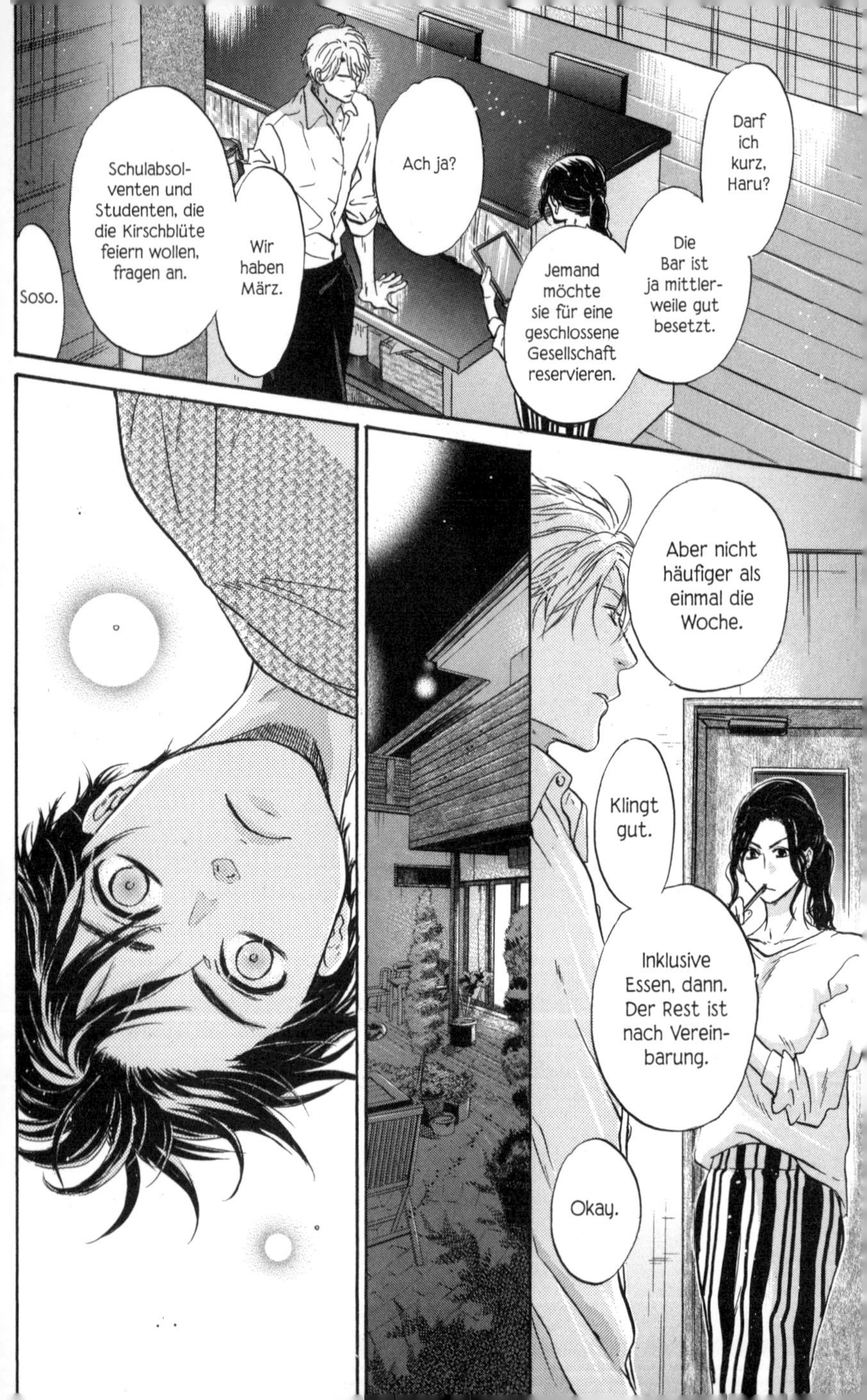
Darf ich kurz, Haru?
Die Bar ist ja mittlerweile gut besetzt.
Jemand möchte sie für eine geschlossene Gesellschaft reservieren.
Ach ja?
Wir haben März.
Schulabsolventen und Studenten, die die Kirschblüte feiern wollen, fragen an.
Soso.
Aber nicht häufiger als einmal die Woche.
Klingt gut.
Inklusive Essen, dann. Der Rest ist nach Vereinbarung.
Okay.

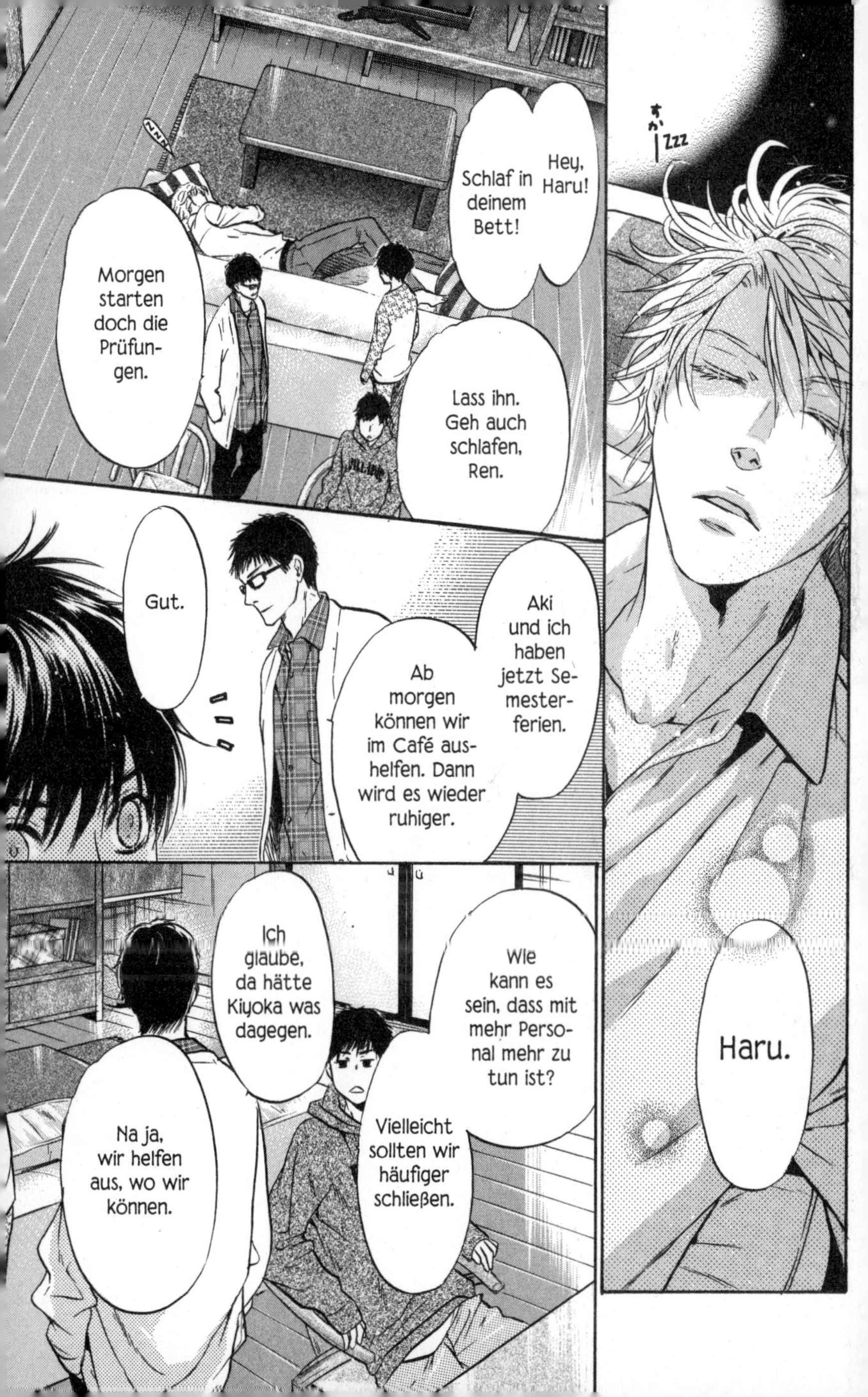

Hey, Haru!
Schlaf in deinem Bett!
Morgen starten doch die Prüfungen.
Lass ihn. Geh auch schlafen, Ren.
Aki und ich haben jetzt Semesterferien.
Ab morgen können wir im Café aushelfen. Dann wird es wieder ruhiger.
Gut.
Wie kann es sein, dass mit mehr Personal mehr zu tun ist?
Ich glaube, da hätte Kiyoka was dagegen.
Vielleicht sollten wir häufiger schließen.
Na ja, wir helfen aus, wo wir können.
Zzz
Haru.

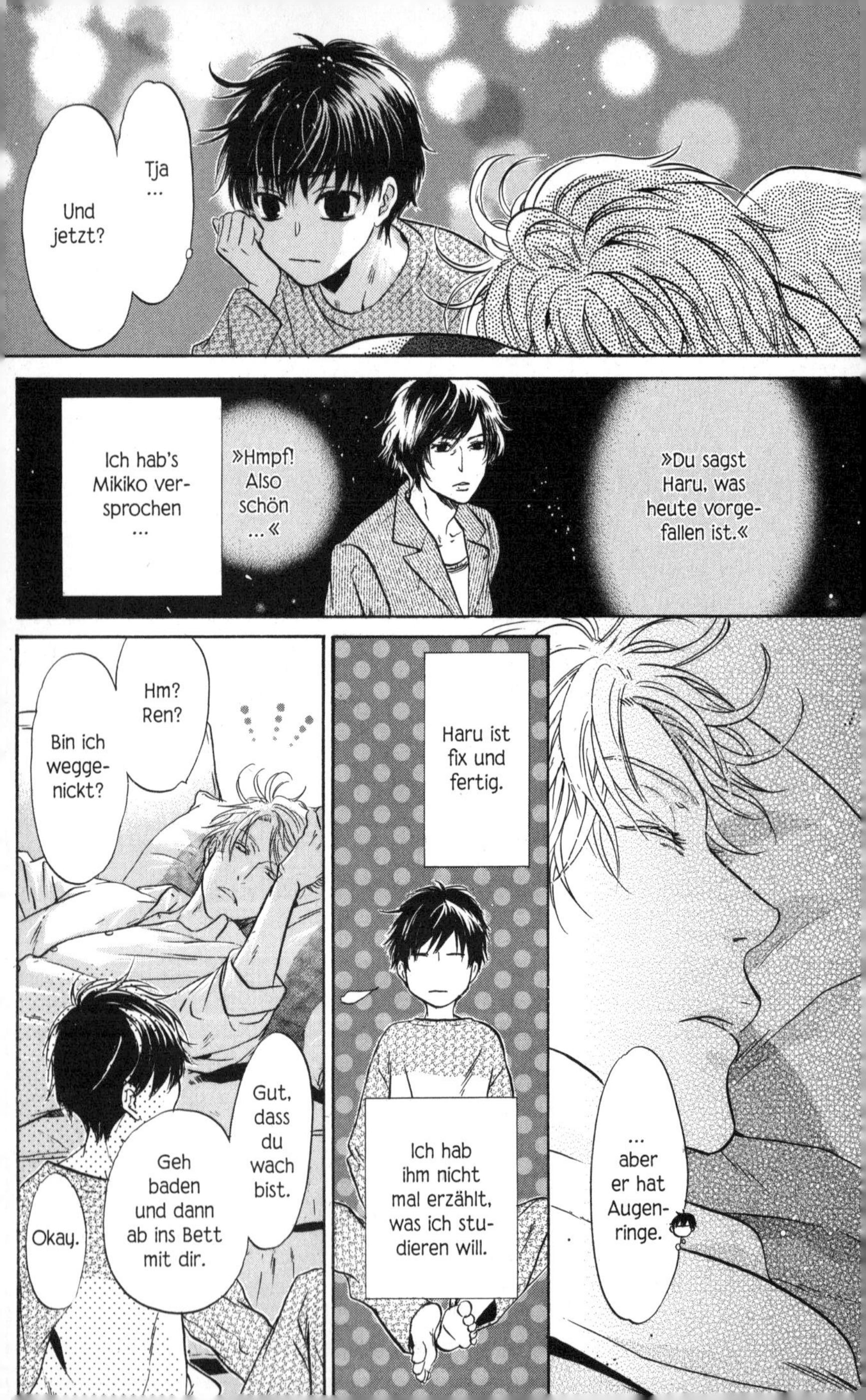
Tja ...
Und jetzt?
»Du sagst Haru, was heute vorgefallen ist.«
»Hmpf! Also schön ...«
Ich hab's Mikiko versprochen ...
Haru ist fix und fertig.
... aber er hat Augenringe.
Ich hab ihm nicht mal erzählt, was ich studieren will.
Hm? Ren?
Bin ich weggenickt?
Gut, dass du wach bist.
Geh baden und dann ab ins Bett mit dir.
Okay.

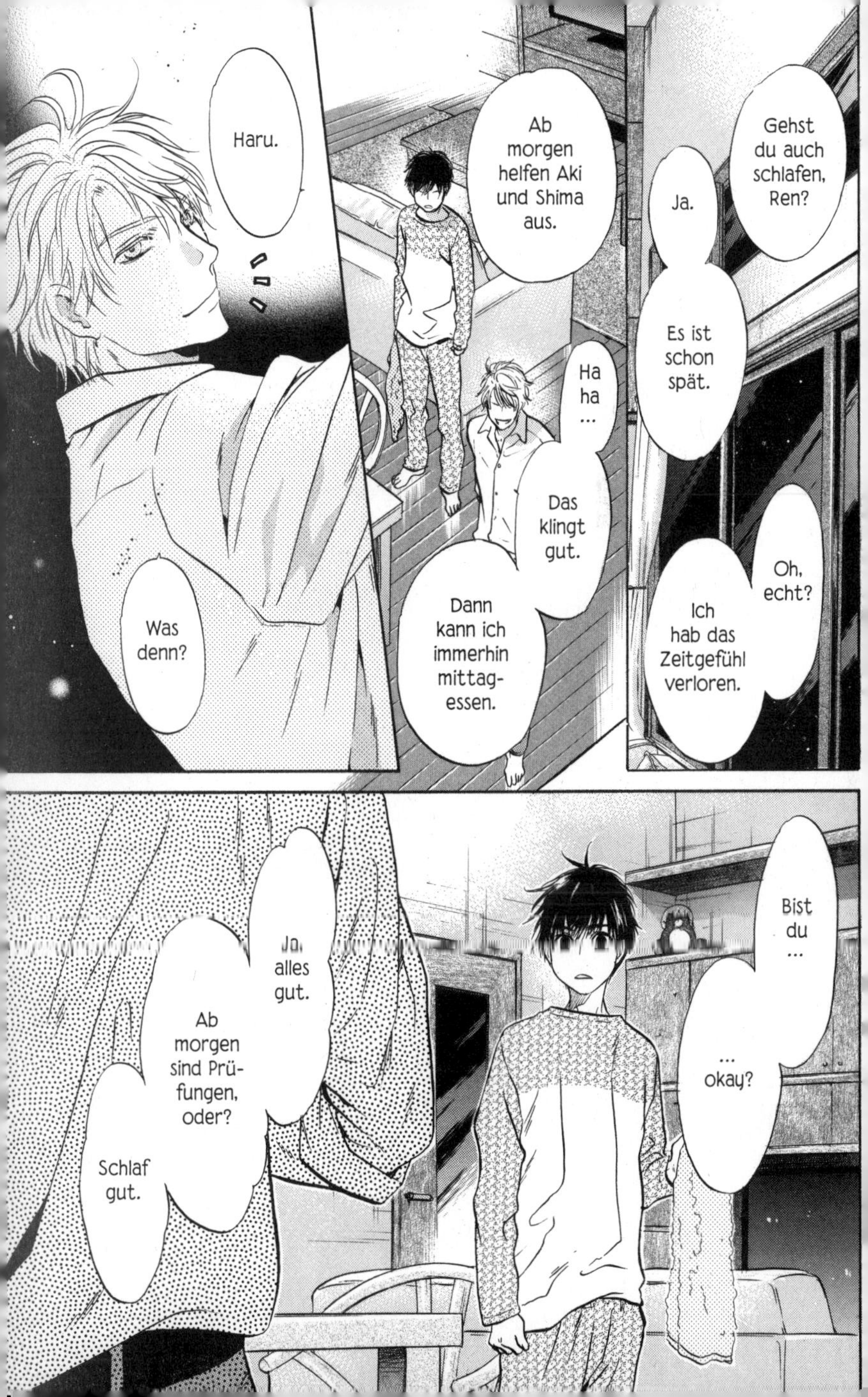
Gehst du auch schlafen, Ren?
Ja.
Es ist schon spät.
Oh, echt?
Ich hab das Zeitgefühl verloren.
Ab morgen helfen Aki und Shima aus.
Ha ha ...
Das klingt gut.
Dann kann ich immerhin mittagessen.
Haru.
Was denn?
Bist du ...
... okay?
Ja, alles gut.
Ab morgen sind Prüfungen, oder?
Schlaf gut.

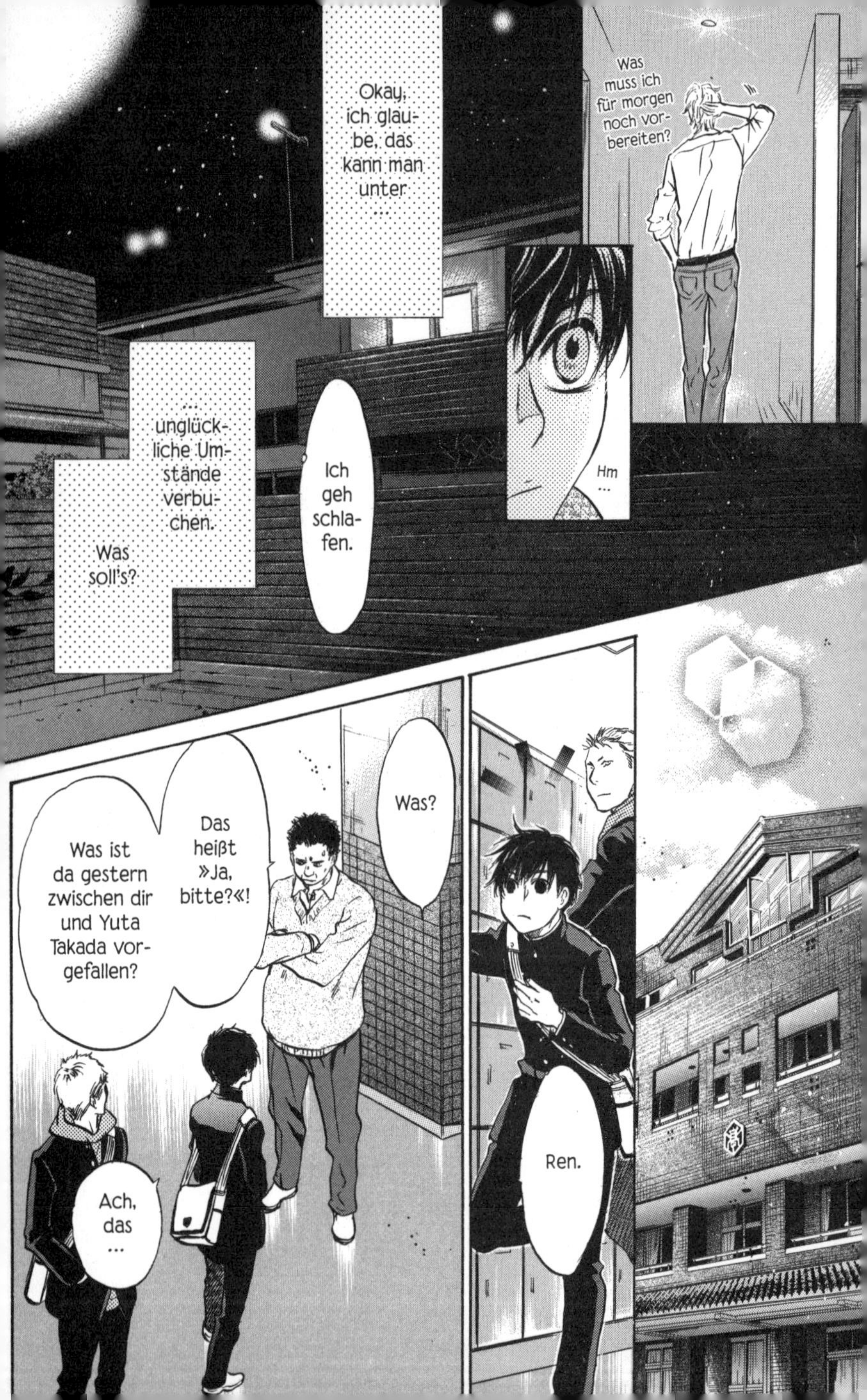
Was muss ich für morgen noch vorbereiten?
Okay, ich glaube, das kann man unter …
Hm …
Ich geh schlafen.
… unglückliche Umstände verbuchen.
Was soll's?
Ren.
Was?
Das heißt »Ja, bitte?«!
Was ist da gestern zwischen dir und Yuta Takada vorgefallen?
Ach, das …

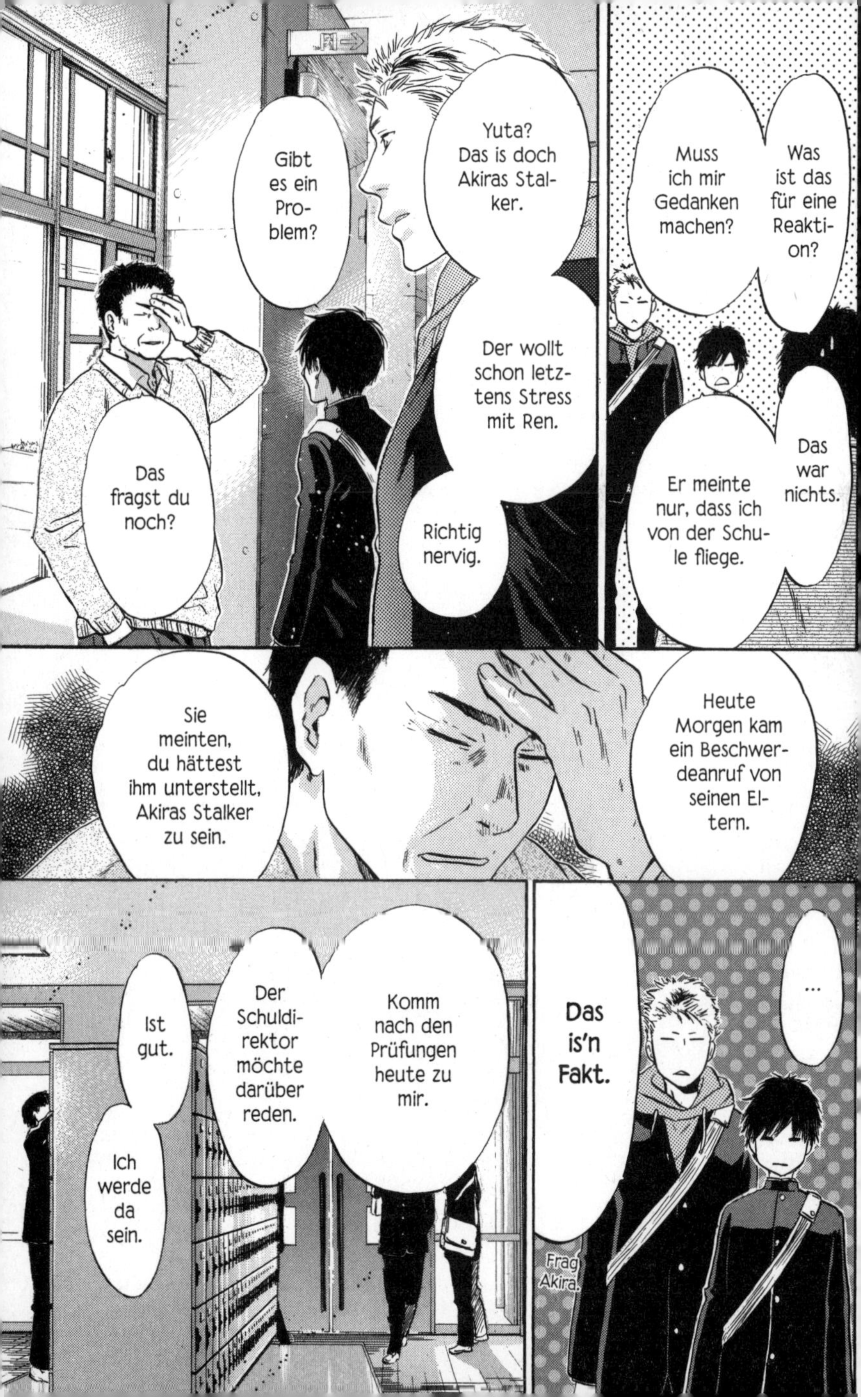
Was ist das für eine Reakti-on?
Muss ich mir Gedanken machen?
Das war nichts.
Er meinte nur, dass ich von der Schu-le fliege.
Yuta? Das is doch Akiras Stal-ker.
Gibt es ein Pro-blem?
Der wollt schon letz-tens Stress mit Ren.
Richtig nervig.
Das fragst du noch?
Heute Morgen kam ein Beschwer-deanruf von seinen El-tern.
Sie meinten, du hättest ihm unterstellt, Akiras Stalker zu sein.
...
Das is'n Fakt.
Frag Akira.
Komm nach den Prüfungen heute zu mir.
Der Schuldi-rektor möchte darüber reden.
Ist gut.
Ich werde da sein.

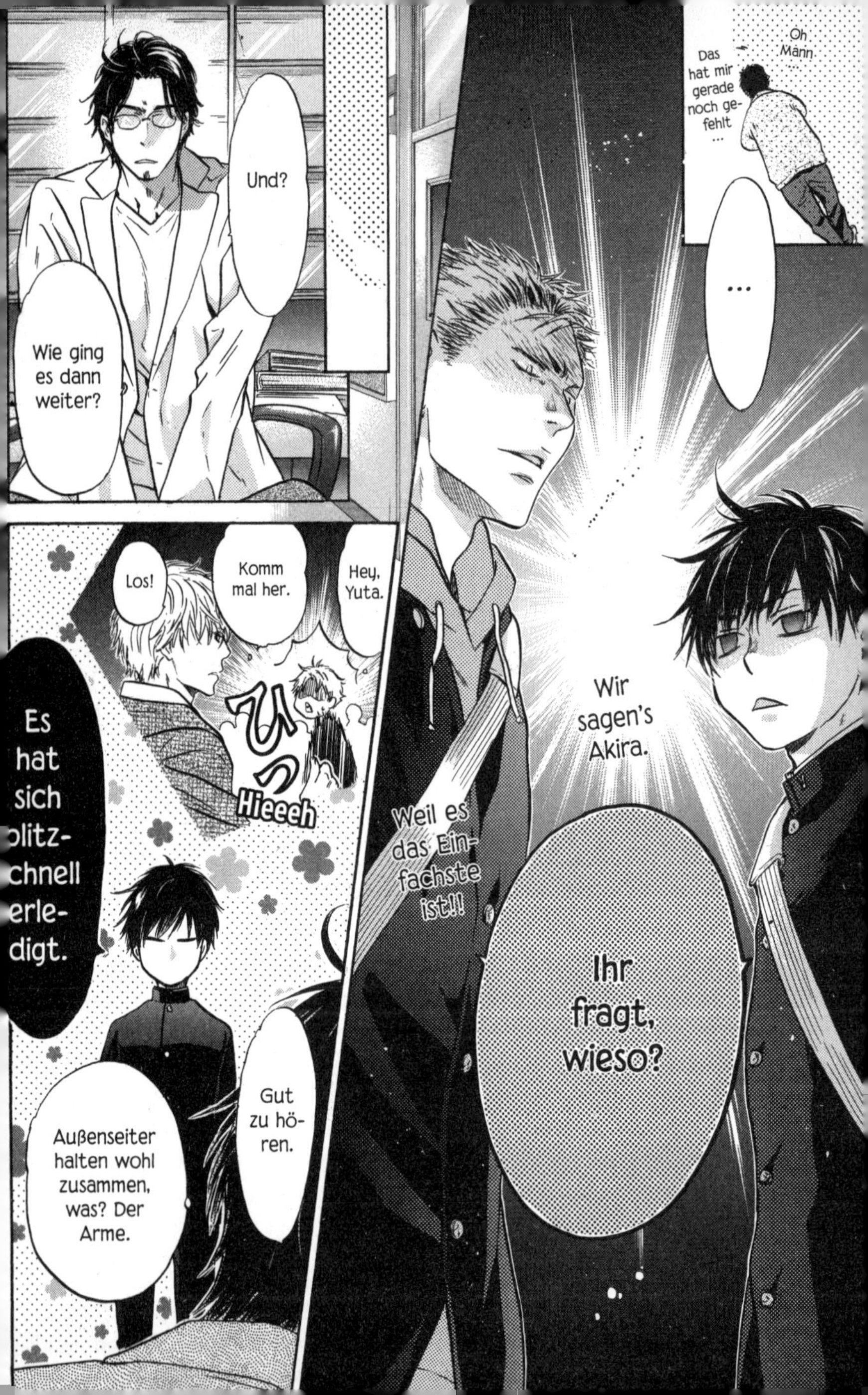

Das hat mir gerade noch gefehlt …
Oh Mann …
…
Und?
Wie ging es dann weiter?
Hey, Yuta.
Komm mal her.
Los!
Hieeeh
Es hat sich litz- chnell erledigt.
Gut zu hören.
Außenseiter halten wohl zusammen, was? Der Arme.
Wir sagen's Akira.
Weil es das Einfachste ist!!
Ihr fragt, wieso?

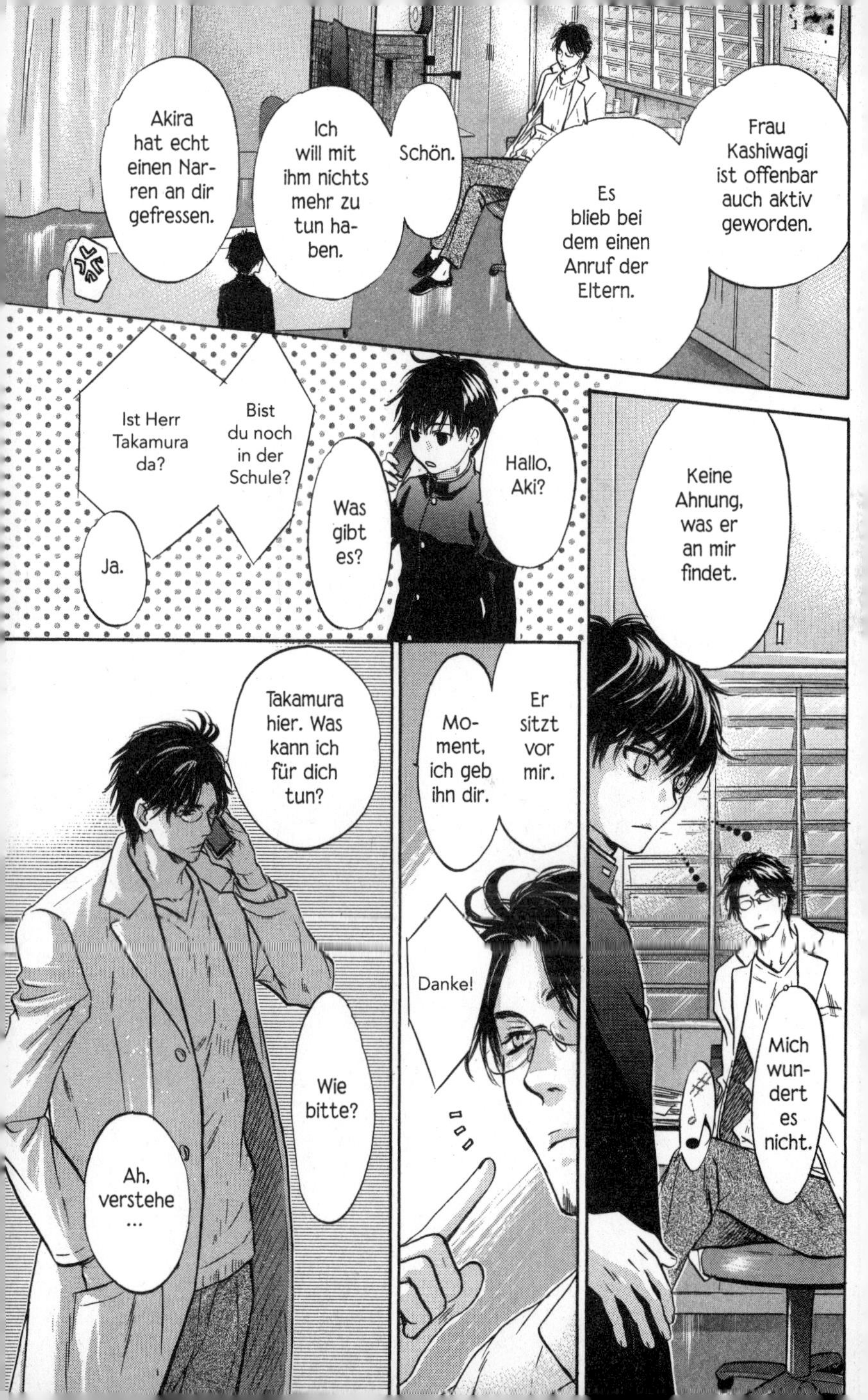

Frau Kashiwagi ist offenbar auch aktiv geworden.
Es blieb bei dem einen Anruf der Eltern.
Schön.
Ich will mit ihm nichts mehr zu tun haben.
Akira hat echt einen Narren an dir gefressen.
Keine Ahnung, was er an mir findet.
Hallo, Aki?
Was gibt es?
Bist du noch in der Schule?
Ist Herr Takamura da?
Ja.
Mich wundert es nicht.
Er sitzt vor mir.
Moment, ich geb ihn dir.
Danke!
Takamura hier. Was kann ich für dich tun?
Wie bitte?
Ah, verstehe …

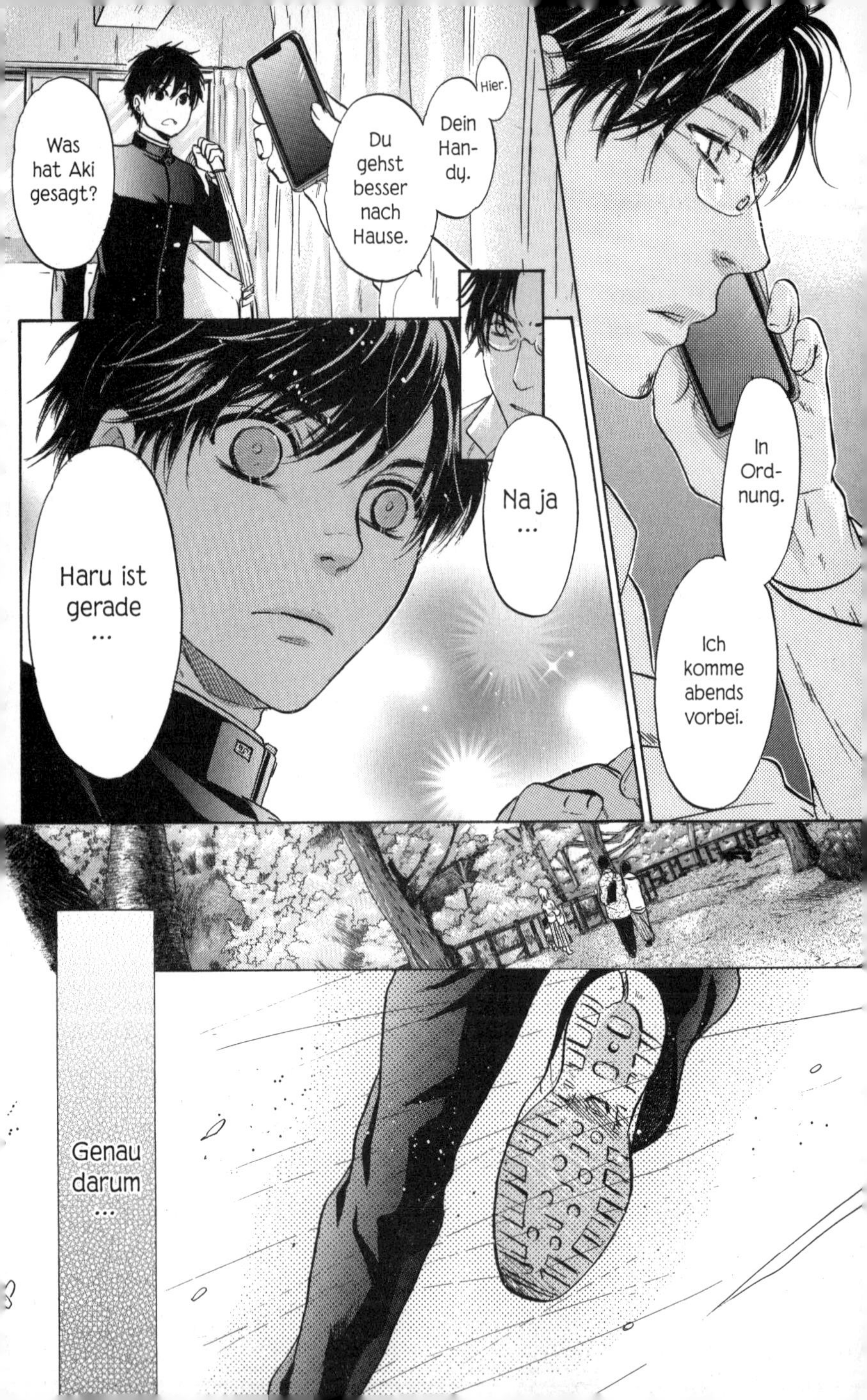
In Ordnung.
Ich komme abends vorbei.
Hier.
Dein Handy.
Du gehst besser nach Hause.
Was hat Aki gesagt?
Na ja …
Haru ist gerade …
Genau darum …

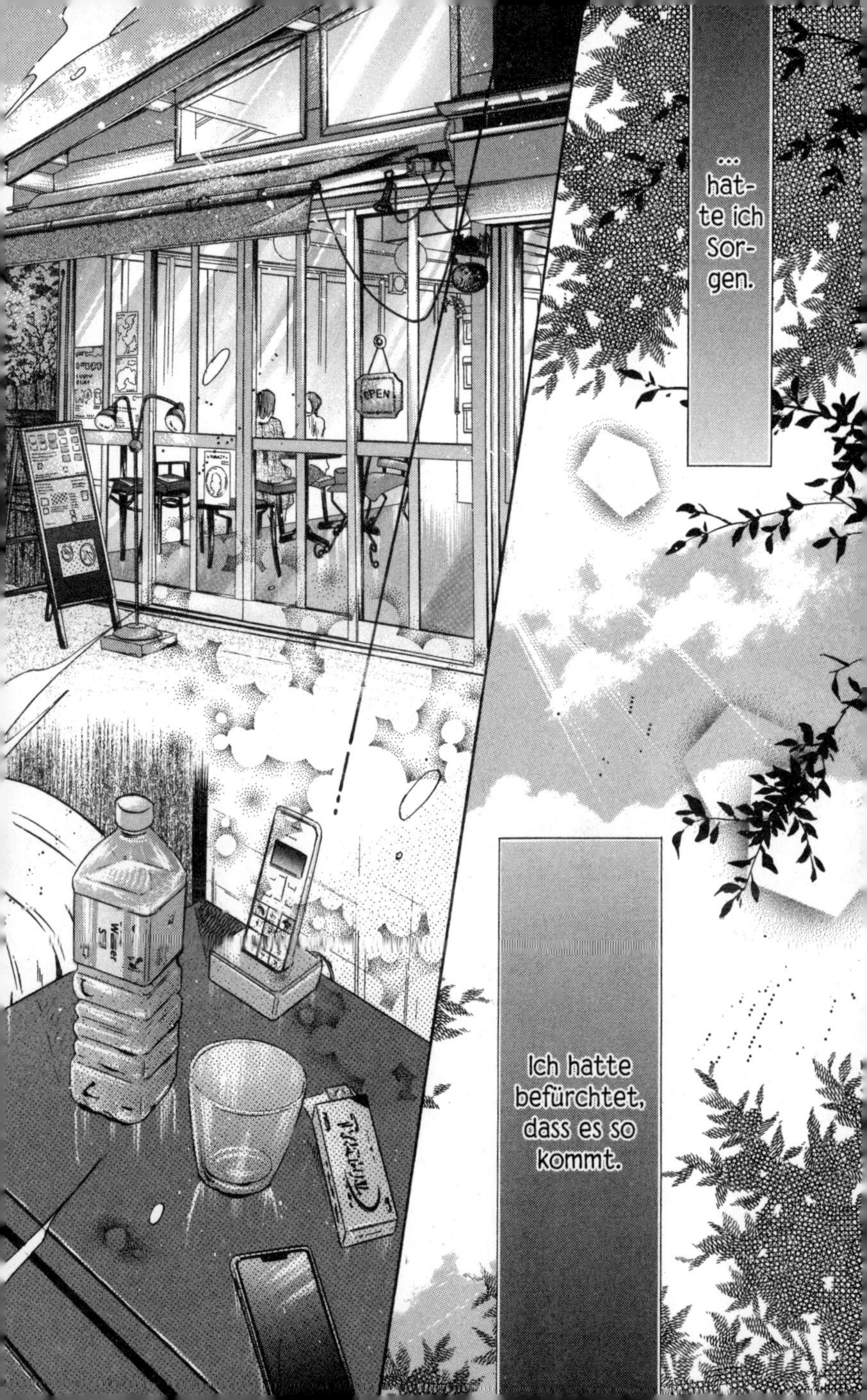
... hat-te ich Sor-gen.
Ich hatte befürchtet, dass es so kommt.
OPEN

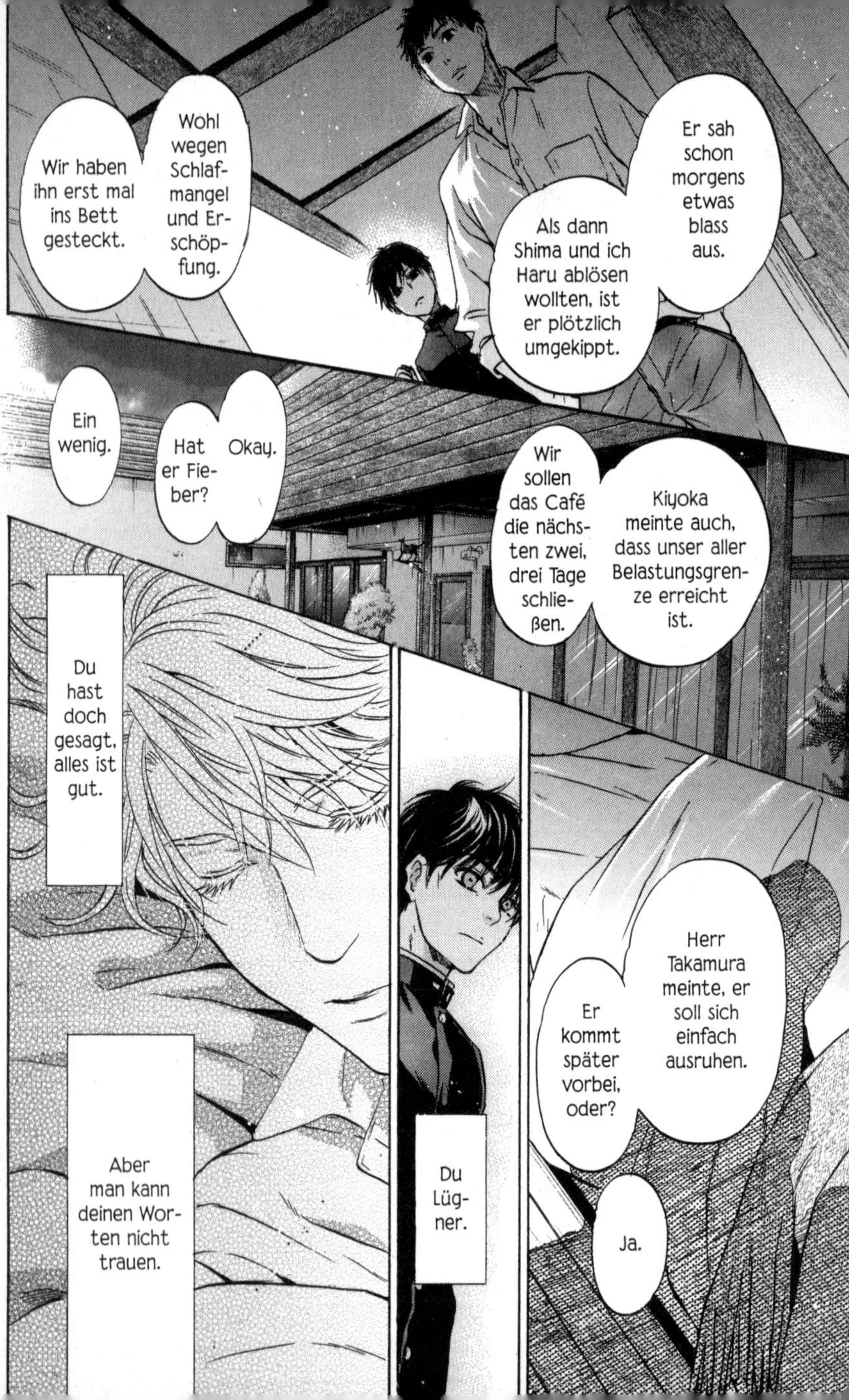

Er sah schon morgens etwas blass aus.
Als dann Shima und ich Haru ablösen wollten, ist er plötzlich umgekippt.
Wohl wegen Schlafmangel und Erschöpfung.
Wir haben ihn erst mal ins Bett gesteckt.
Kiyoka meinte auch, dass unser aller Belastungsgrenze erreicht ist.
Wir sollen das Café die nächsten zwei, drei Tage schließen.
Okay.
Hat er Fieber?
Ein wenig.
Herr Takamura meinte, er soll sich einfach ausruhen.
Er kommt später vorbei, oder?
Ja.
Du Lügner.
Du hast doch gesagt, alles ist gut.
Aber man kann deinen Worten nicht trauen.

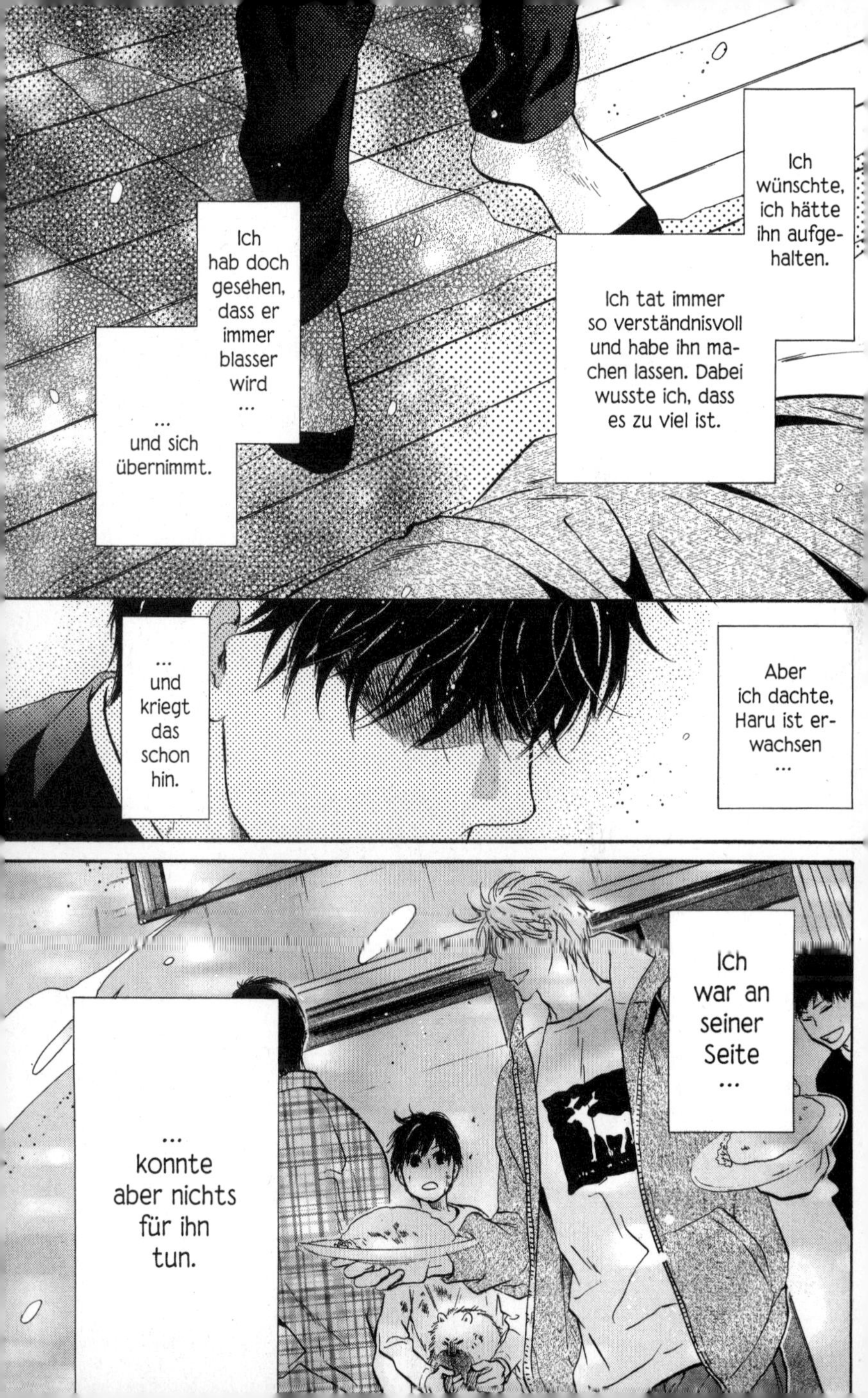
Ich wünschte, ich hätte ihn aufgehalten.
Ich tat immer so verständnisvoll und habe ihn machen lassen. Dabei wusste ich, dass es zu viel ist.
Ich hab doch gesehen, dass er immer blasser wird ...
... und sich übernimmt.
Aber ich dachte, Haru ist erwachsen ...
... und kriegt das schon hin.
Ich war an seiner Seite ...
... konnte aber nichts für ihn tun.

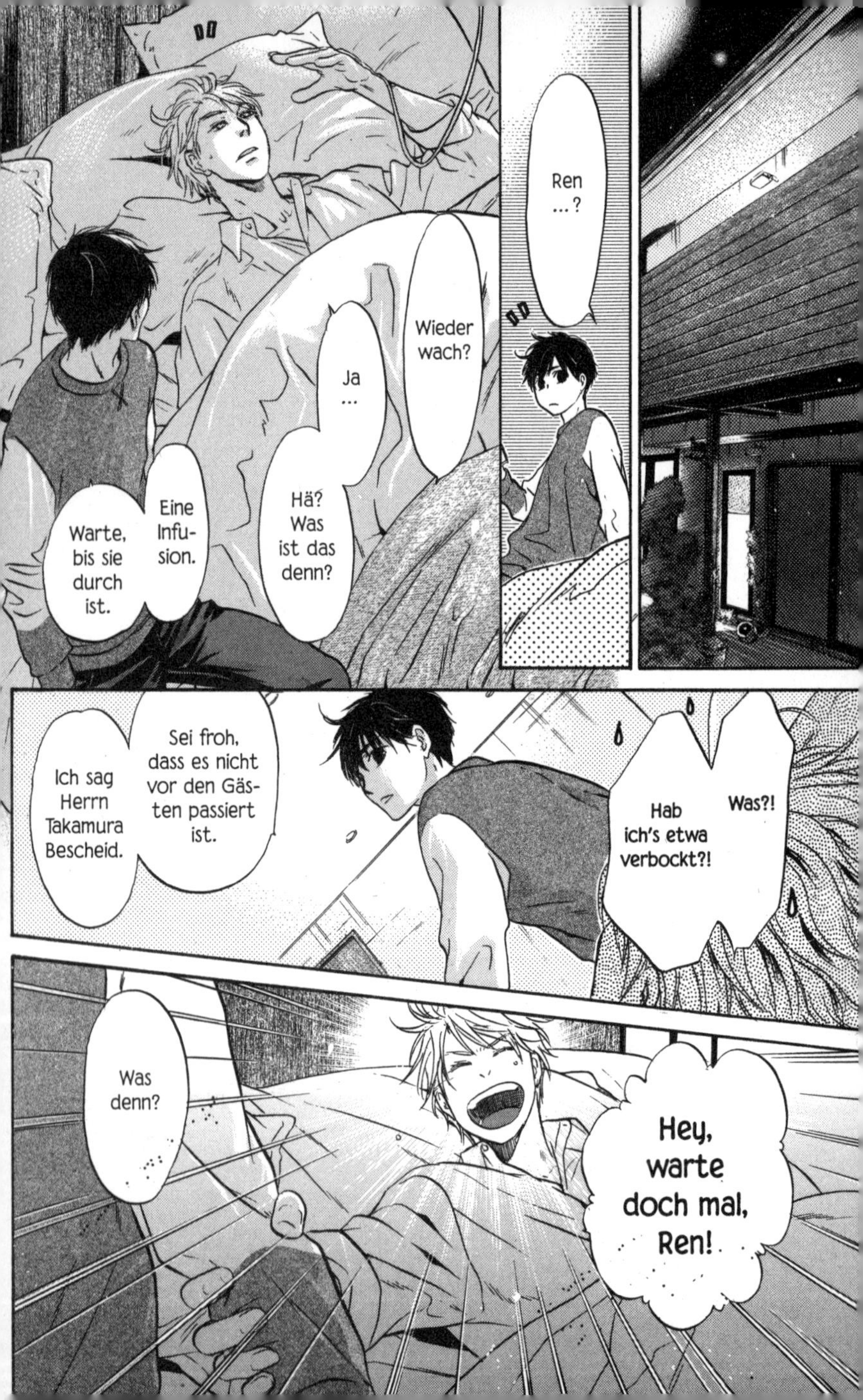
Ren ...?
Wieder wach?
Ja ...
Hä? Was ist das denn?
Eine Infusion.
Warte, bis sie durch ist.
Was?!
Hab ich's etwa verbockt?!
Sei froh, dass es nicht vor den Gästen passiert ist.
Ich sag Herrn Takamura Bescheid.
Hey, warte doch mal, Ren!
Was denn?

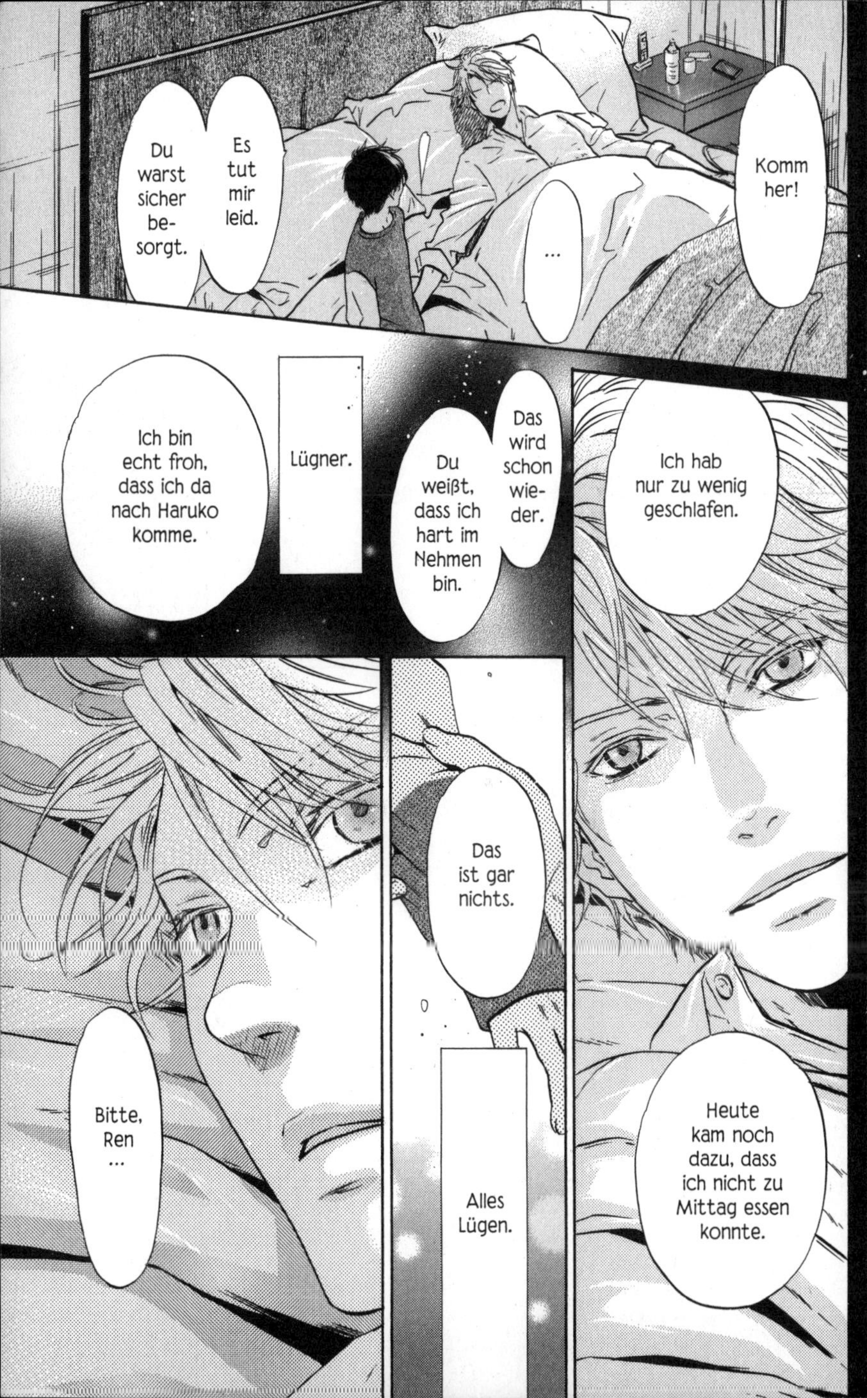

Komm her!
...
Es tut mir leid.
Du warst sicher besorgt.
Ich hab nur zu wenig geschlafen.
Das wird schon wieder.
Du weißt, dass ich hart im Nehmen bin.
Lügner.
Ich bin echt froh, dass ich da nach Haruko komme.
Heute kam noch dazu, dass ich nicht zu Mittag essen konnte.
Das ist gar nichts.
Alles Lügen.
Bitte, Ren ...

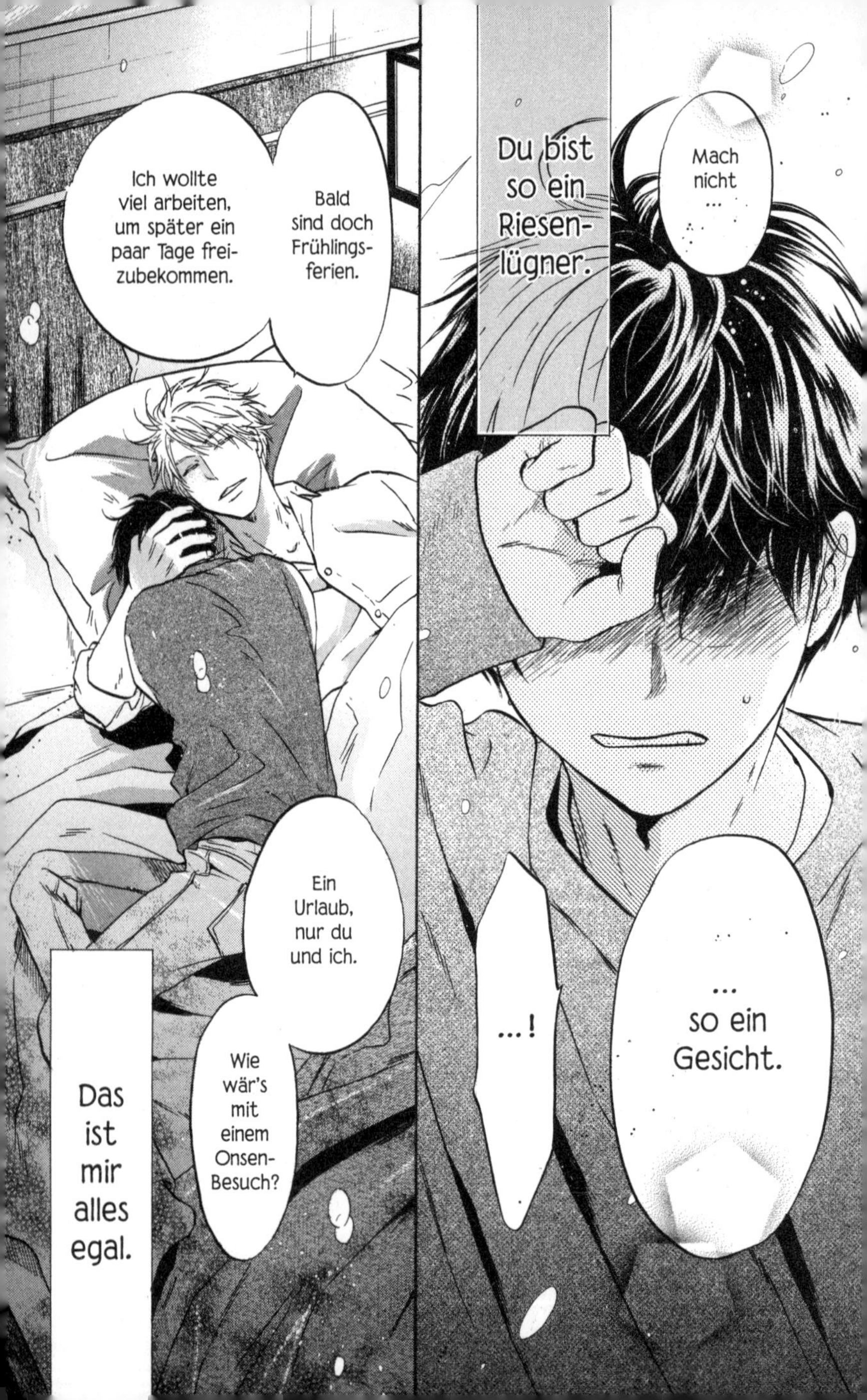
Mach nicht ...
Du bist so ein Riesenlügner.
... so ein Gesicht.
...!
Bald sind doch Frühlingsferien.
Ich wollte viel arbeiten, um später ein paar Tage freizubekommen.
Ein Urlaub, nur du und ich.
Wie wär's mit einem Onsen-Besuch?
Das ist mir alles egal.

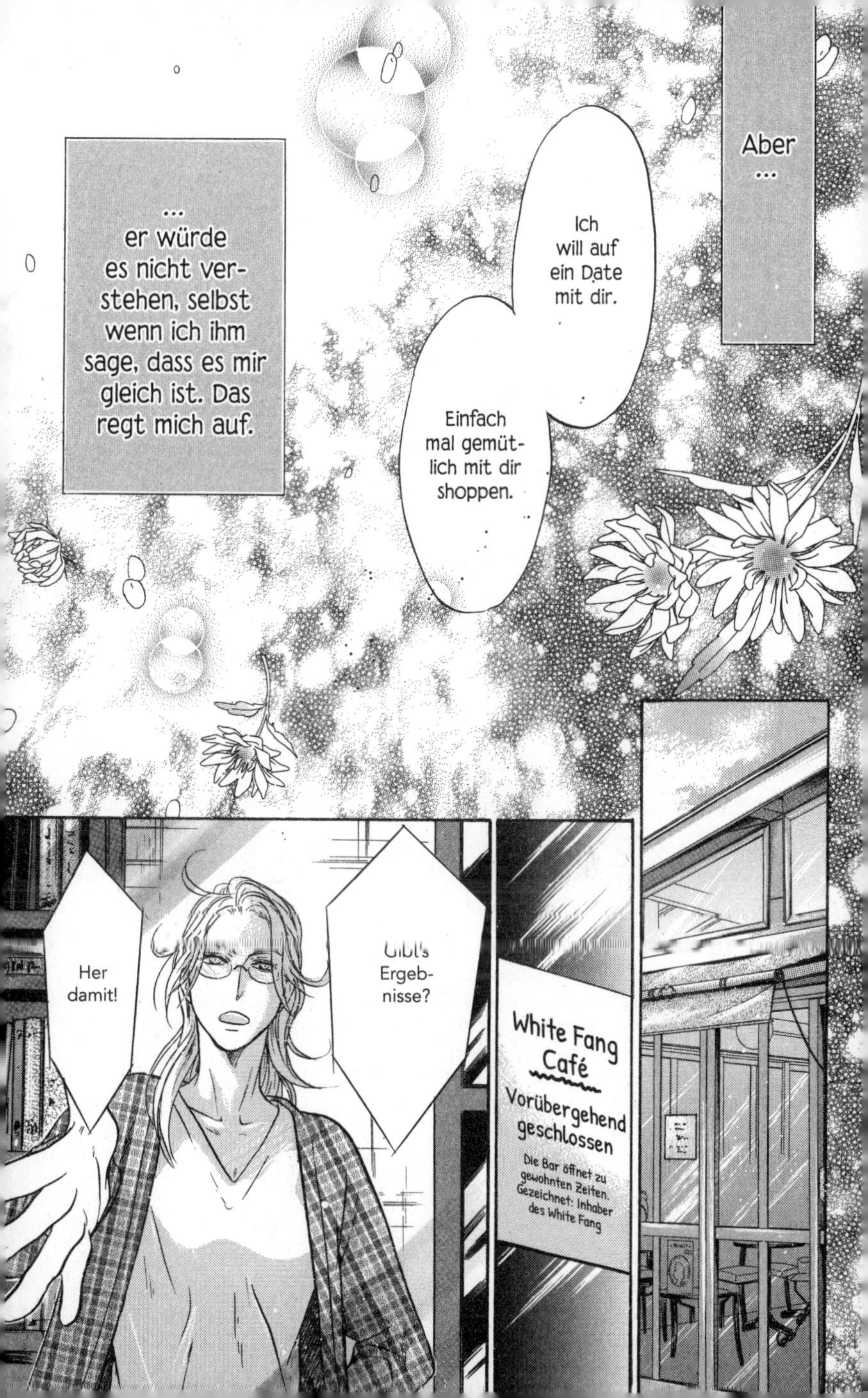
Aber ...
Ich will auf ein Date mit dir.
Einfach mal gemütlich mit dir shoppen.
... er würde es nicht verstehen, selbst wenn ich ihm sage, dass es mir gleich ist. Das regt mich auf.
White Fang Café
Vorübergehend geschlossen
Die Bar öffnet zu gewohnten Zeiten. Gezeichnet: Inhaber des White Fang
Gibt's Ergebnisse?
Her damit!

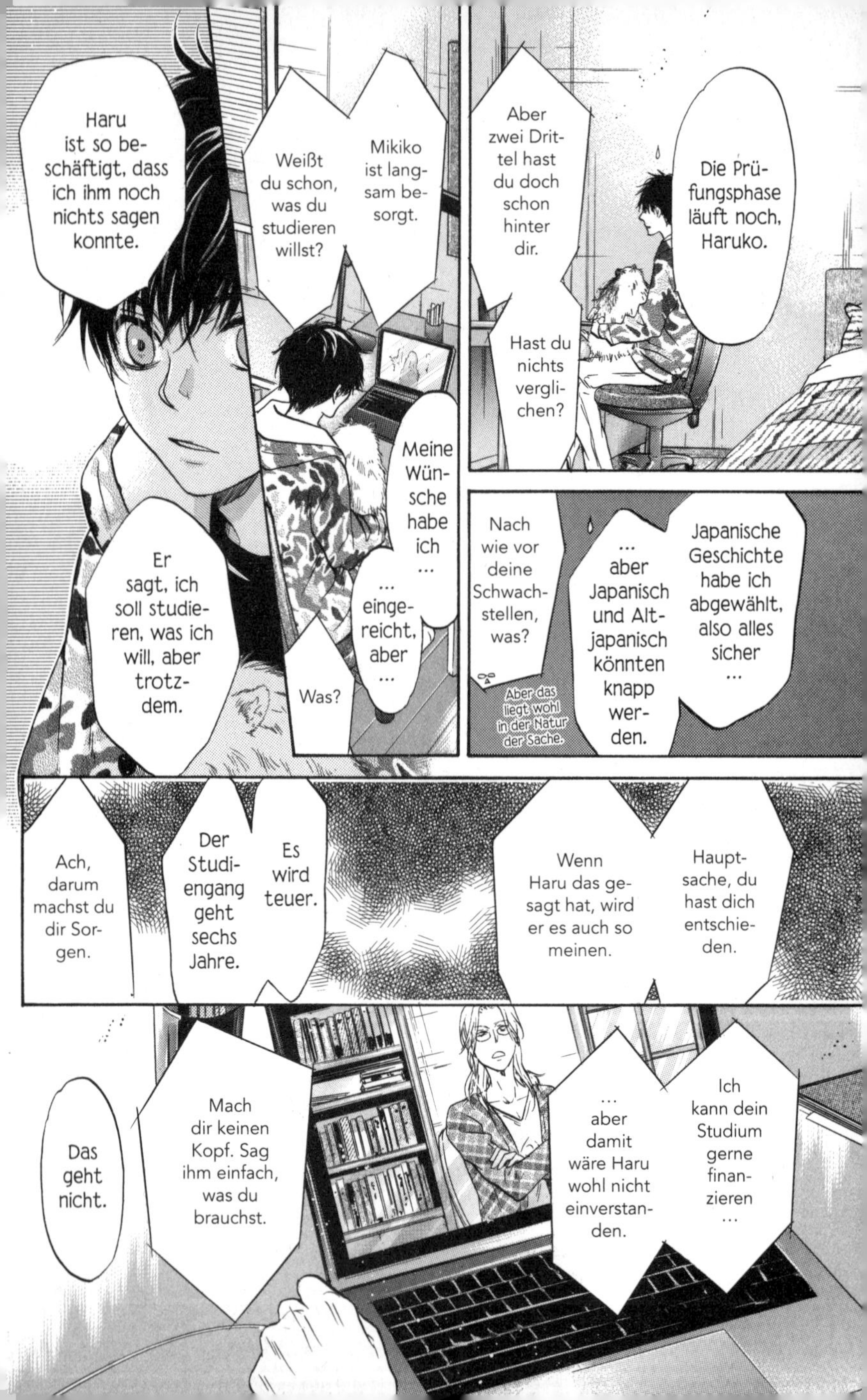

Die Prüfungsphase läuft noch, Haruko.
Aber zwei Drittel hast du doch schon hinter dir.
Hast du nichts verglichen?
Japanische Geschichte habe ich abgewählt, also alles sicher …
… aber Japanisch und Altjapanisch könnten knapp werden.
Nach wie vor deine Schwachstellen, was?
Aber das liegt wohl in der Natur der Sache.
Mikiko ist langsam besorgt.
Weißt du schon, was du studieren willst?
Meine Wünsche habe ich …
… eingereicht, aber …
Was?
Haru ist so beschäftigt, dass ich ihm noch nichts sagen konnte.
Er sagt, ich soll studieren, was ich will, aber trotzdem.
Hauptsache, du hast dich entschieden.
Wenn Haru das gesagt hat, wird er es auch so meinen.
Es wird teuer.
Der Studiengang geht sechs Jahre.
Ach, darum machst du dir Sorgen.
Ich kann dein Studium gerne finanzieren …
… aber damit wäre Haru wohl nicht einverstanden.
Mach dir keinen Kopf. Sag ihm einfach, was du brauchst.
Das geht nicht.

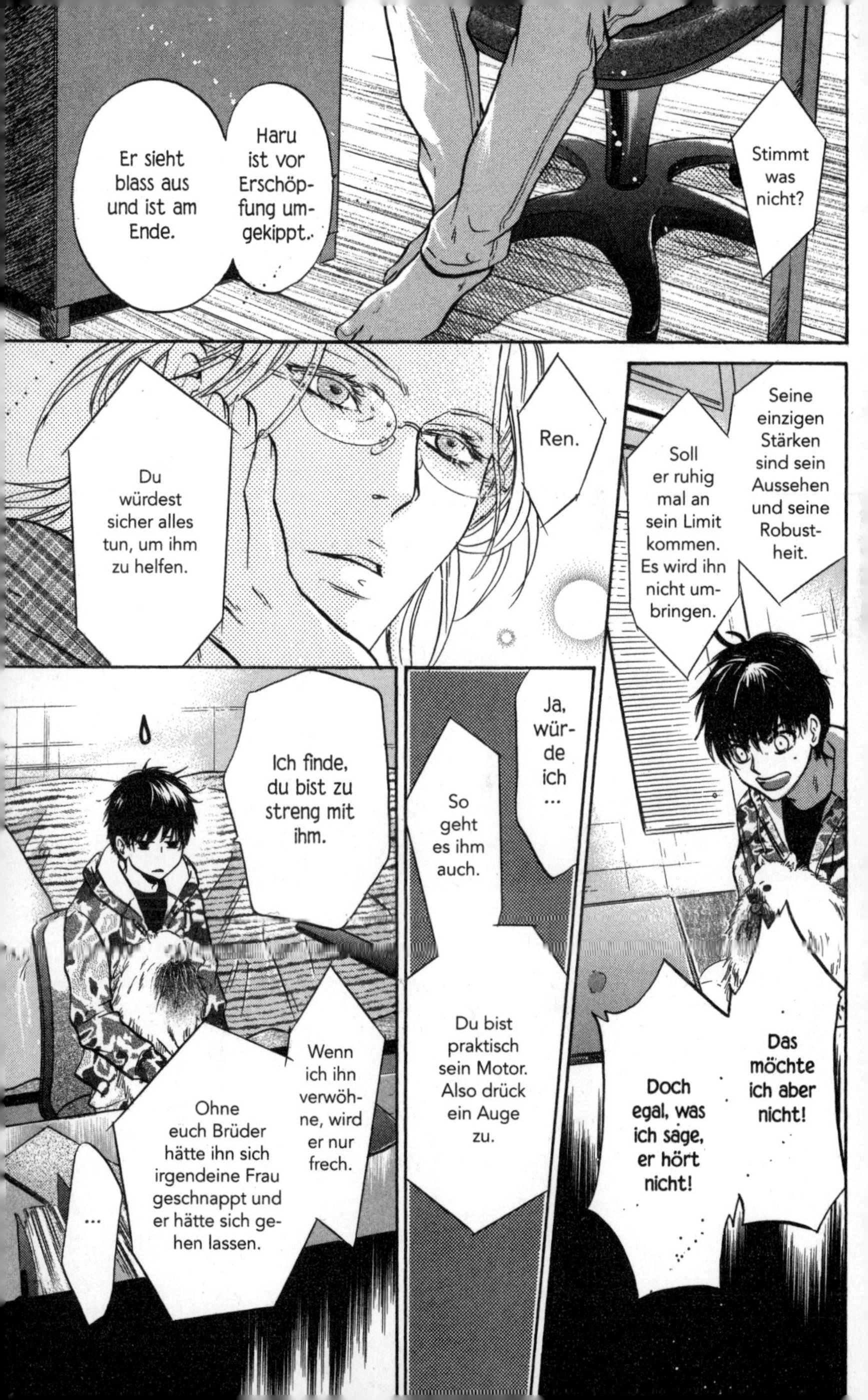
Stimmt was nicht?
Haru ist vor Erschöpfung umgekippt..
Er sieht blass aus und ist am Ende.
Seine einzigen Stärken sind sein Aussehen und seine Robustheit.
Soll er ruhig mal an sein Limit kommen. Es wird ihn nicht umbringen.
Ren.
Du würdest sicher alles tun, um ihm zu helfen.
Das möchte ich aber nicht!
Doch egal, was ich sage, er hört nicht!
Ja, würde ich ...
So geht es ihm auch.
Du bist praktisch sein Motor. Also drück ein Auge zu.
Ich finde, du bist zu streng mit ihm.
Wenn ich ihn verwöhne, wird er nur frech.
Ohne euch Brüder hätte ihn sich irgendeine Frau geschnappt und er hätte sich gehen lassen.
...

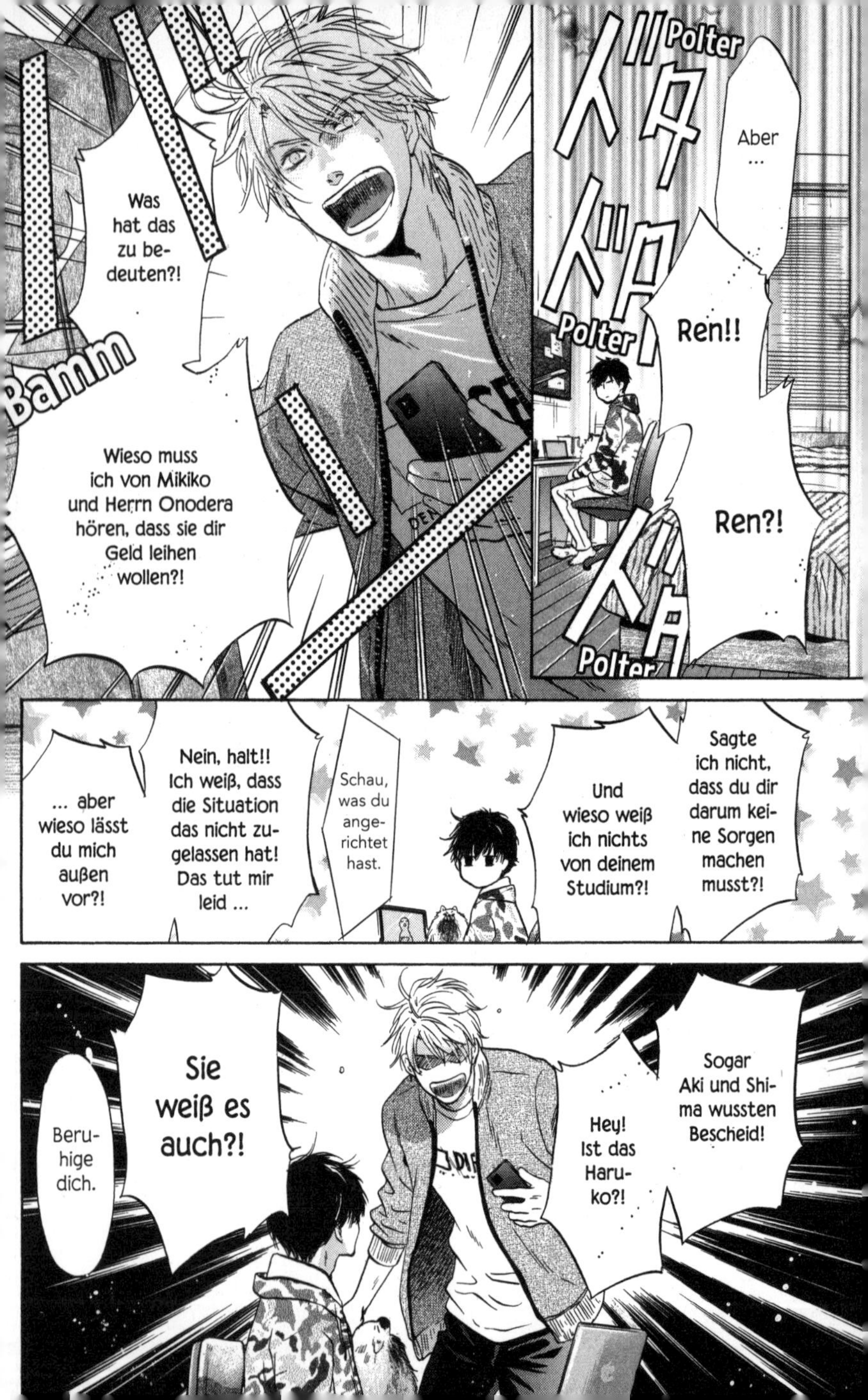
Polter
Aber ...
Ren!!
Polter
Ren?!
Polter
Was hat das zu bedeuten?!
Bamm
Wieso muss ich von Mikiko und Herrn Onodera hören, dass sie dir Geld leihen wollen?!
Sagte ich nicht, dass du dir darum keine Sorgen machen musst?!
Und wieso weiß ich nichts von deinem Studium?!
Schau, was du angerichtet hast.
Nein, halt!! Ich weiß, dass die Situation das nicht zugelassen hat! Das tut mir leid ...
... aber wieso lässt du mich außen vor?!
Sogar Aki und Shima wussten Bescheid!
Hey! Ist das Haruko?!
Sie weiß es auch?!
Beruhige dich.

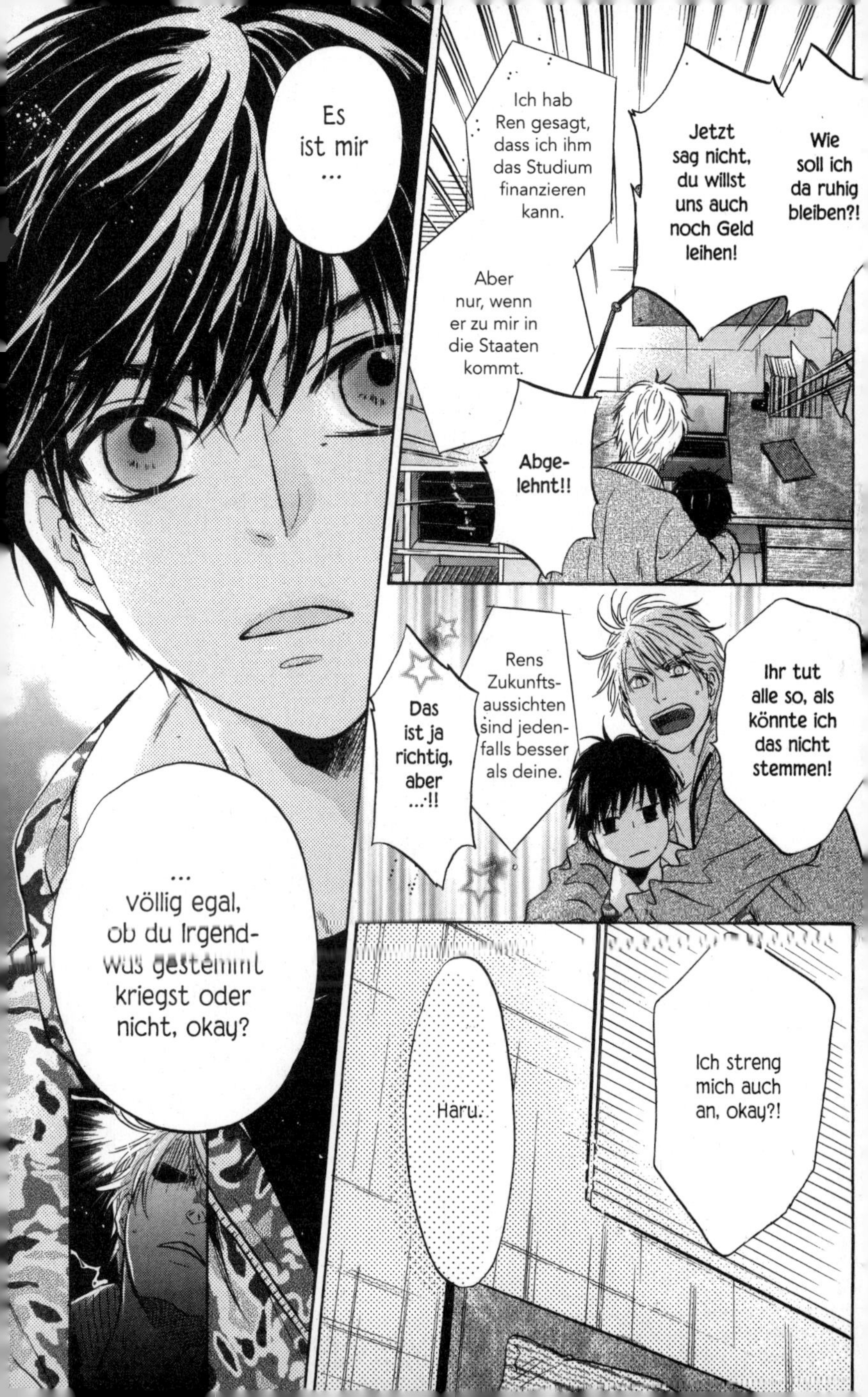
Wie soll ich da ruhig bleiben?!
Jetzt sag nicht, du willst uns auch noch Geld leihen!
Ich hab Ren gesagt, dass ich ihm das Studium finanzieren kann.
Aber nur, wenn er zu mir in die Staaten kommt.
Abgelehnt!!
Ihr tut alle so, als könnte ich das nicht stemmen!
Rens Zukunftsaussichten sind jedenfalls besser als deine.
Das ist ja richtig, aber ...!!
Ich streng mich auch an, okay?!
Haru.
Es ist mir ...
... völlig egal, ob du irgend-was gestemmt kriegst oder nicht, okay?

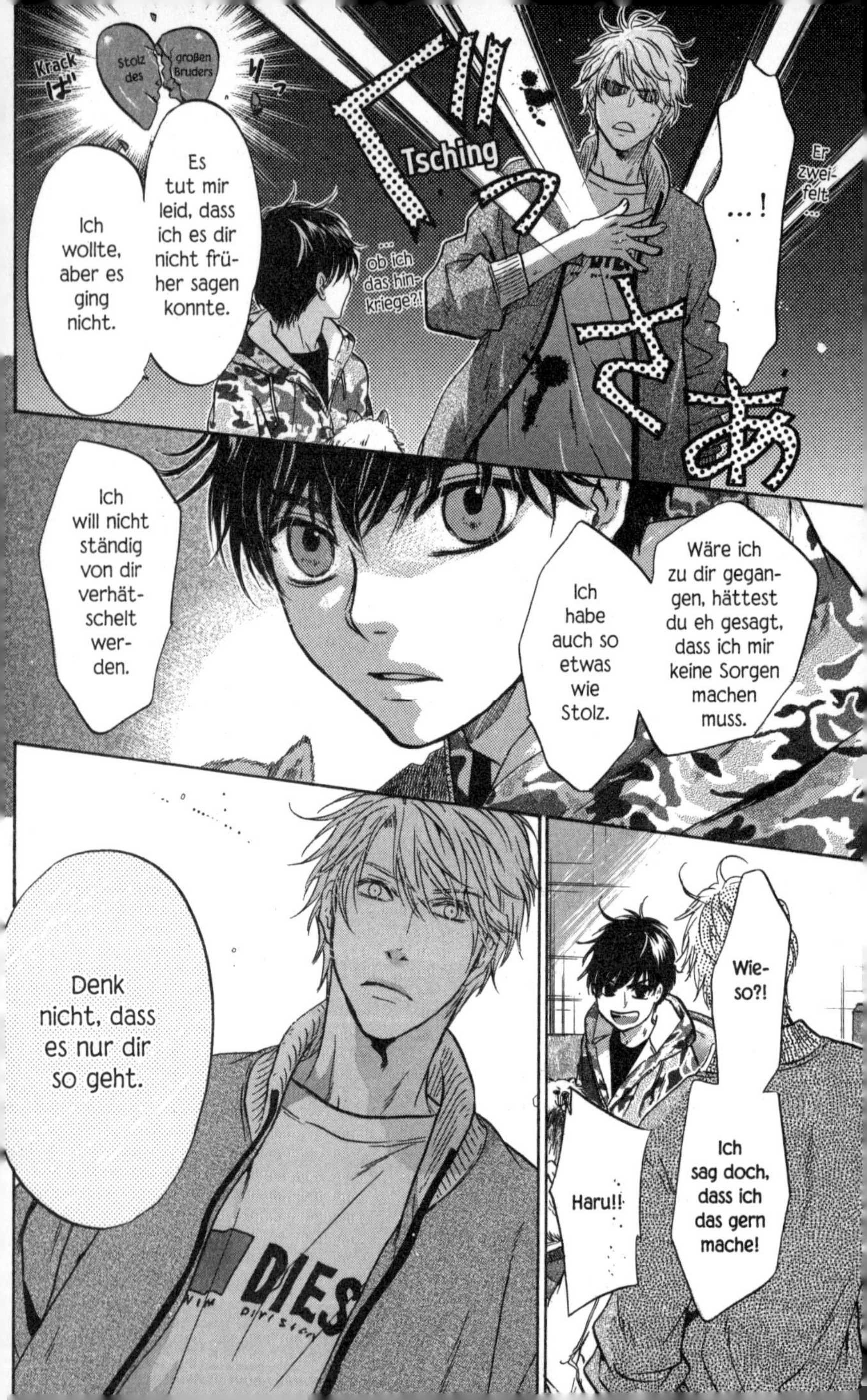
Er zweifelt ...
...!
Tsching
Stolz des großen Bruders
Krack
... ob ich das hinkriege?!
Es tut mir leid, dass ich es dir nicht früher sagen konnte.
Ich wollte, aber es ging nicht.
Wäre ich zu dir gegangen, hättest du eh gesagt, dass ich mir keine Sorgen machen muss.
Ich habe auch so etwas wie Stolz.
Ich will nicht ständig von dir verhätschelt werden.
Wieso?!
Ich sag doch, dass ich das gern mache!
Haru!!
Denk nicht, dass es nur dir so geht.

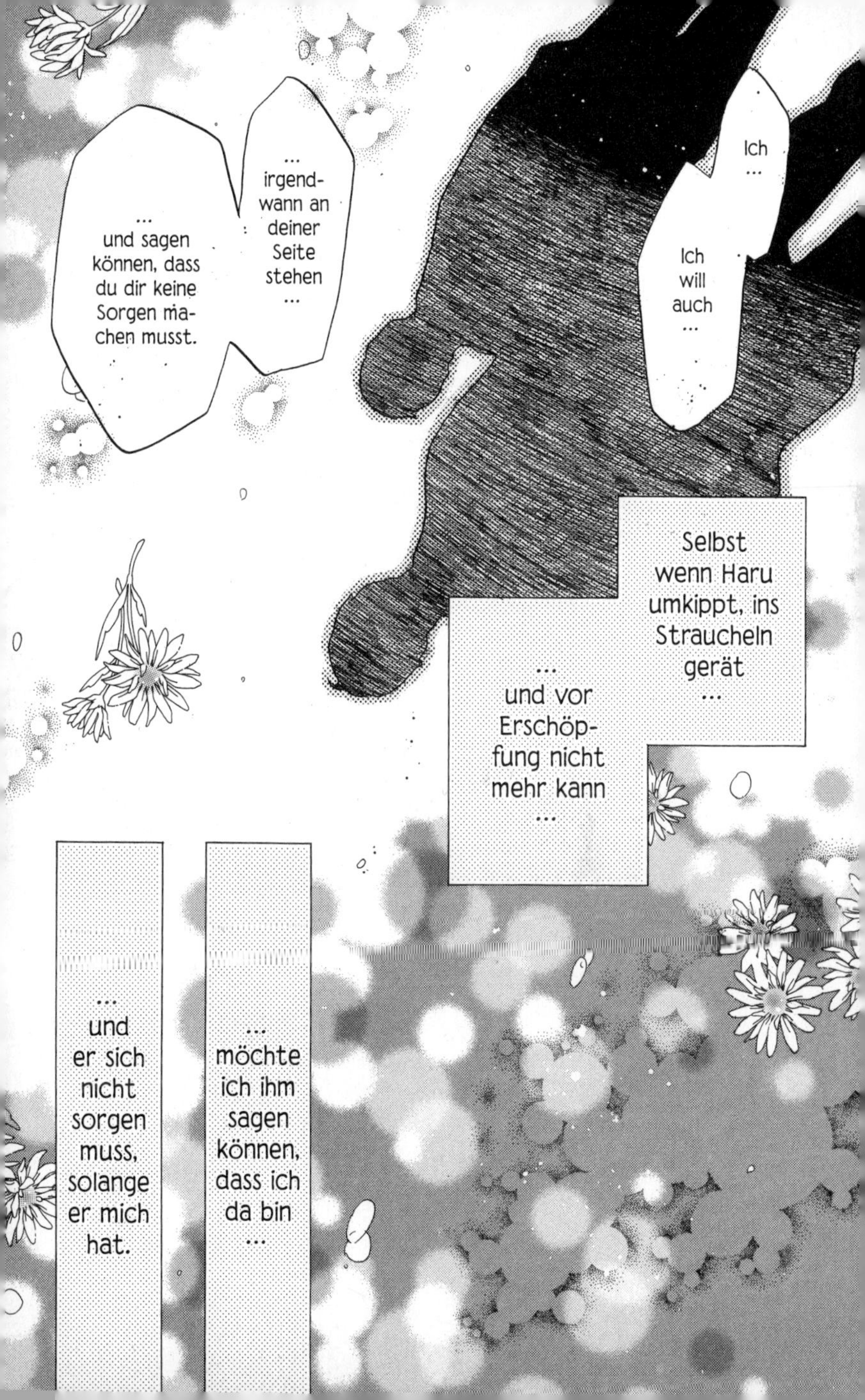
Ich …
Ich will auch …
… irgendwann an deiner Seite stehen …
… und sagen können, dass du dir keine Sorgen machen musst.
Selbst wenn Haru umkippt, ins Straucheln gerät …
… und vor Erschöpfung nicht mehr kann …
… möchte ich ihm sagen können, dass ich da bin …
… und er sich nicht sorgen muss, solange er mich hat.

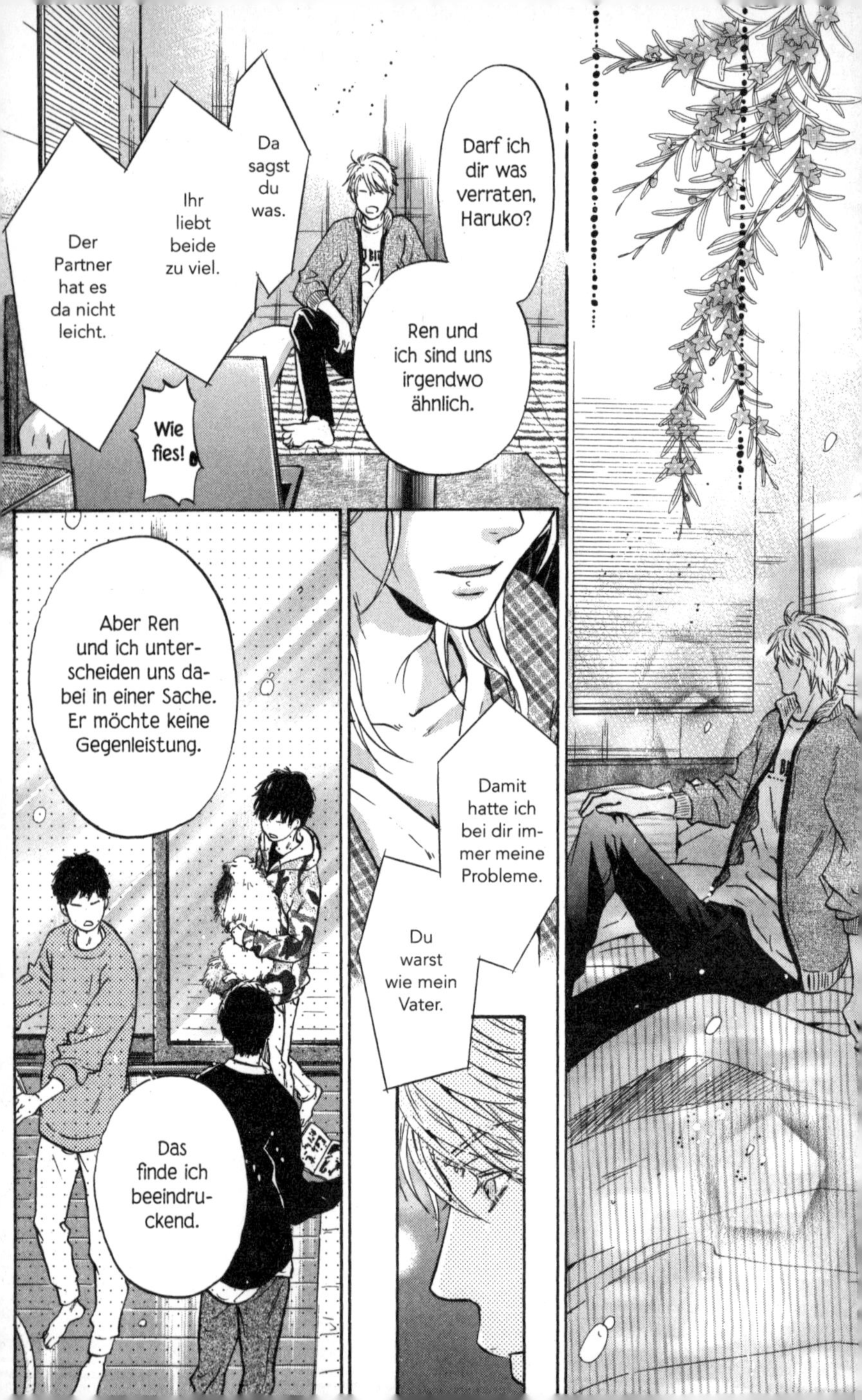
Darf ich dir was verraten, Haruko?
Ren und ich sind uns irgendwo ähnlich.
Da sagst du was.
Ihr liebt beide zu viel.
Der Partner hat es da nicht leicht.
Wie fies!
Damit hatte ich bei dir immer meine Probleme.
Du warst wie mein Vater.
Aber Ren und ich unterscheiden uns dabei in einer Sache. Er möchte keine Gegenleistung.
Das finde ich beeindruckend.

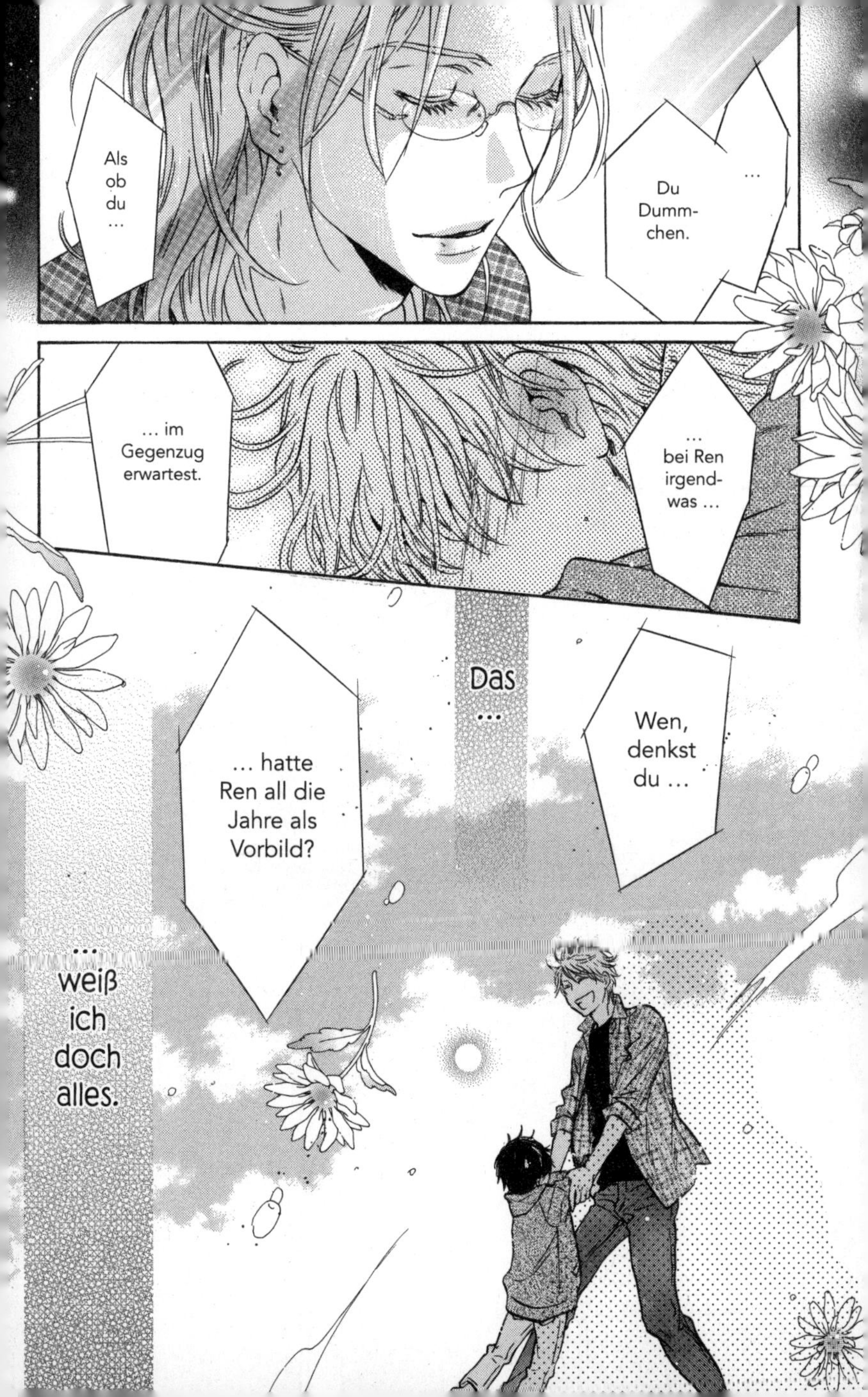

… Du Dummchen.
Als ob du …
… bei Ren irgendwas …
… im Gegenzug erwartest.
Wen, denkst du …
Das …
… hatte Ren all die Jahre als Vorbild?
… weiß ich doch alles.

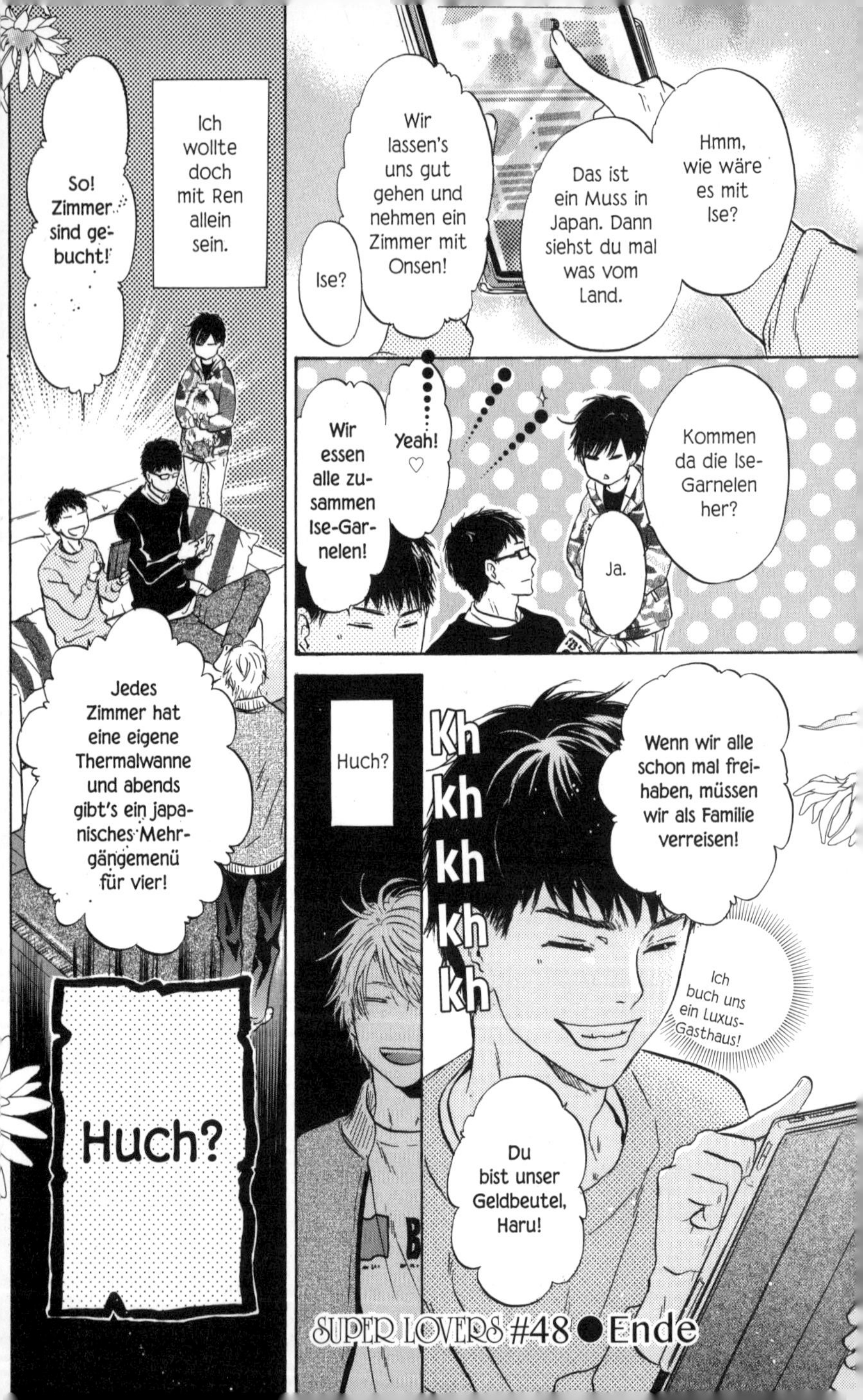

SUPER LOVERS #48 ● Ende

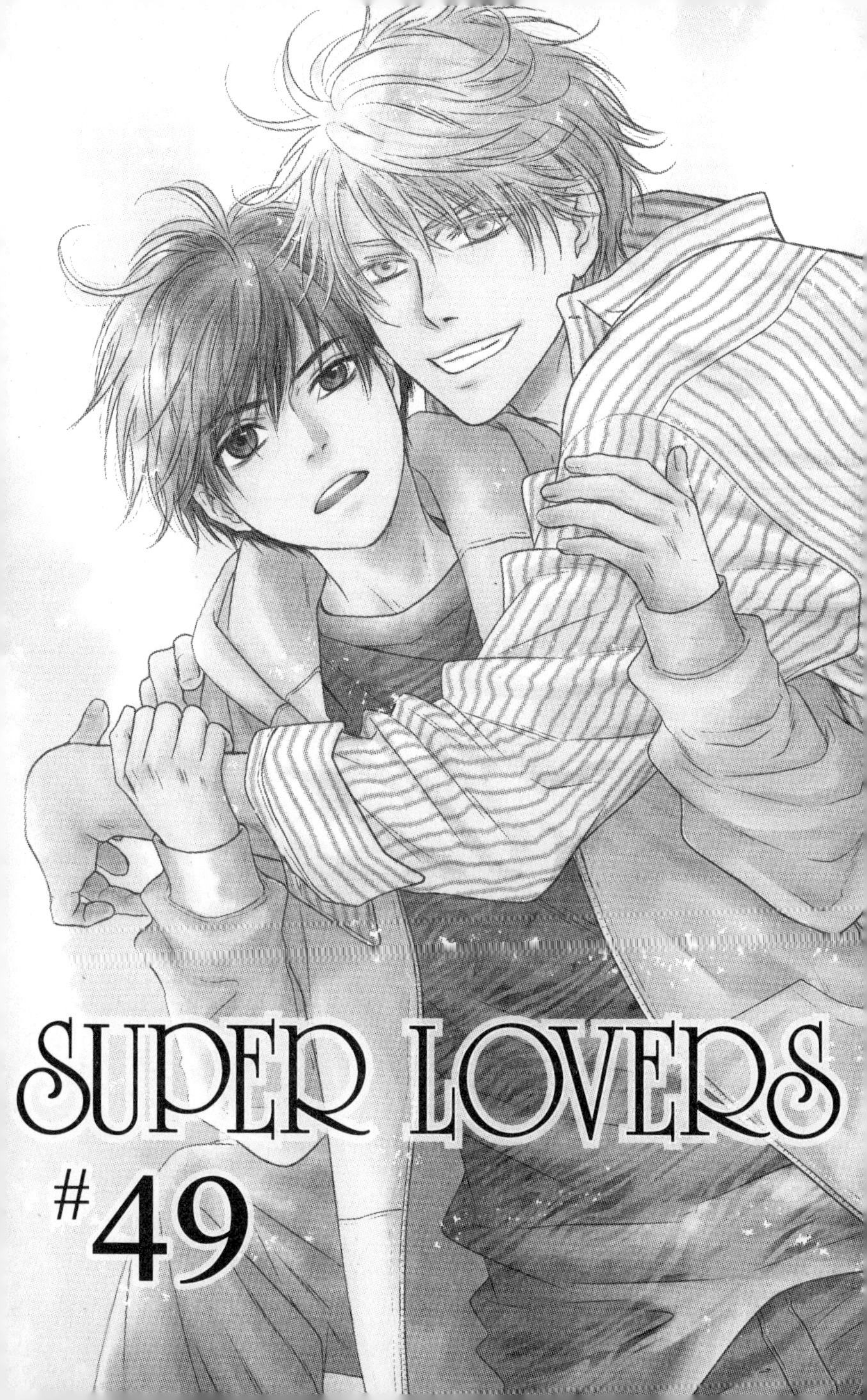
SUPER LOVERS
#49

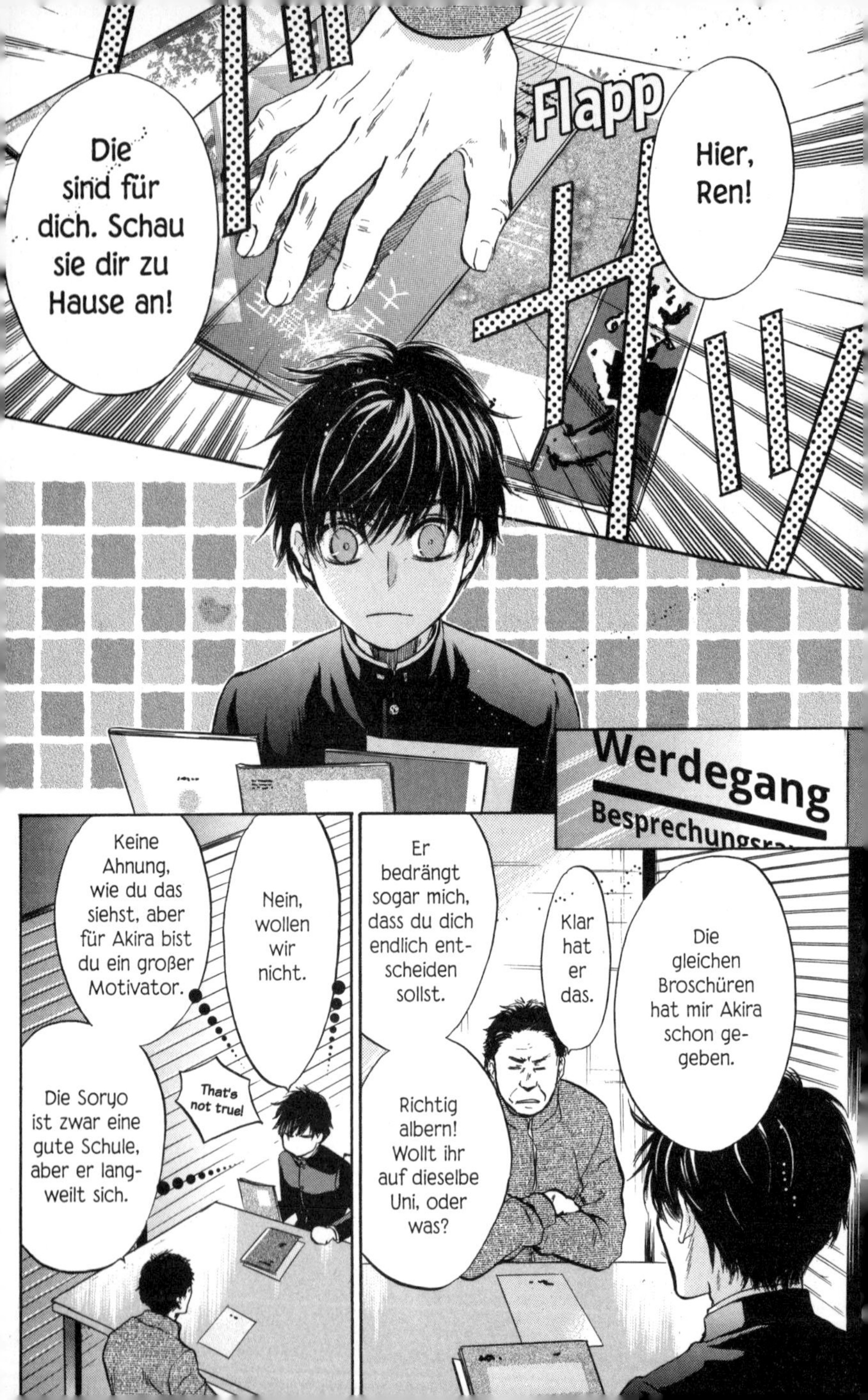

Hier, Ren!
Flapp
Die sind für dich. Schau sie dir zu Hause an!
Werdegang
Besprechungsra
Die gleichen Broschüren hat mir Akira schon gegeben.
Klar hat er das.
Er bedrängt sogar mich, dass du dich endlich entscheiden sollst.
Richtig albern! Wollt ihr auf dieselbe Uni, oder was?
Nein, wollen wir nicht.
That's not true!
Keine Ahnung, wie du das siehst, aber für Akira bist du ein großer Motivator.
Die Soryo ist zwar eine gute Schule, aber er langweilt sich.

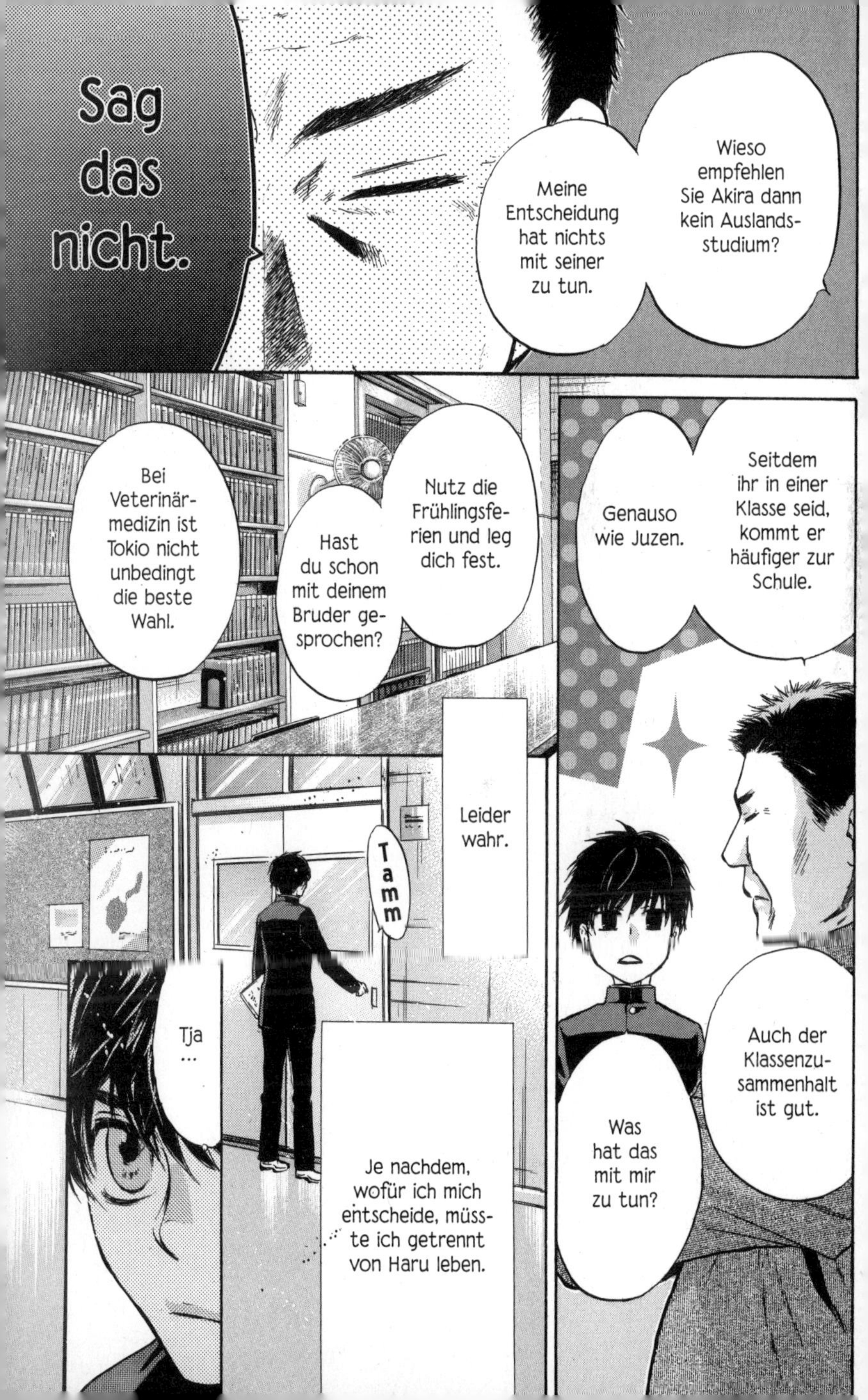
Wieso empfehlen Sie Akira dann kein Auslandsstudium?
Meine Entscheidung hat nichts mit seiner zu tun.
Sag das nicht.
Seitdem ihr in einer Klasse seid, kommt er häufiger zur Schule.
Genauso wie Juzen.
Nutz die Frühlingsferien und leg dich fest.
Hast du schon mit deinem Bruder gesprochen?
Bei Veterinärmedizin ist Tokio nicht unbedingt die beste Wahl.
Auch der Klassenzusammenhalt ist gut.
Was hat das mit mir zu tun?
Leider wahr.
Tamm
Tja …
Je nachdem, wofür ich mich entscheide, müsste ich getrennt von Haru leben.

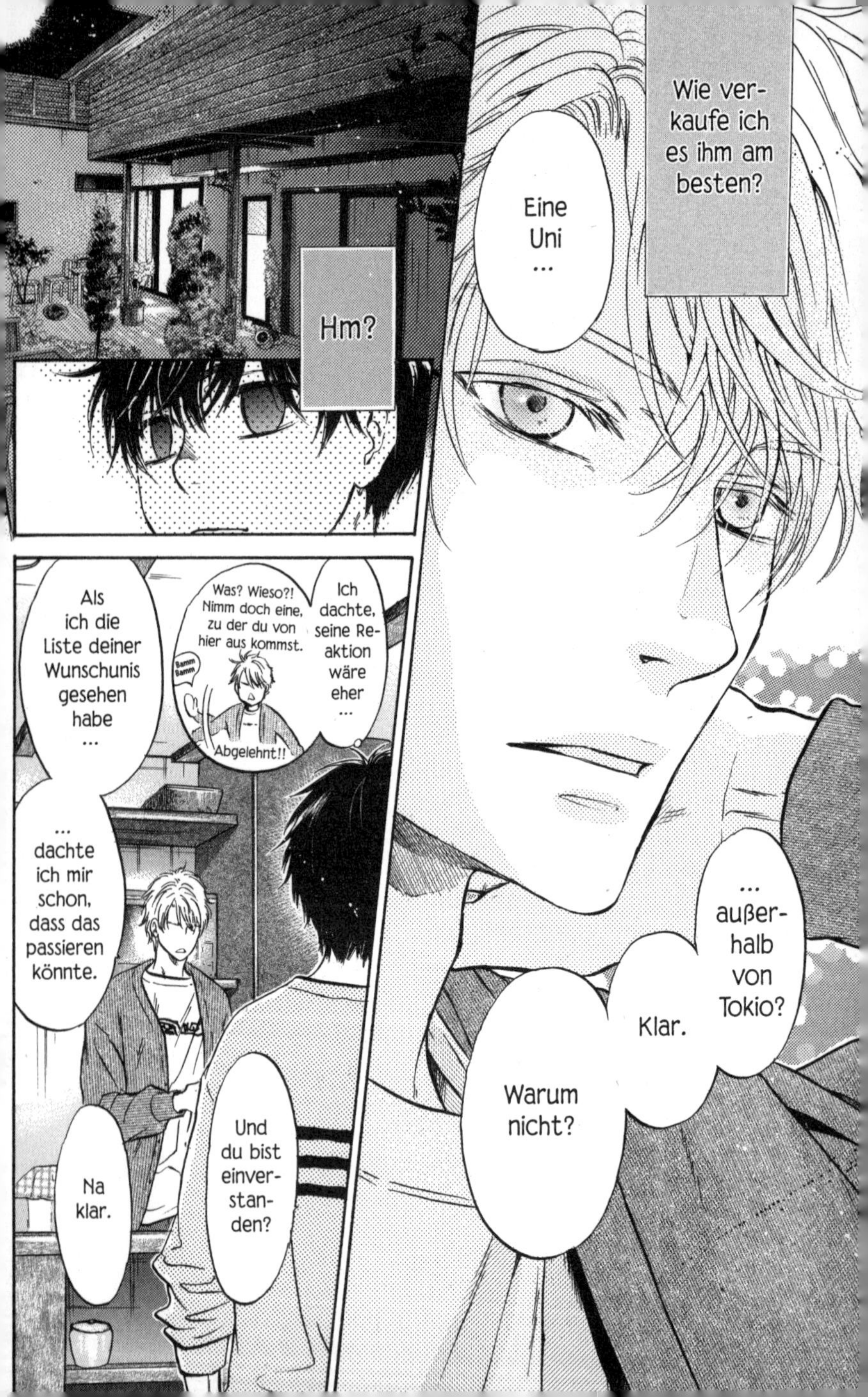
Wie verkaufe ich es ihm am besten?
Eine Uni …
Hm?
… außerhalb von Tokio?
Klar.
Warum nicht?
Ich dachte, seine Reaktion wäre eher …
Was? Wieso?! Nimm doch eine, zu der du von hier aus kommst.
Bamm Bamm
Abgelehnt!!
Als ich die Liste deiner Wunschunis gesehen habe …
… dachte ich mir schon, dass das passieren könnte.
Und du bist einverstanden?
Na klar.

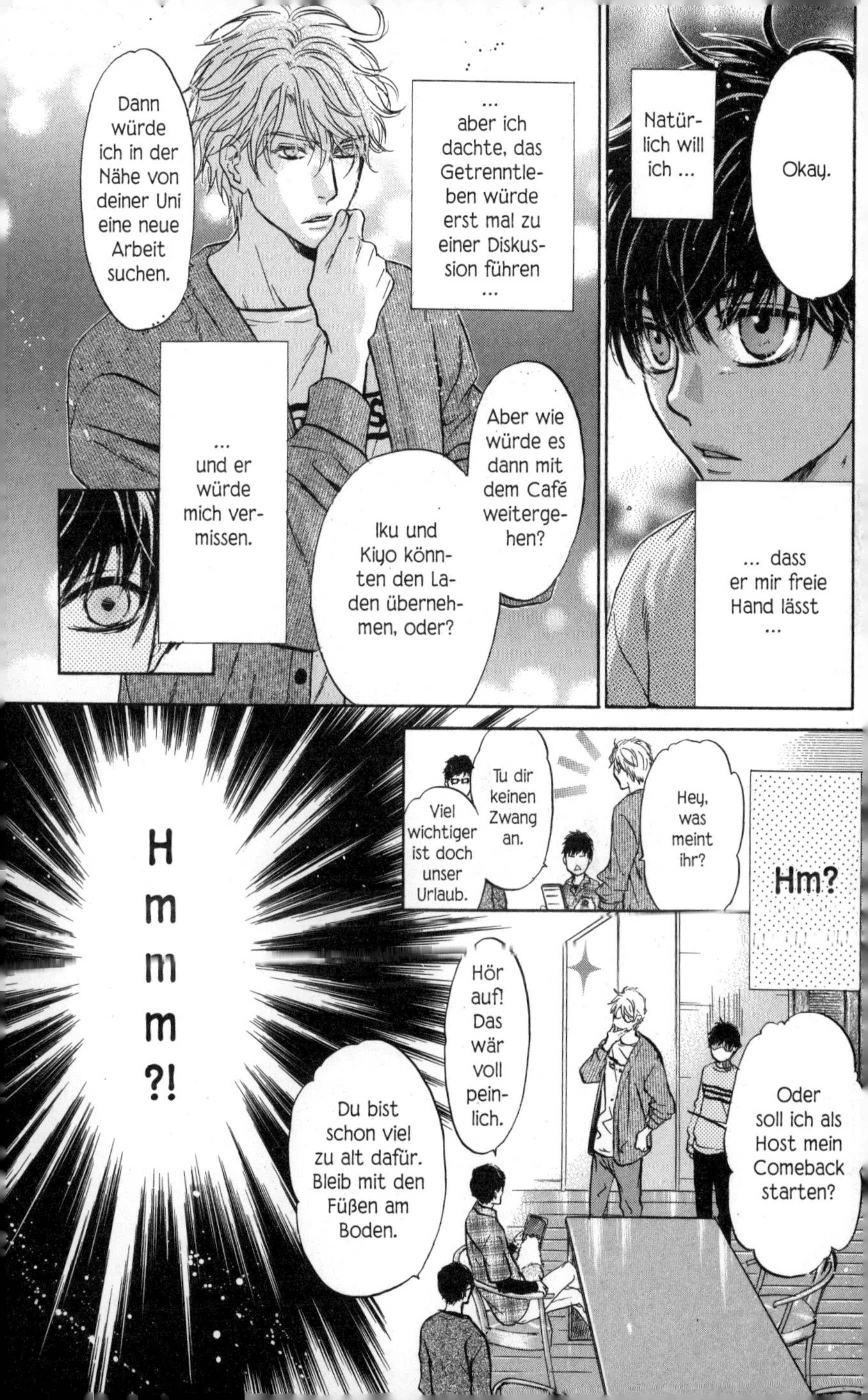
Okay.
Natürlich will ich ...
... dass er mir freie Hand lässt ...
... aber ich dachte, das Getrenntleben würde erst mal zu einer Diskussion führen ...
Dann würde ich in der Nähe von deiner Uni eine neue Arbeit suchen.
Aber wie würde es dann mit dem Café weitergehen?
... und er würde mich vermissen.
Iku und Kiyo könnten den Laden übernehmen, oder?
Hm?
Hey, was meint ihr?
Tu dir keinen Zwang an.
Viel wichtiger ist doch unser Urlaub.
Oder soll ich als Host mein Comeback starten?
Hör auf! Das wär voll peinlich.
Du bist schon viel zu alt dafür. Bleib mit den Füßen am Boden.
Hmmm?!

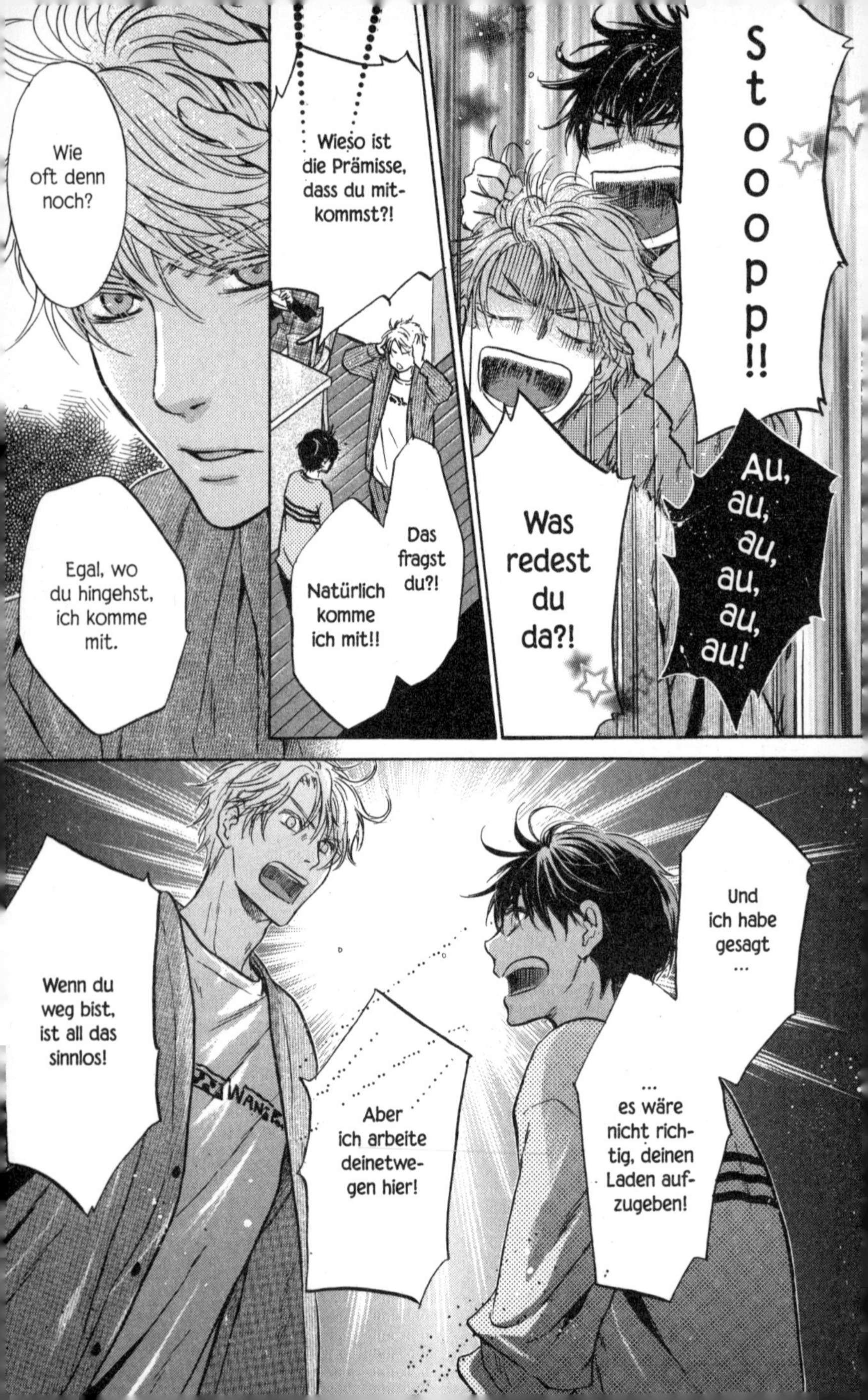

Stooopp!!
Au, au, au, au, au, au!
Was redest du da?!
Wieso ist die Prämisse, dass du mitkommst?!
Das fragst du?!
Natürlich komme ich mit!!
Wie oft denn noch?
Egal, wo du hingehst, ich komme mit.
Und ich habe gesagt …
… es wäre nicht richtig, deinen Laden aufzugeben!
Aber ich arbeite deinetwegen hier!
Wenn du weg bist, ist all das sinnlos!

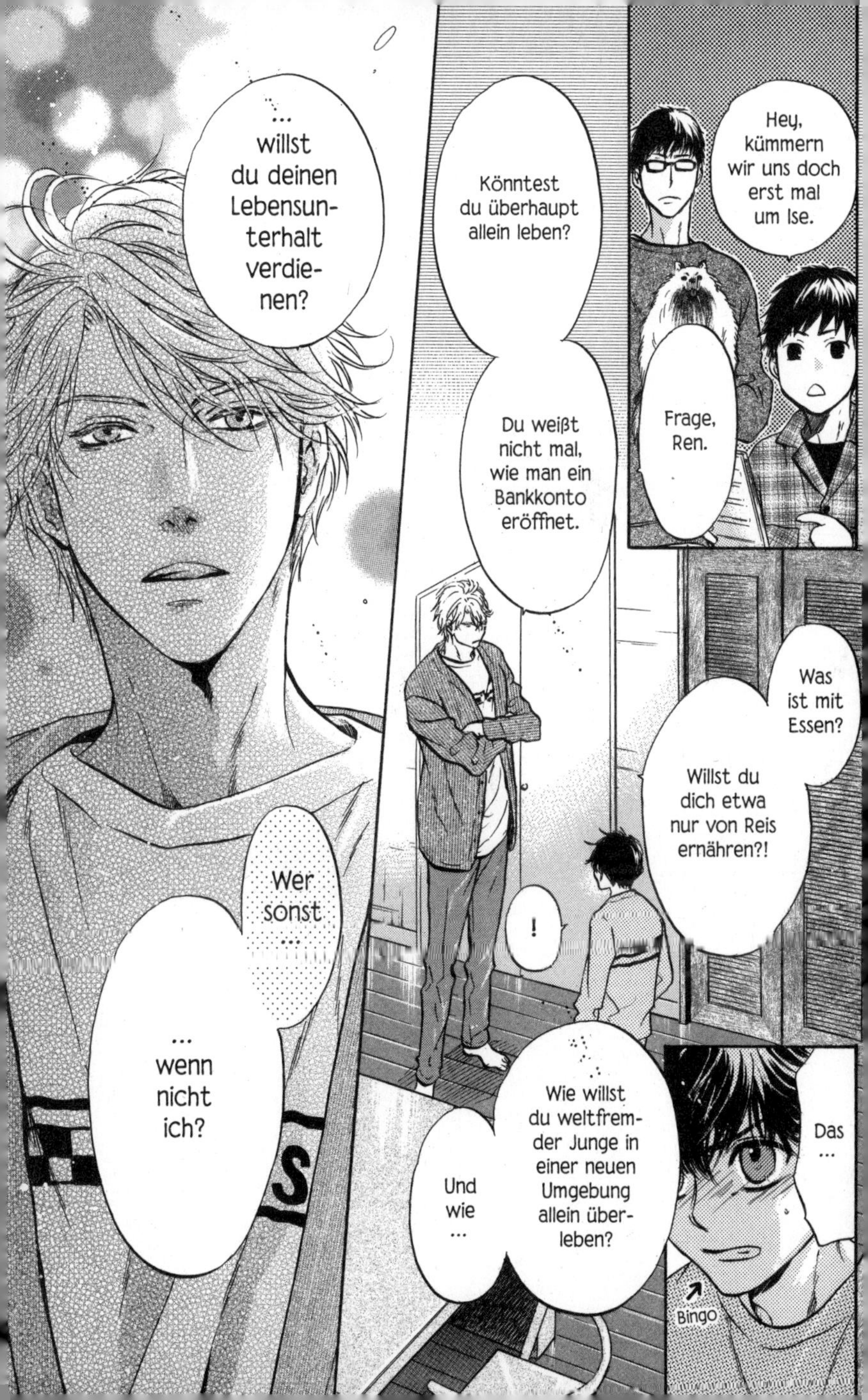
Hey, kümmern wir uns doch erst mal um Ise.
Frage, Ren.
Könntest du überhaupt allein leben?
Du weißt nicht mal, wie man ein Bankkonto eröffnet.
Was ist mit Essen?
Willst du dich etwa nur von Reis ernähren?!
!
Das ...
Bingo
Wie willst du weltfremder Junge in einer neuen Umgebung allein überleben?
Und wie ...
... willst du deinen Lebensunterhalt verdienen?
Wer sonst ...
... wenn nicht ich?

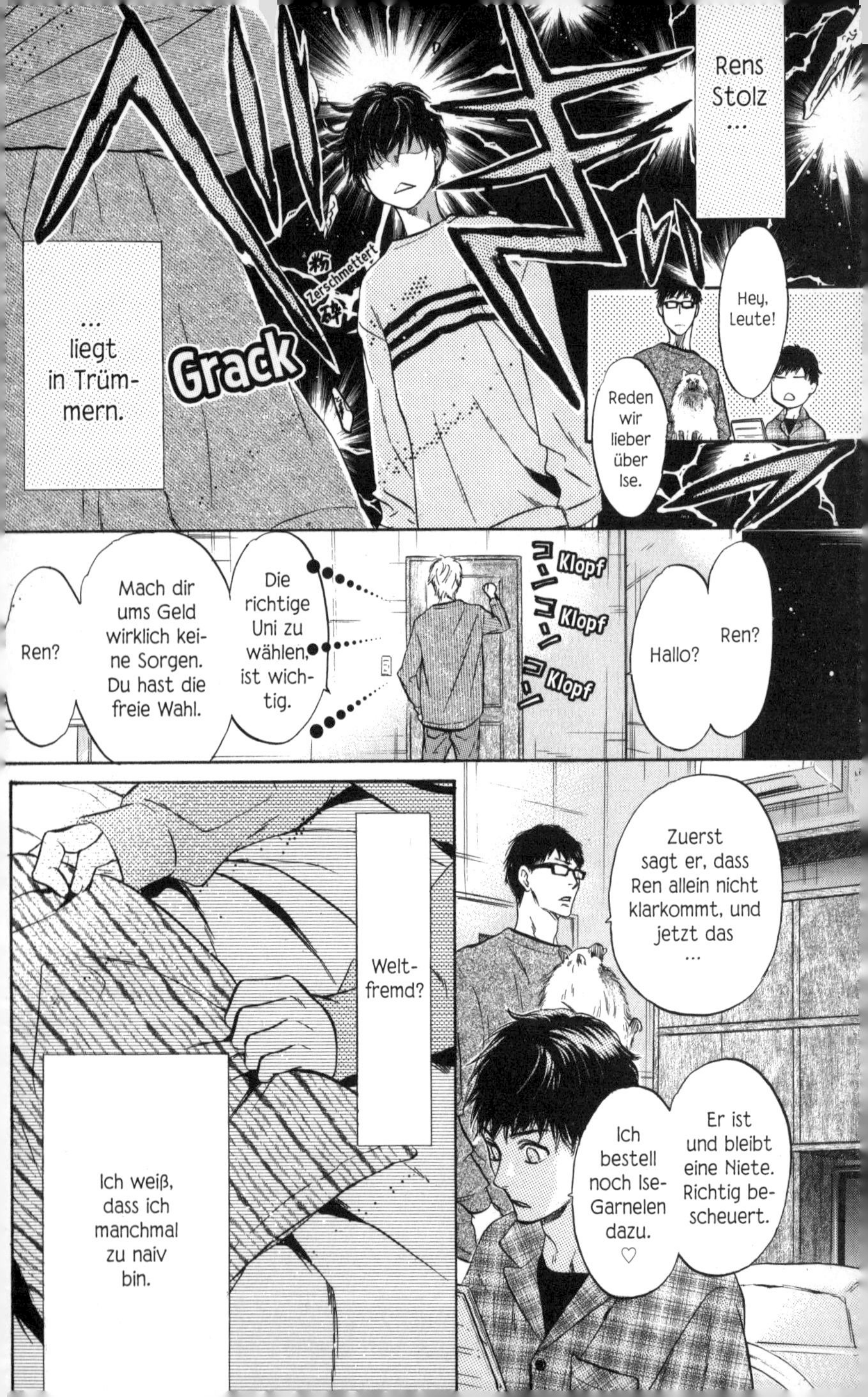
Rens Stolz …
… liegt in Trümmern.
Zerschmettert
Grack
Hey, Leute!
Reden wir lieber über Ise.
Ren?
Hallo?
Klopf
Klopf
Klopf
Die richtige Uni zu wählen, ist wichtig.
Mach dir ums Geld wirklich keine Sorgen. Du hast die freie Wahl.
Ren?
Zuerst sagt er, dass Ren allein nicht klarkommt, und jetzt das …
Er ist und bleibt eine Niete. Richtig bescheuert.
Ich bestell noch Ise-Garnelen dazu. ♡
Weltfremd?
Ich weiß, dass ich manchmal zu naiv bin.

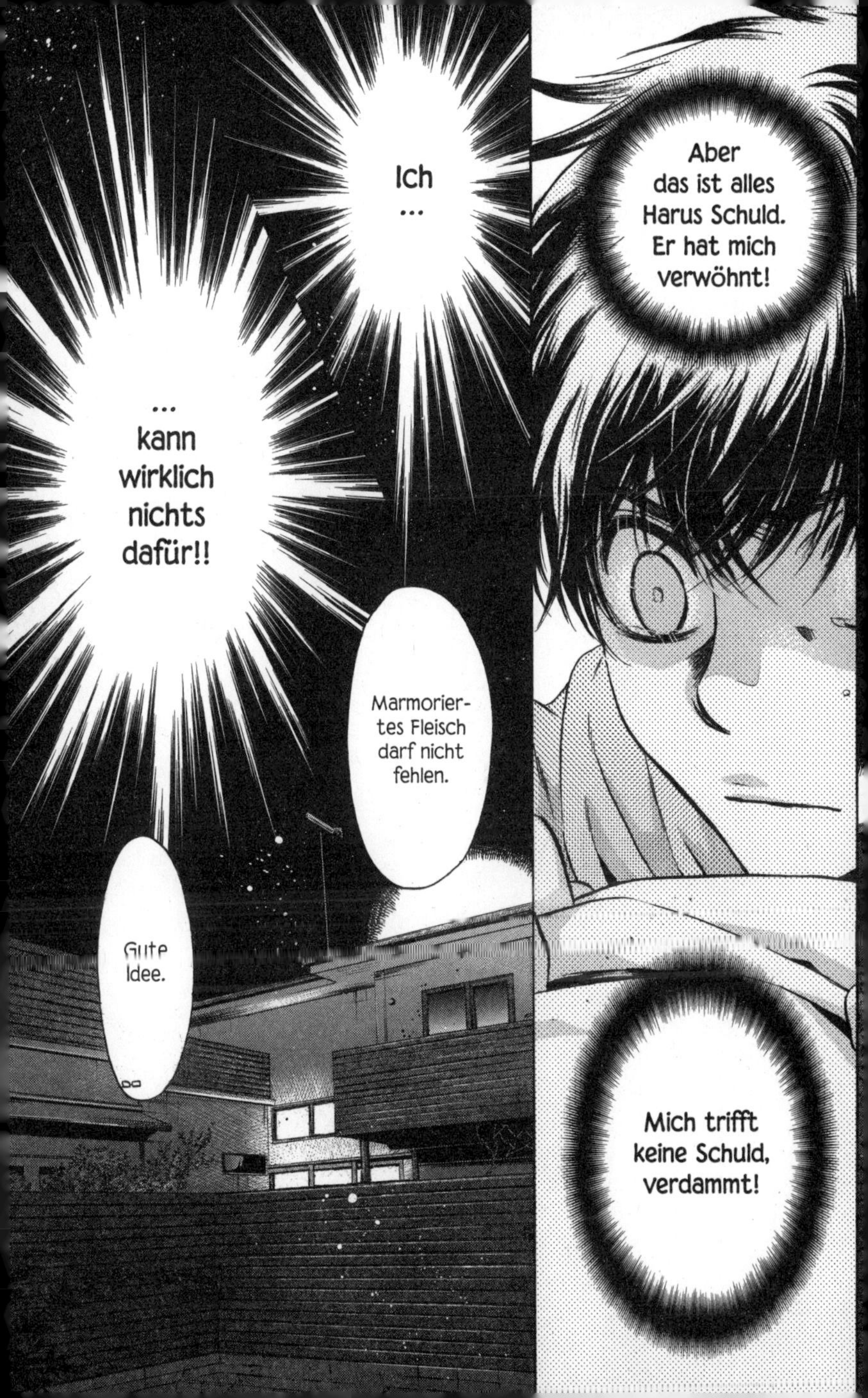
Aber das ist alles Harus Schuld. Er hat mich verwöhnt!
Mich trifft keine Schuld, verdammt!
Ich ...
... kann wirklich nichts dafür!!
Marmoriertes Fleisch darf nicht fehlen.
Gute Idee.

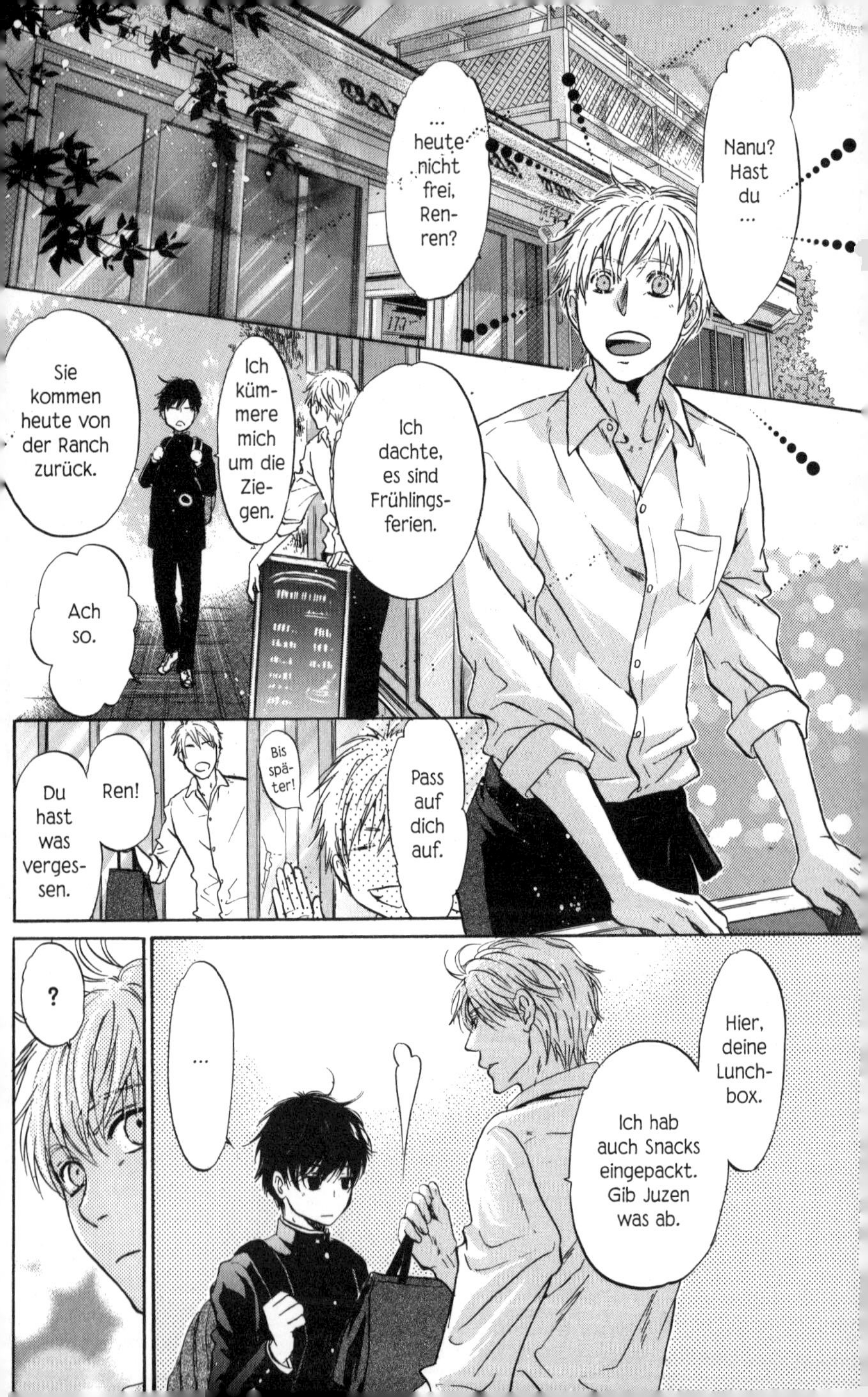
Nanu? Hast du ...
... heute nicht frei, Ren-ren?
Ich dachte, es sind Frühlingsferien.
Ich kümmere mich um die Ziegen.
Sie kommen heute von der Ranch zurück.
Ach so.
Pass auf dich auf.
Bis später!
Ren!
Du hast was vergessen.
Hier, deine Lunchbox.
Ich hab auch Snacks eingepackt. Gib Juzen was ab.
...
?

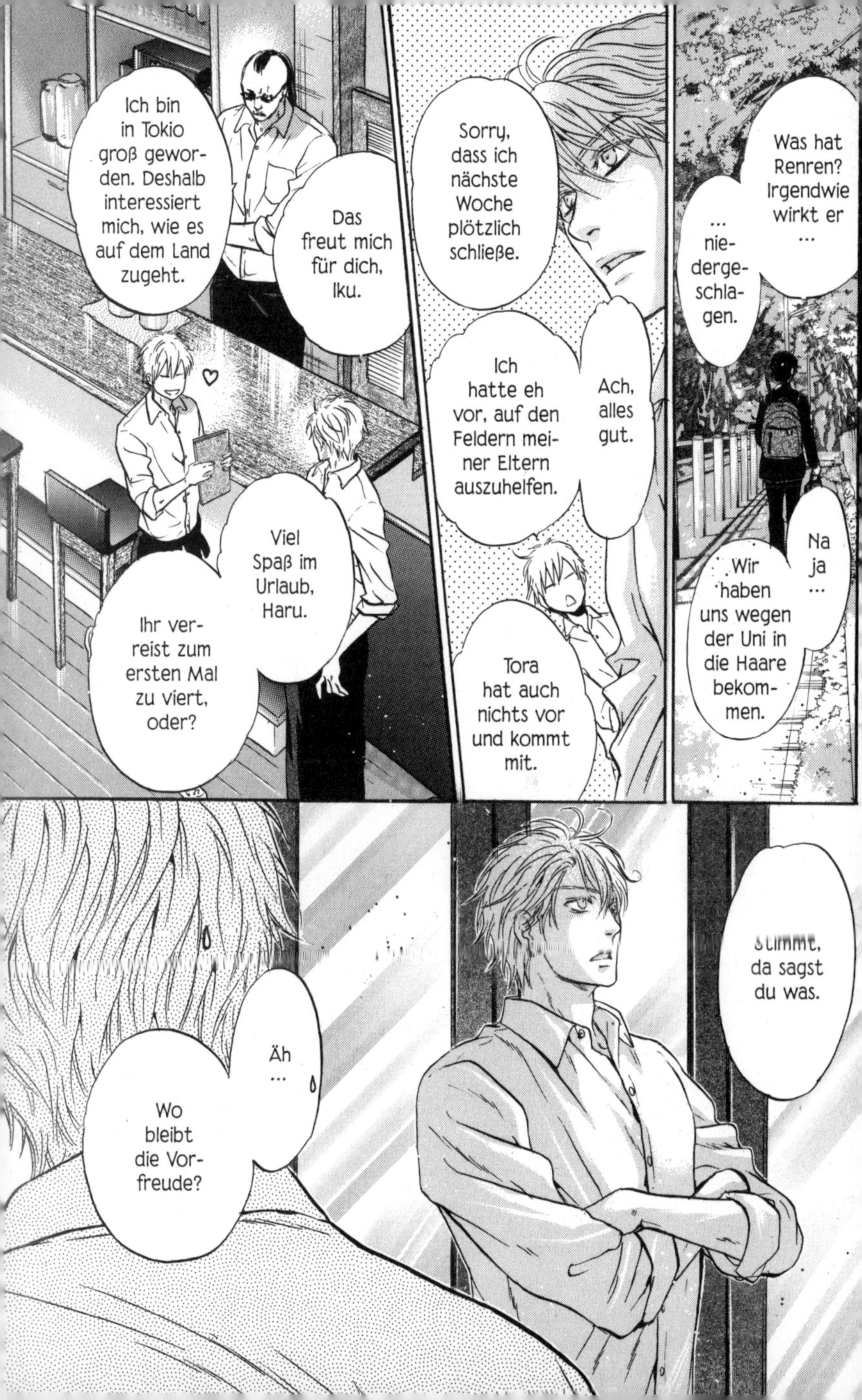

Was hat Renren? Irgendwie wirkt er …
… niedergeschlagen.
Na ja …
Wir haben uns wegen der Uni in die Haare bekommen.
Sorry, dass ich nächste Woche plötzlich schließe.
Ach, alles gut.
Ich hatte eh vor, auf den Feldern meiner Eltern auszuhelfen.
Tora hat auch nichts vor und kommt mit.
Das freut mich für dich, Iku.
Ich bin in Tokio groß geworden. Deshalb interessiert mich, wie es auf dem Land zugeht.
Viel Spaß im Urlaub, Haru.
Ihr verreist zum ersten Mal zu viert, oder?
Stimmt, da sagst du was.
Äh …
Wo bleibt die Vorfreude?

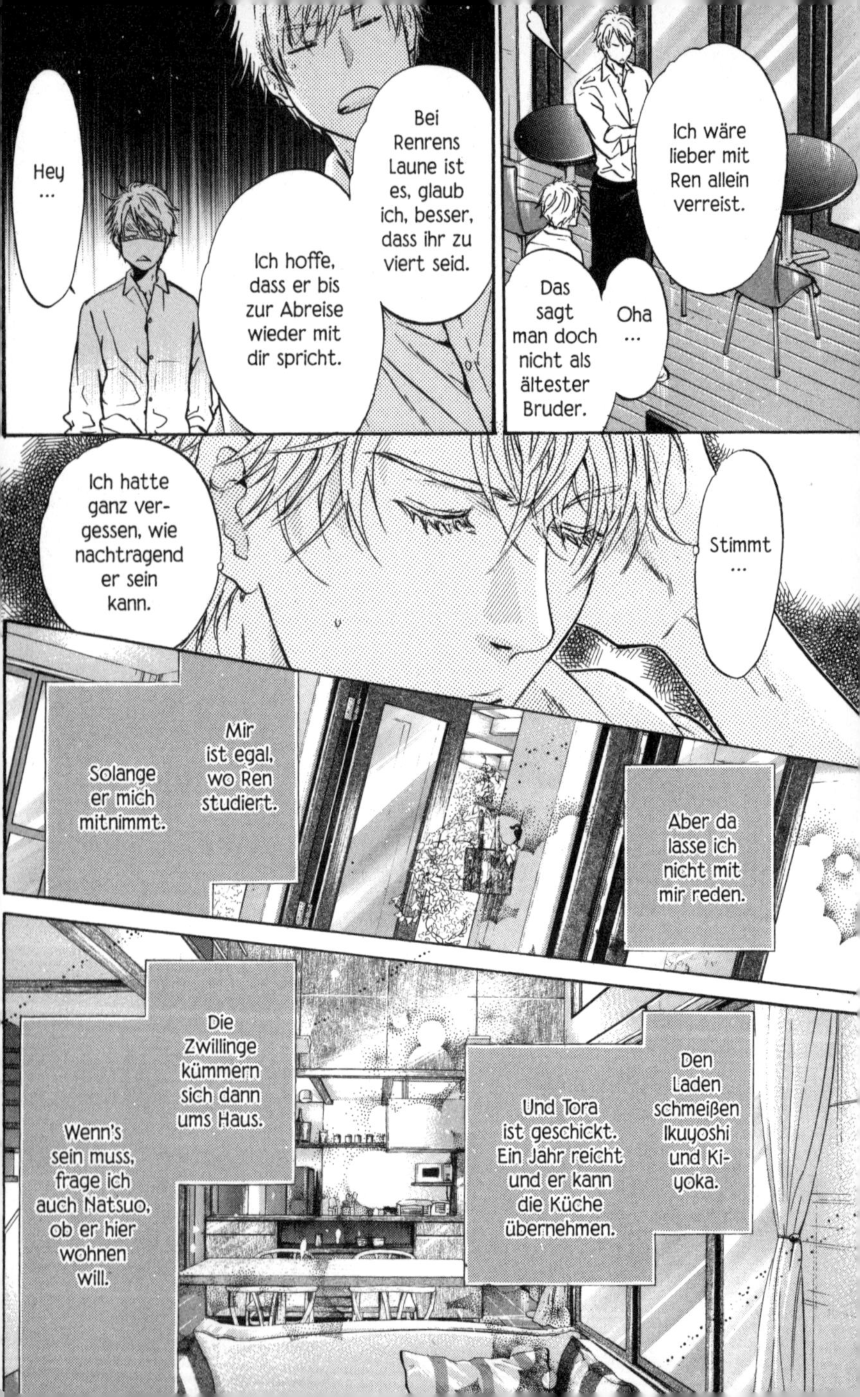

Ich wäre lieber mit Ren allein verreist.
Oha ...
Das sagt man doch nicht als ältester Bruder.
Bei Renrens Laune ist es, glaub ich, besser, dass ihr zu viert seid.
Ich hoffe, dass er bis zur Abreise wieder mit dir spricht.
Hey ...
Stimmt ...
Ich hatte ganz vergessen, wie nachtragend er sein kann.
Mir ist egal, wo Ren studiert.
Solange er mich mitnimmt.
Aber da lasse ich nicht mit mir reden.
Den Laden schmeißen Ikuyoshi und Kiyoka.
Und Tora ist geschickt. Ein Jahr reicht und er kann die Küche übernehmen.
Die Zwillinge kümmern sich dann ums Haus.
Wenn's sein muss, frage ich auch Natsuo, ob er hier wohnen will.

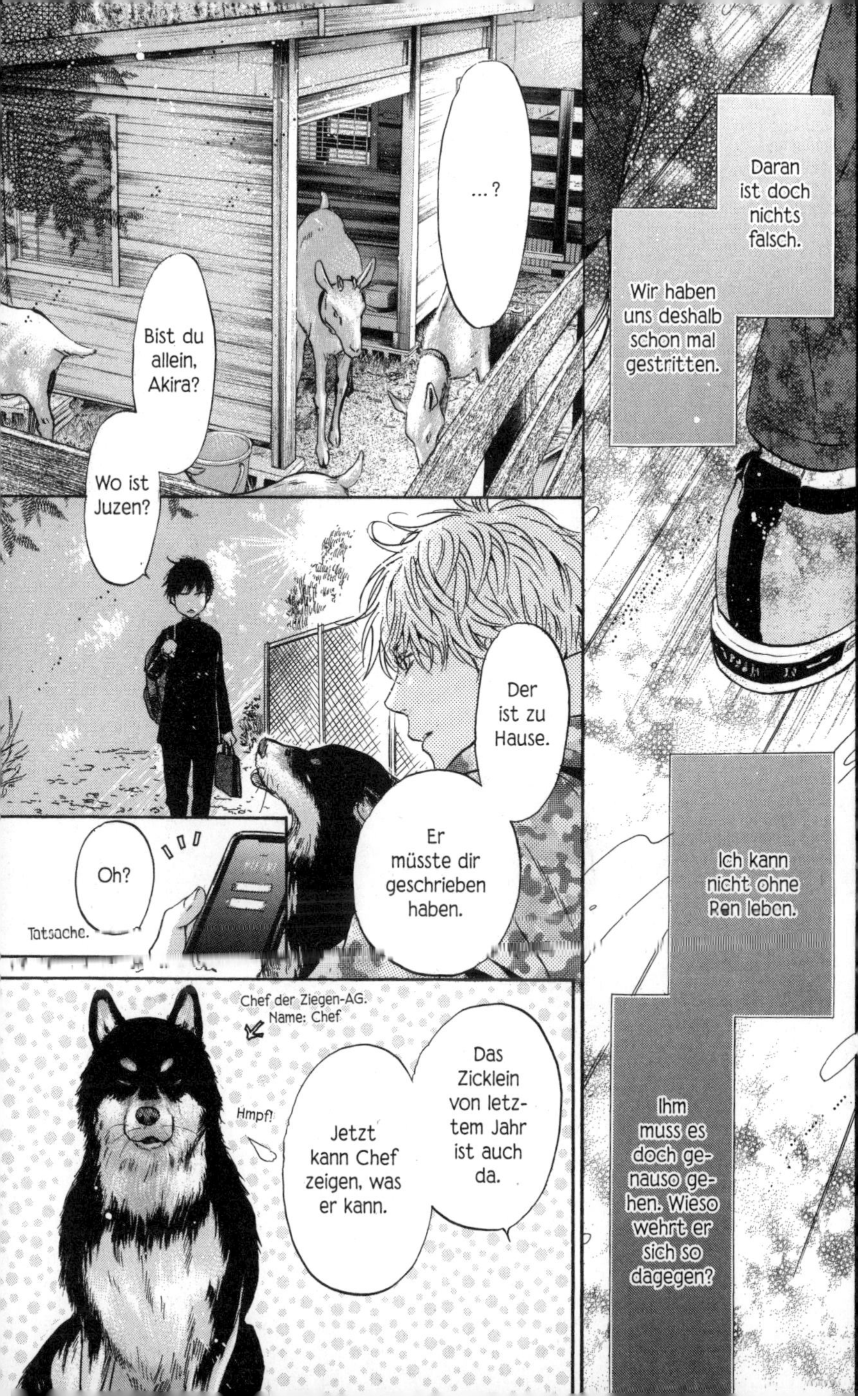

Daran ist doch nichts falsch.
Wir haben uns deshalb schon mal gestritten.
...?
Bist du allein, Akira?
Wo ist Juzen?
Ich kann nicht ohne Ren leben.
Der ist zu Hause.
Er müsste dir geschrieben haben.
Oh?
Tatsache.
Ihm muss es doch genauso gehen. Wieso wehrt er sich so dagegen?
Das Zicklein von letztem Jahr ist auch da.
Jetzt kann Chef zeigen, was er kann.
Chef der Ziegen-AG. Name: Chef
Hmpf!

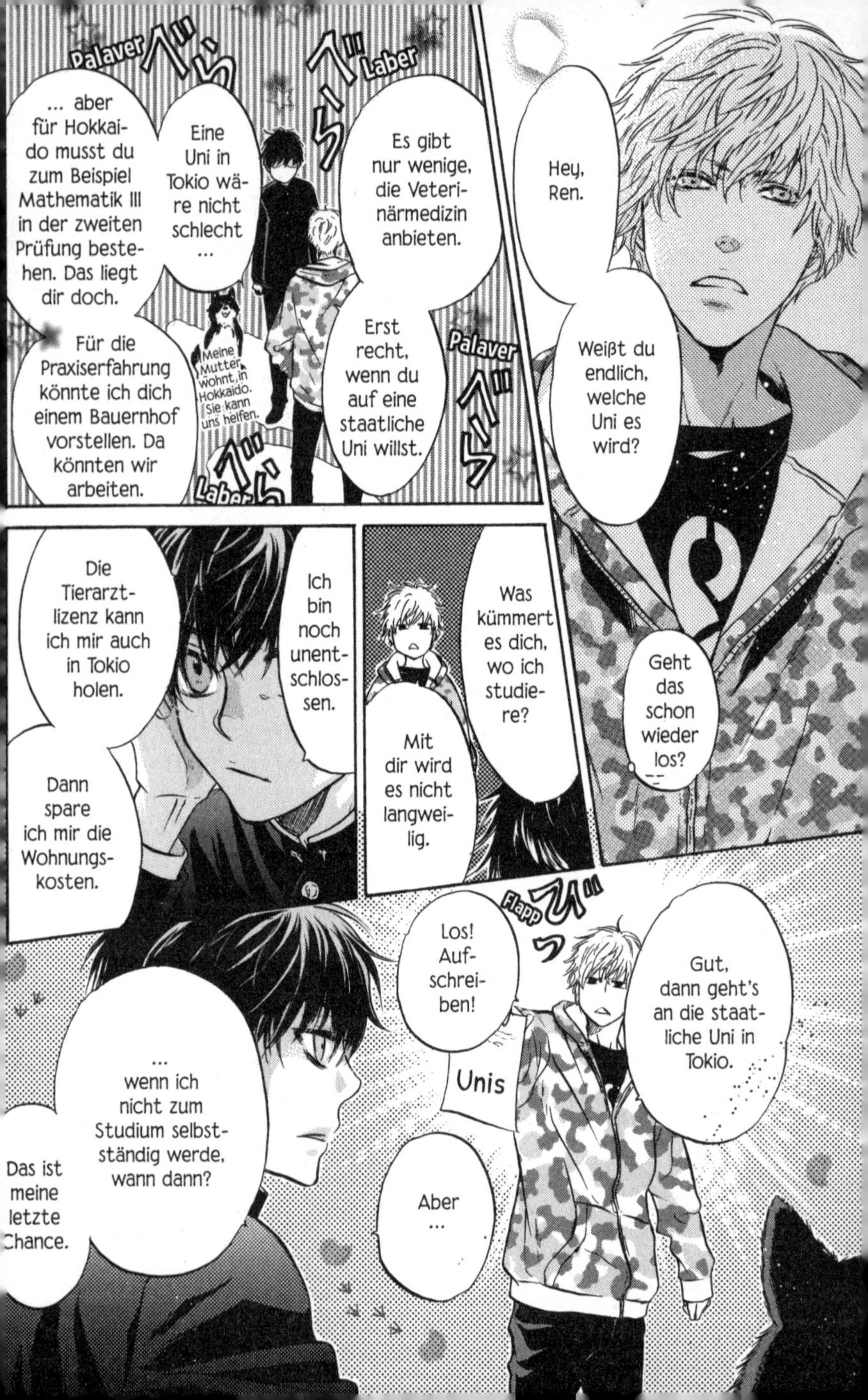
Hey, Ren.
Weißt du endlich, welche Uni es wird?
Geht das schon wieder los?
Laber
Es gibt nur wenige, die Veterinärmedizin anbieten.
Palaver
Erst recht, wenn du auf eine staatliche Uni willst.
Eine Uni in Tokio wäre nicht schlecht ...
Palaver
... aber für Hokkaido musst du zum Beispiel Mathematik III in der zweiten Prüfung bestehen. Das liegt dir doch.
Meine Mutter wohnt in Hokkaido. Sie kann uns helfen.
Für die Praxiserfahrung könnte ich dich einem Bauernhof vorstellen. Da könnten wir arbeiten.
Laber
Was kümmert es dich, wo ich studiere?
Mit dir wird es nicht langweilig.
Ich bin noch unentschlossen.
Die Tierarztlizenz kann ich mir auch in Tokio holen.
Dann spare ich mir die Wohnungskosten.
Gut, dann geht's an die staatliche Uni in Tokio.
Flapp
Los! Aufschreiben!
Unis
Aber ...
... wenn ich nicht zum Studium selbstständig werde, wann dann?
Das ist meine letzte Chance.

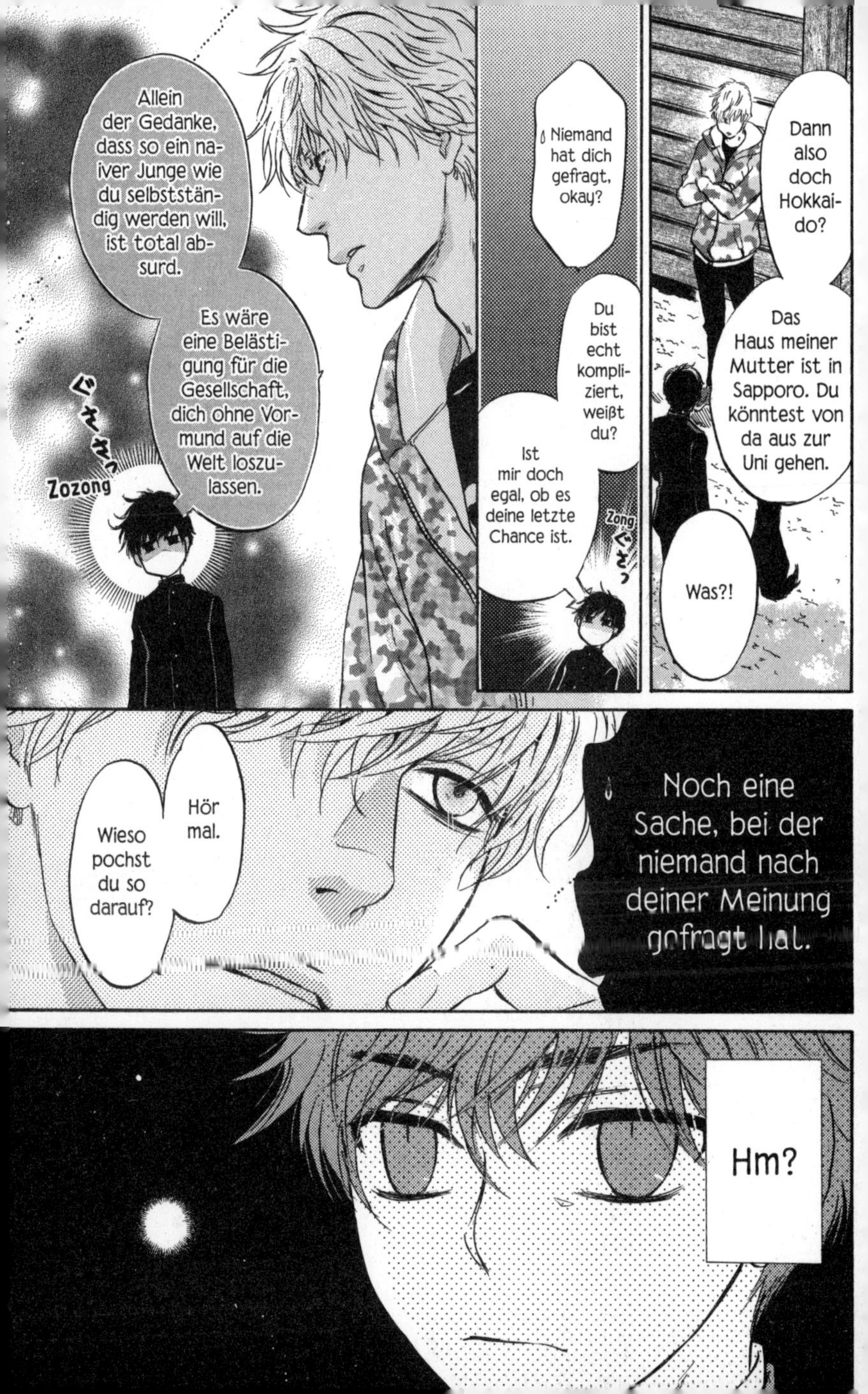
Dann also doch Hokkaido?
Das Haus meiner Mutter ist in Sapporo. Du könntest von da aus zur Uni gehen.
Was?!
Niemand hat dich gefragt, okay?
Du bist echt kompliziert, weißt du?
Ist mir doch egal, ob es deine letzte Chance ist.
Zong
Allein der Gedanke, dass so ein naiver Junge wie du selbstständig werden will, ist total absurd.
Es wäre eine Belästigung für die Gesellschaft, dich ohne Vormund auf die Welt loszulassen.
Zozong
Noch eine Sache, bei der niemand nach deiner Meinung gefragt hat.
Hör mal.
Wieso pochst du so darauf?
Hm?

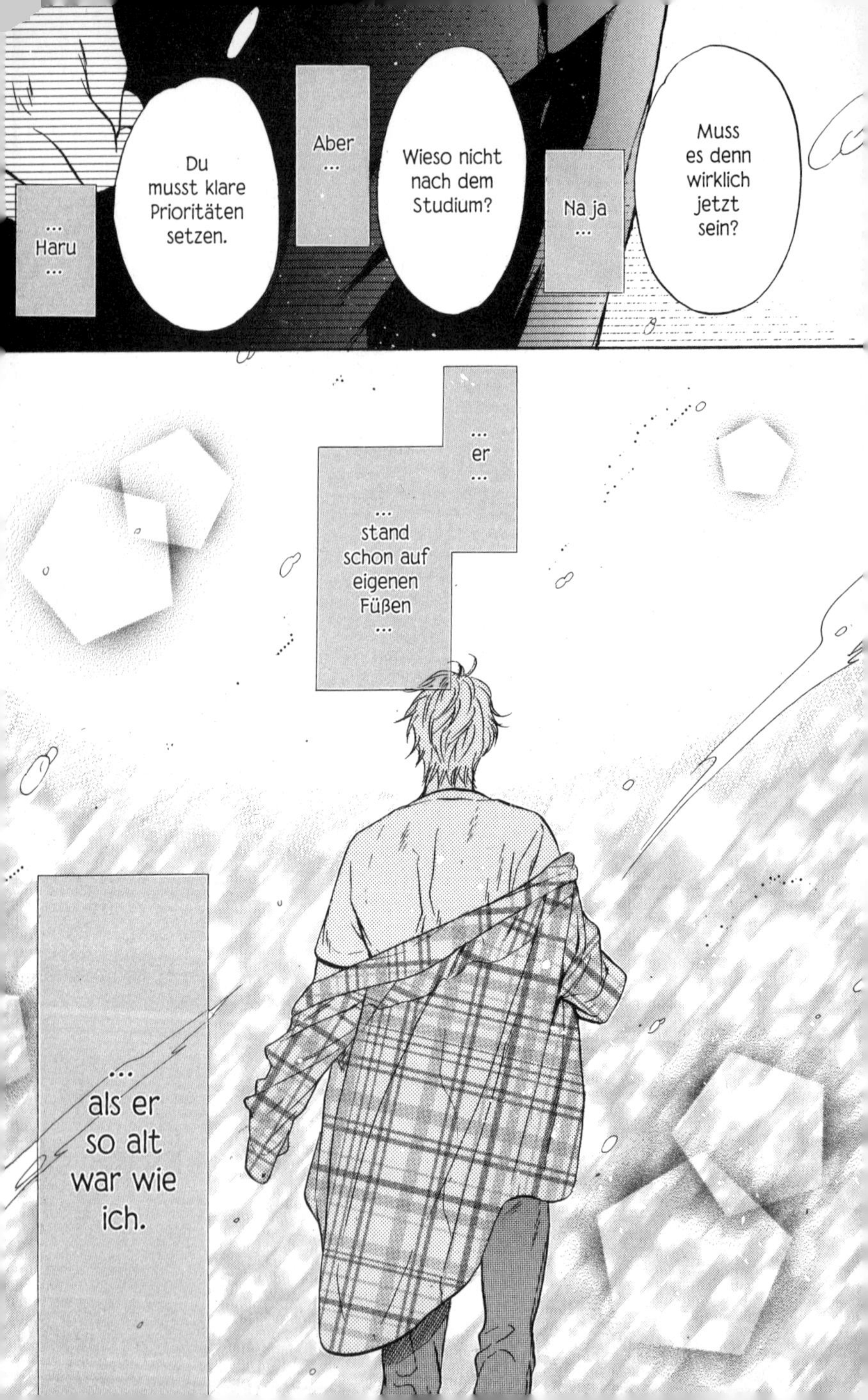
Muss es denn wirklich jetzt sein?
Na ja …
Wieso nicht nach dem Studium?
Aber …
Du musst klare Prioritäten setzen.
… Haru …
… er …
… stand schon auf eigenen Füßen …
… als er so alt war wie ich.

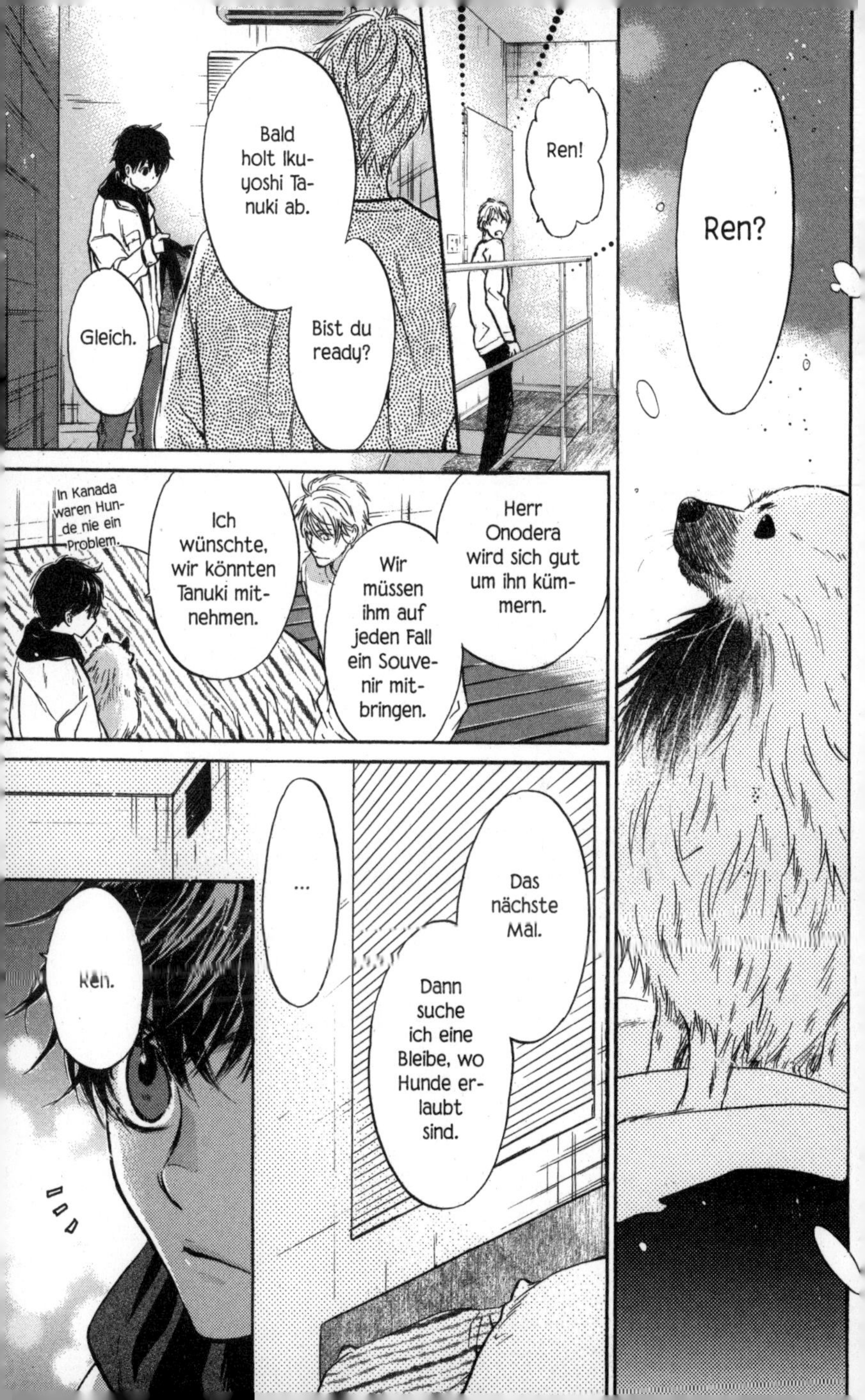
Ren?
Ren!
Bald holt Ikuyoshi Tanuki ab.
Bist du ready?
Gleich.
Herr Onodera wird sich gut um ihn kümmern.
Wir müssen ihm auf jeden Fall ein Souvenir mitbringen.
Ich wünschte, wir könnten Tanuki mitnehmen.
In Kanada waren Hunde nie ein Problem.
Das nächste Mal.
Dann suche ich eine Bleibe, wo Hunde erlaubt sind.
...
Ren.

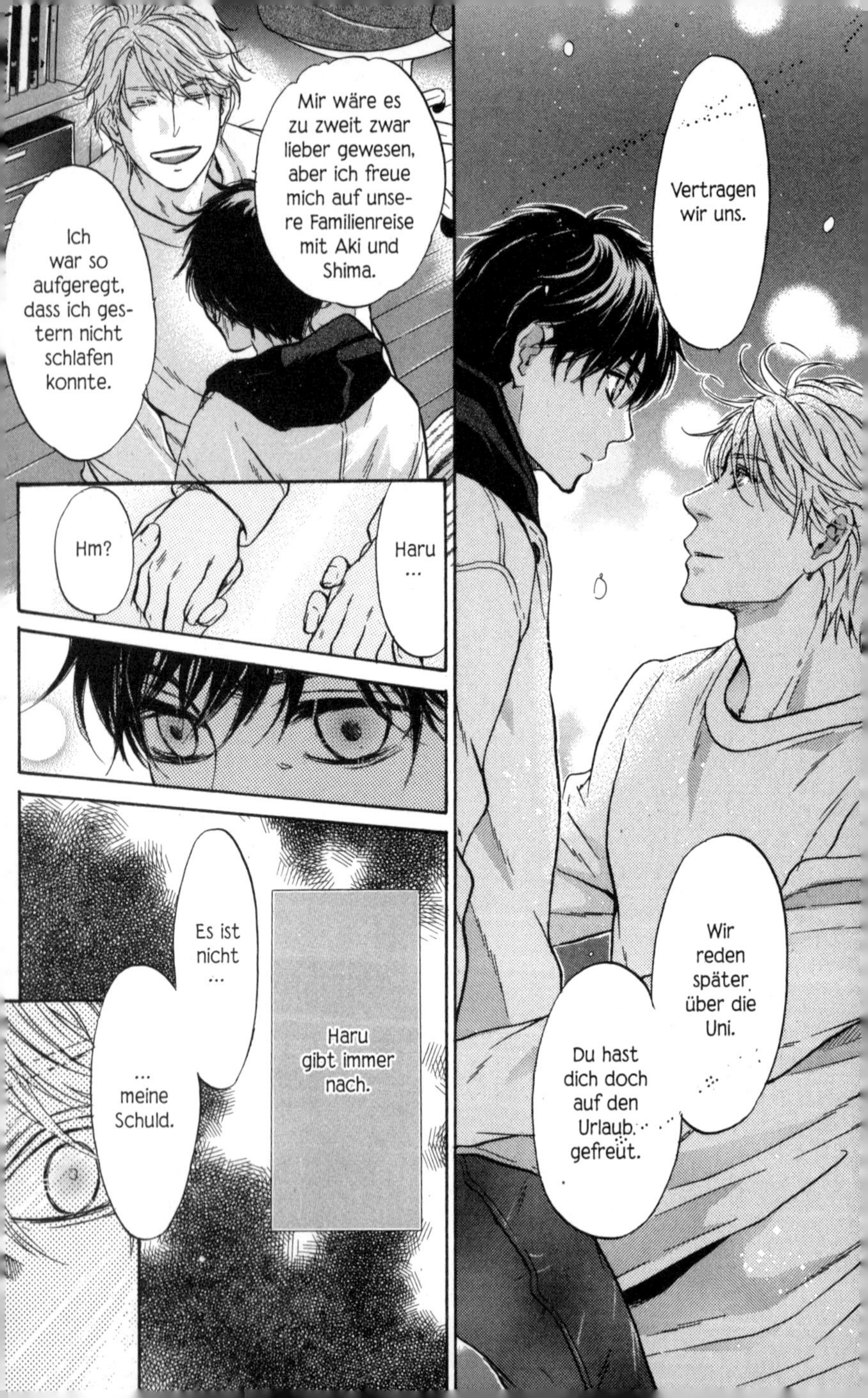
Vertragen wir uns.
Wir reden später über die Uni.
Du hast dich doch auf den Urlaub gefreut.
Mir wäre es zu zweit zwar lieber gewesen, aber ich freue mich auf unsere Familienreise mit Aki und Shima.
Ich war so aufgeregt, dass ich gestern nicht schlafen konnte.
Haru ...
Hm?
Es ist nicht ...
Haru gibt immer nach.
... meine Schuld.

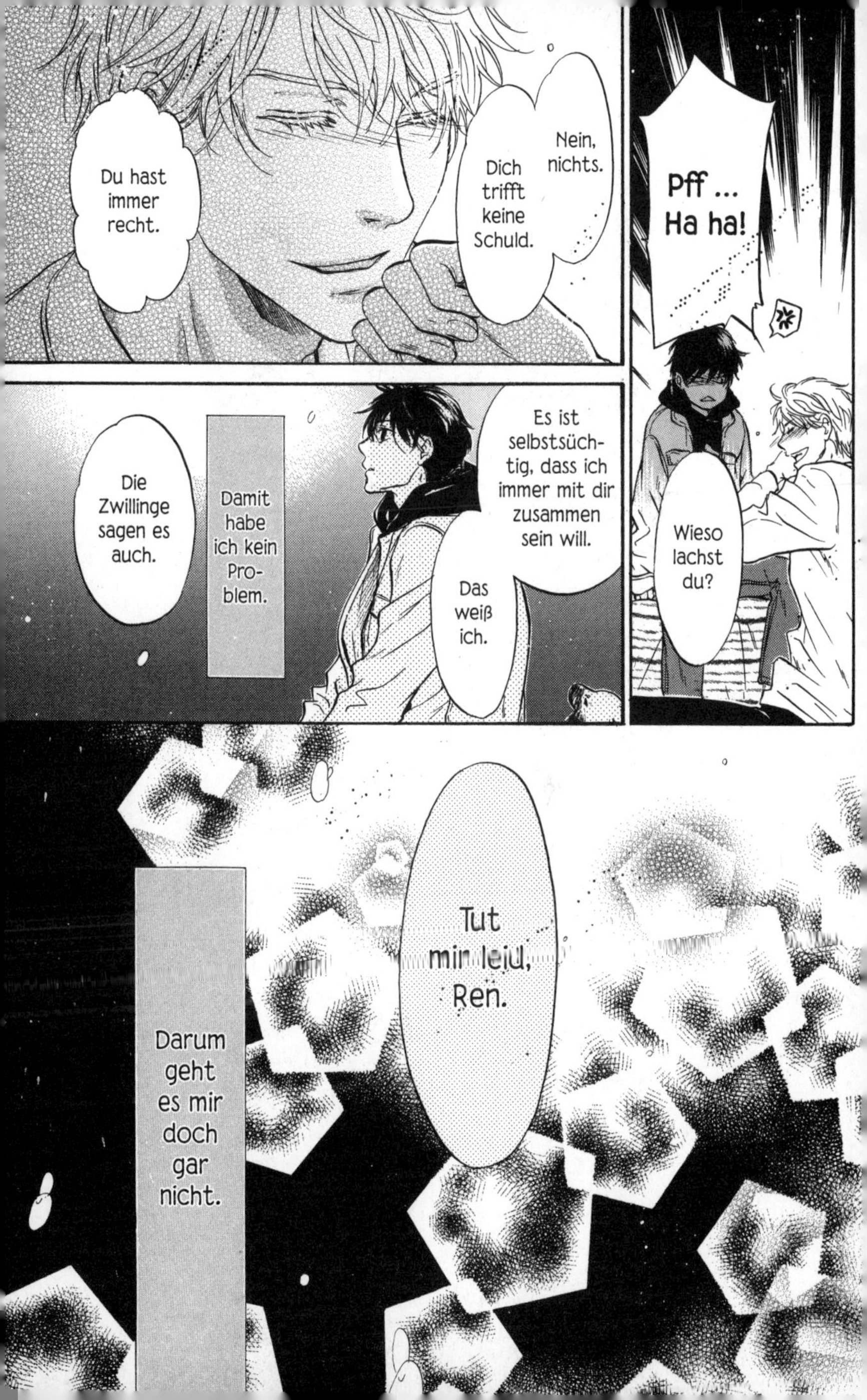
Pff ... Ha ha!
Wieso lachst du?
Nein, nichts.
Dich trifft keine Schuld.
Du hast immer recht.
Es ist selbstsüchtig, dass ich immer mit dir zusammen sein will.
Das weiß ich.
Damit habe ich kein Problem.
Die Zwillinge sagen es auch.
Tut mir leid, Ren.
Darum geht es mir doch gar nicht.

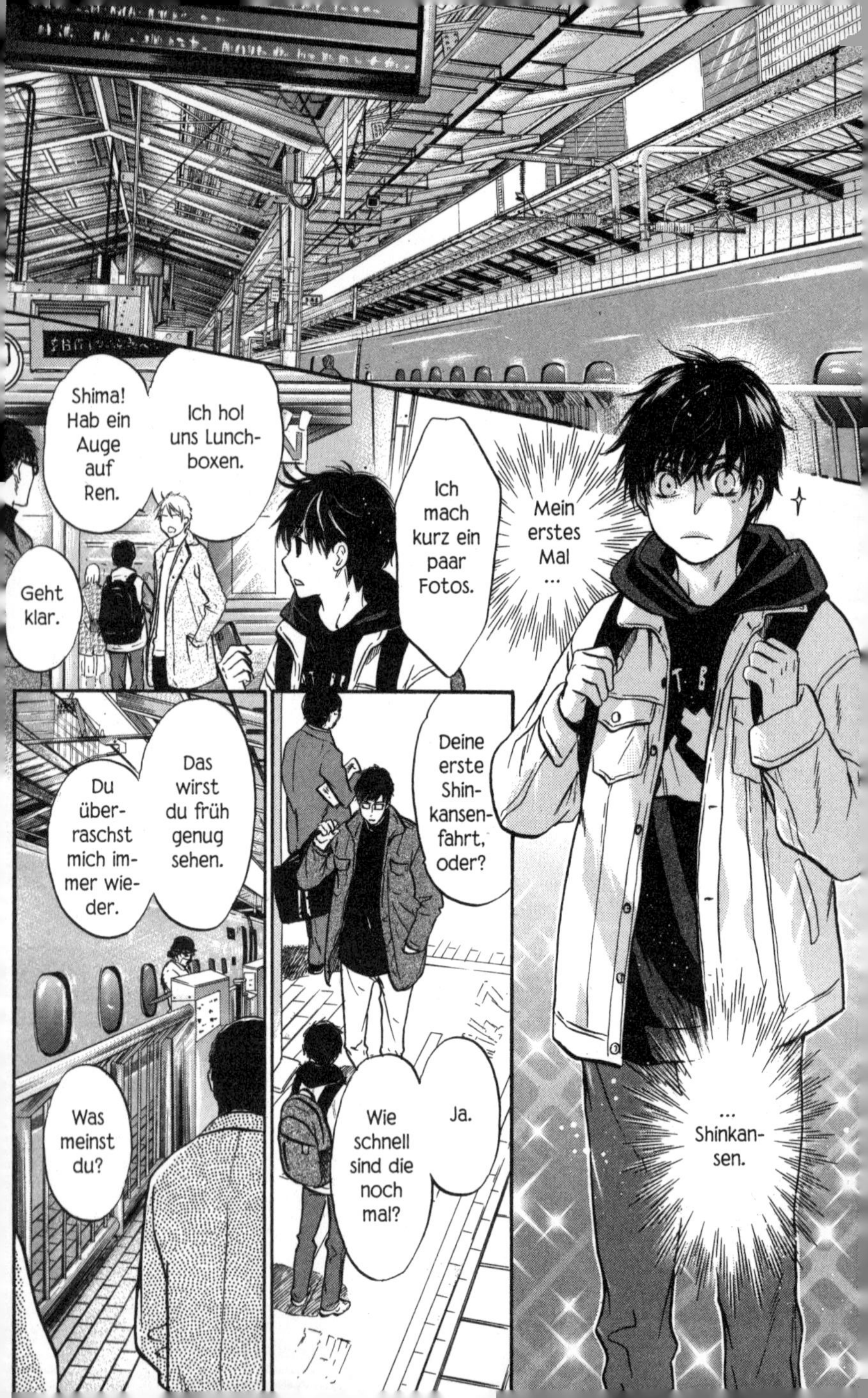

Mein erstes Mal …
Ich mach kurz ein paar Fotos.
Ich hol uns Lunchboxen.
Shima! Hab ein Auge auf Ren.
Geht klar.
… Shinkansen.
Deine erste Shinkansenfahrt, oder?
Ja.
Wie schnell sind die noch mal?
Das wirst du früh genug sehen.
Du überraschst mich immer wieder.
Was meinst du?

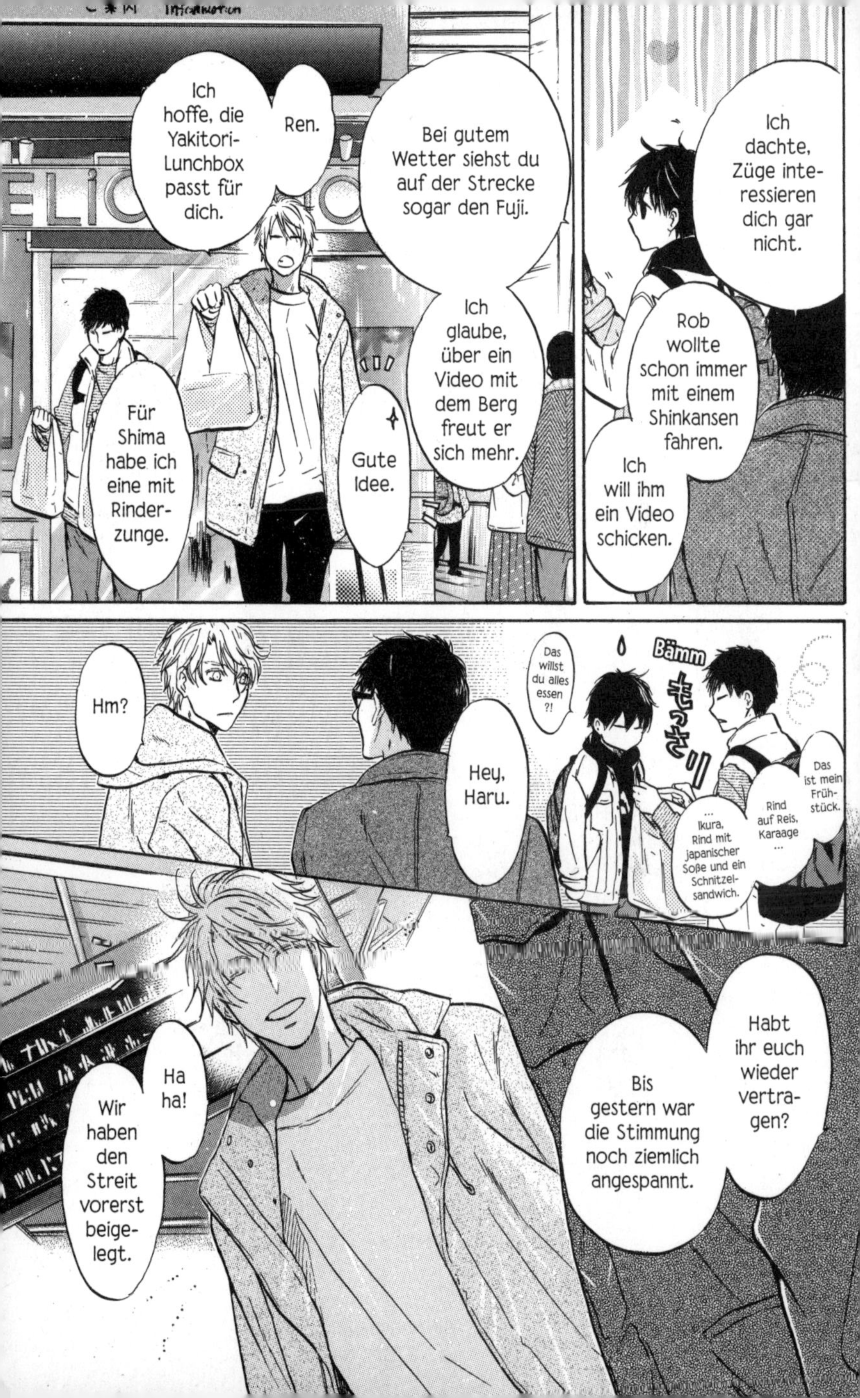

Ich dachte, Züge interessieren dich gar nicht.
Rob wollte schon immer mit einem Shinkansen fahren.
Ich will ihm ein Video schicken.
Bei gutem Wetter siehst du auf der Strecke sogar den Fuji.
Ren.
Ich hoffe, die Yakitori-Lunchbox passt für dich.
Ich glaube, über ein Video mit dem Berg freut er sich mehr.
Gute Idee.
Für Shima habe ich eine mit Rinderzunge.
Bämm
Das willst du alles essen?!
Das ist mein Frühstück.
Rind auf Reis, Karaage ...
... Ikura, Rind mit japanischer Soße und ein Schnitzelsandwich.
Hey, Haru.
Hm?
Habt ihr euch wieder vertragen?
Bis gestern war die Stimmung noch ziemlich angespannt.
Ha ha!
Wir haben den Streit vorerst beigelegt.

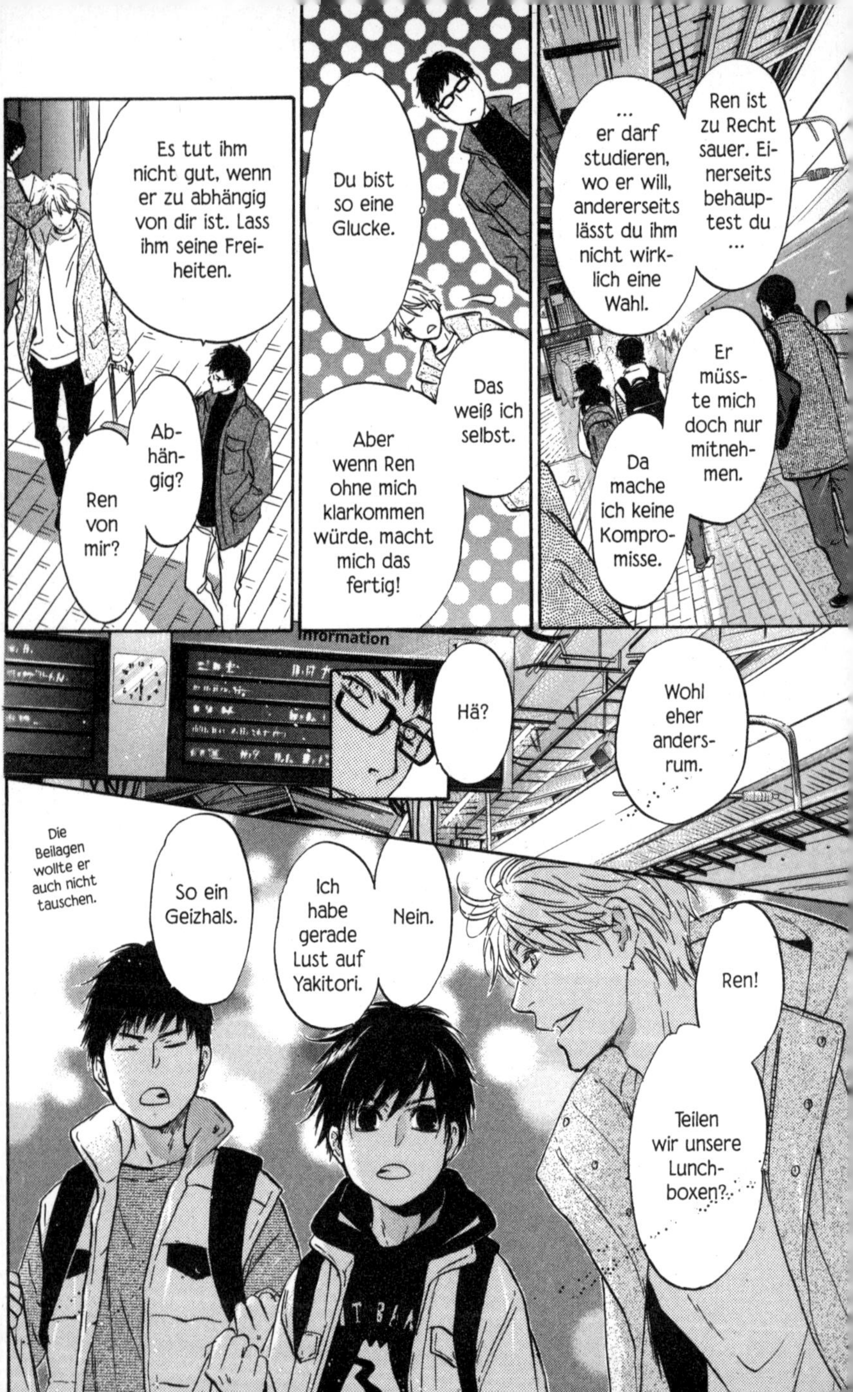

Ren ist zu Recht sauer. Einerseits behauptest du ...
... er darf studieren, wo er will, andererseits lässt du ihm nicht wirklich eine Wahl.
Er müsste mich doch nur mitnehmen.
Da mache ich keine Kompromisse.
Du bist so eine Glucke.
Das weiß ich selbst.
Aber wenn Ren ohne mich klarkommen würde, macht mich das fertig!
Es tut ihm nicht gut, wenn er zu abhängig von dir ist. Lass ihm seine Freiheiten.
Abhängig?
Ren von mir?
Information
Wohl eher andersrum.
Hä?
Ren!
Teilen wir unsere Lunchboxen?
Nein.
Ich habe gerade Lust auf Yakitori.
So ein Geizhals.
Die Beilagen wollte er auch nicht tauschen.

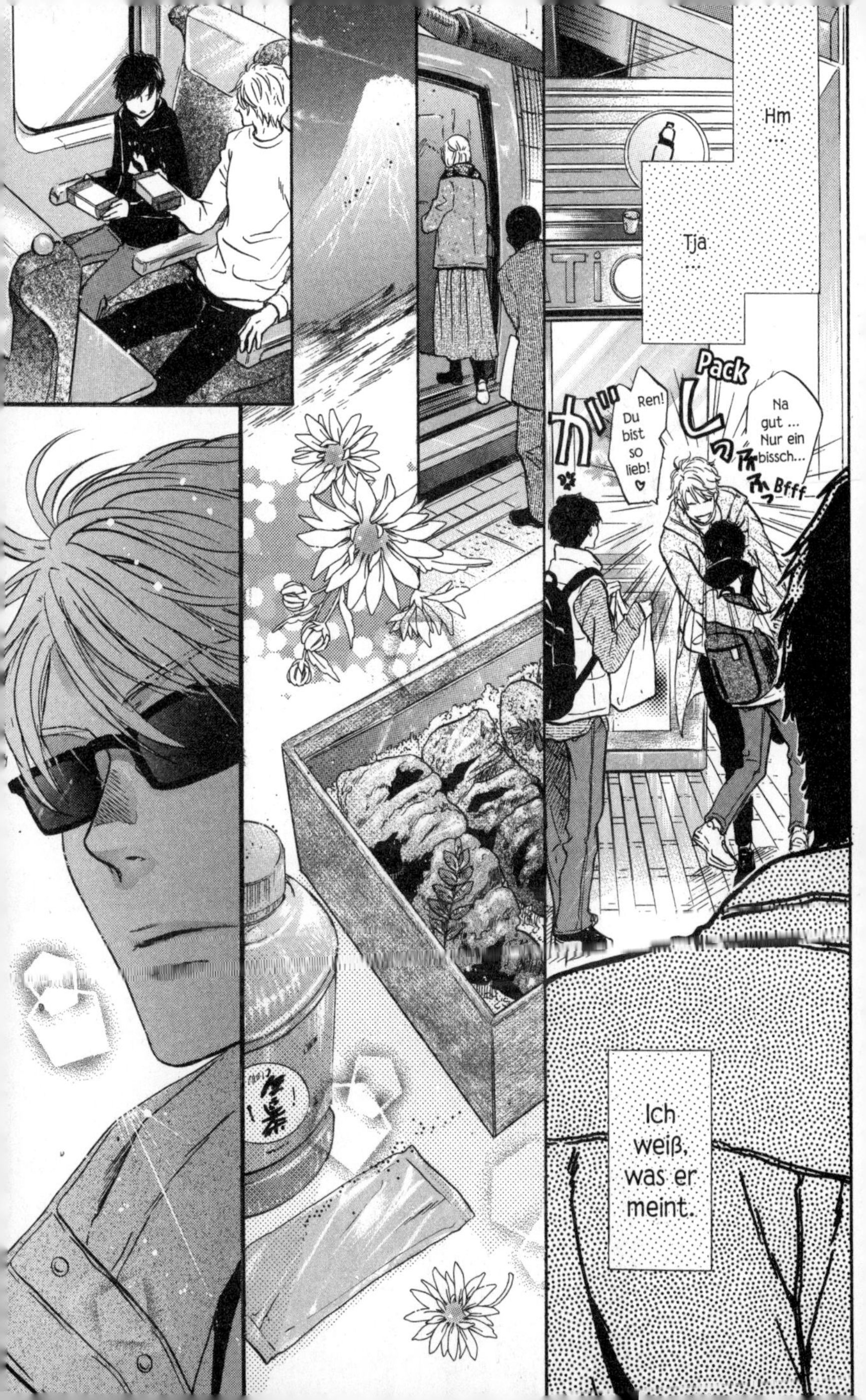

Hm ...
Tja ...
Pack
Na gut ... Nur ein bissch...
Bfff
Ren! Du bist so lieb! ♡
Ich weiß, was er meint.

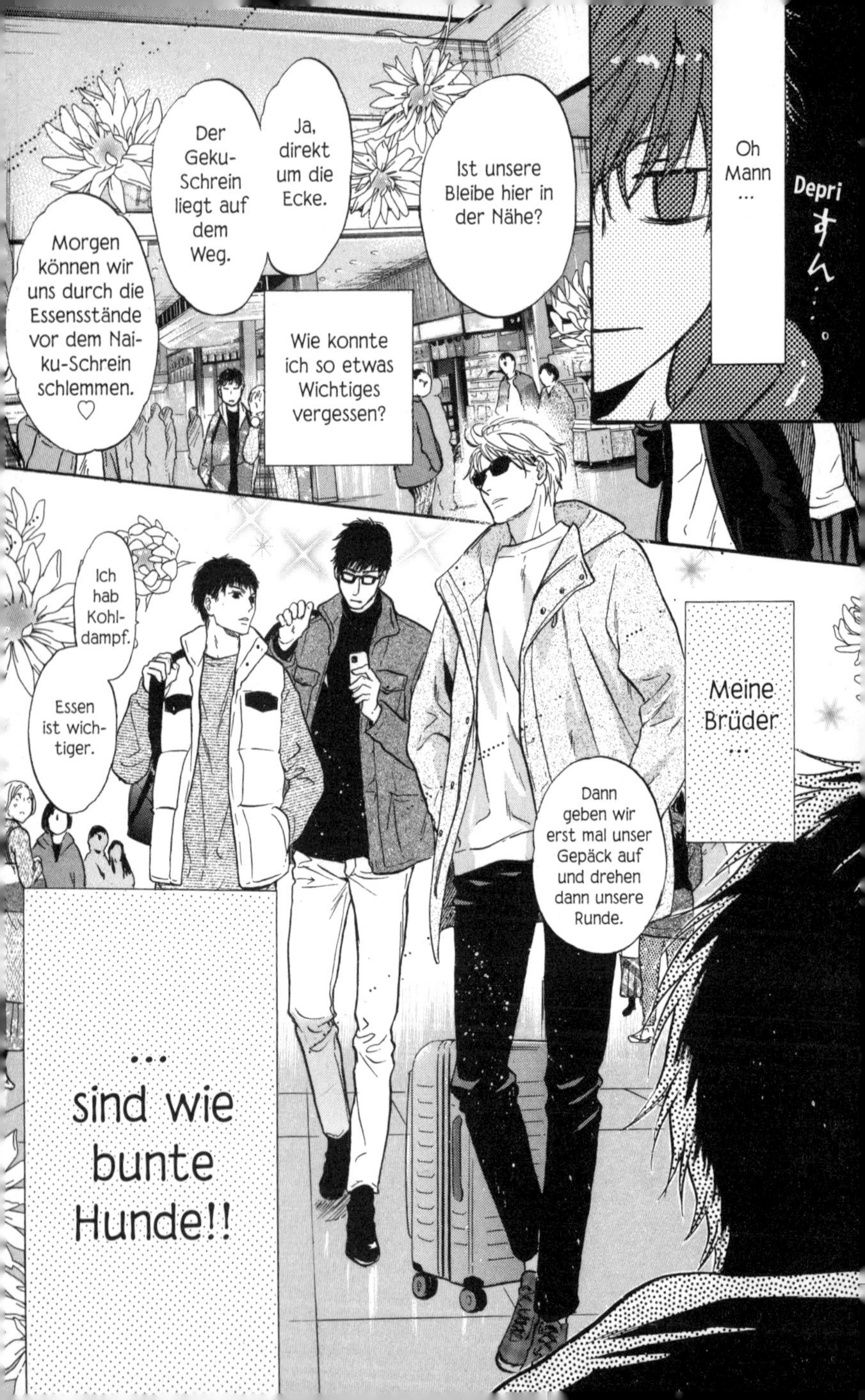

Depri すん…。
Oh Mann …
Ist unsere Bleibe hier in der Nähe?
Ja, direkt um die Ecke.
Der Geku-Schrein liegt auf dem Weg.
Morgen können wir uns durch die Essensstände vor dem Naiku-Schrein schlemmen. ♡
Wie konnte ich so etwas Wichtiges vergessen?
Meine Brüder …
Dann geben wir erst mal unser Gepäck auf und drehen dann unsere Runde.
Ich hab Kohldampf.
Essen ist wichtiger.
… sind wie bunte Hunde!!

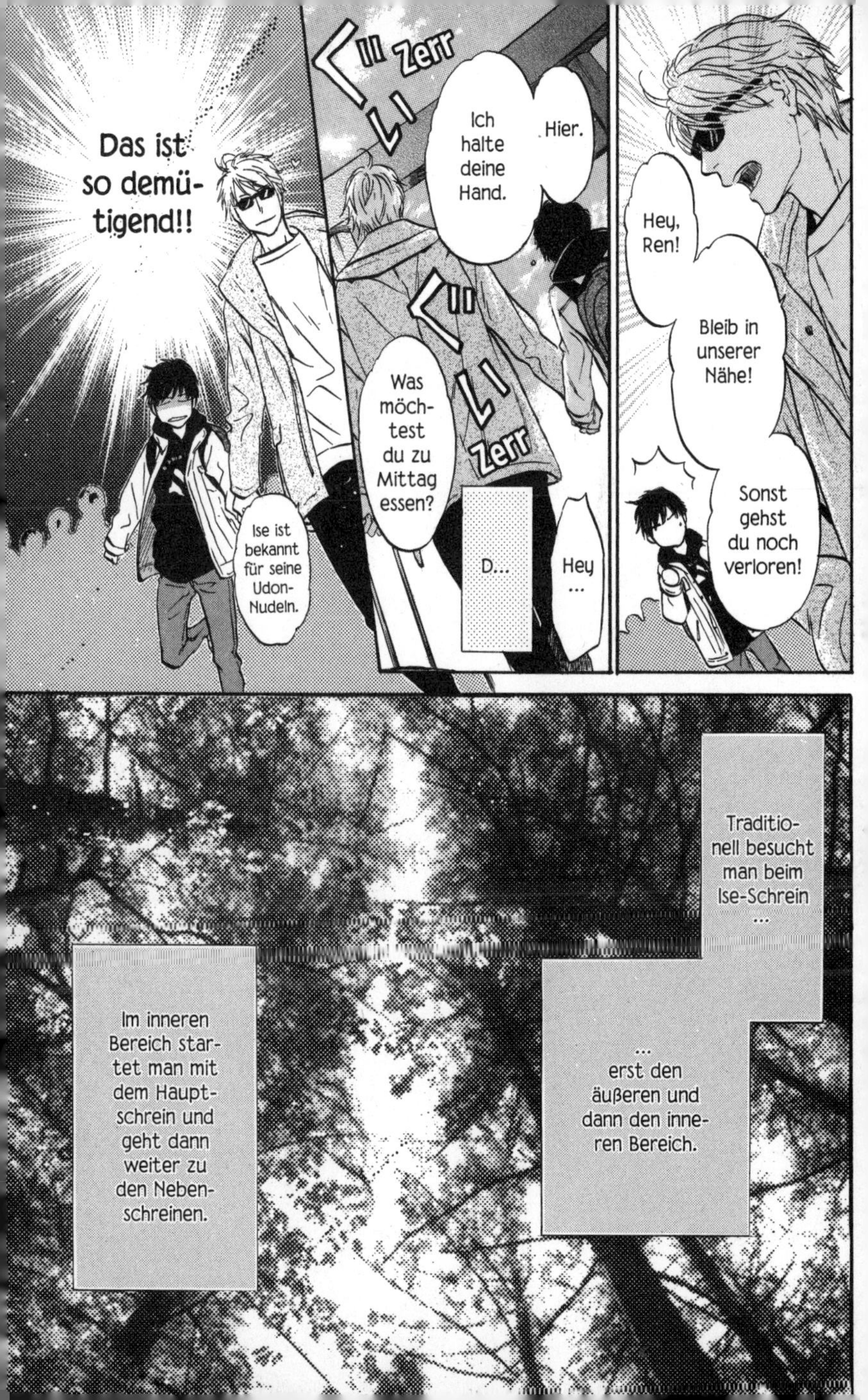
Hey, Ren!
Bleib in unserer Nähe!
Sonst gehst du noch verloren!
Hier.
Ich halte deine Hand.
Zerr
Hey ...
D...
Was möchtest du zu Mittag essen?
Zerr
Das ist so demütigend!!
Ise ist bekannt für seine Udon-Nudeln.
Traditionell besucht man beim Ise-Schrein ...
... erst den äußeren und dann den inneren Bereich.
Im inneren Bereich startet man mit dem Hauptschrein und geht dann weiter zu den Nebenschreinen.

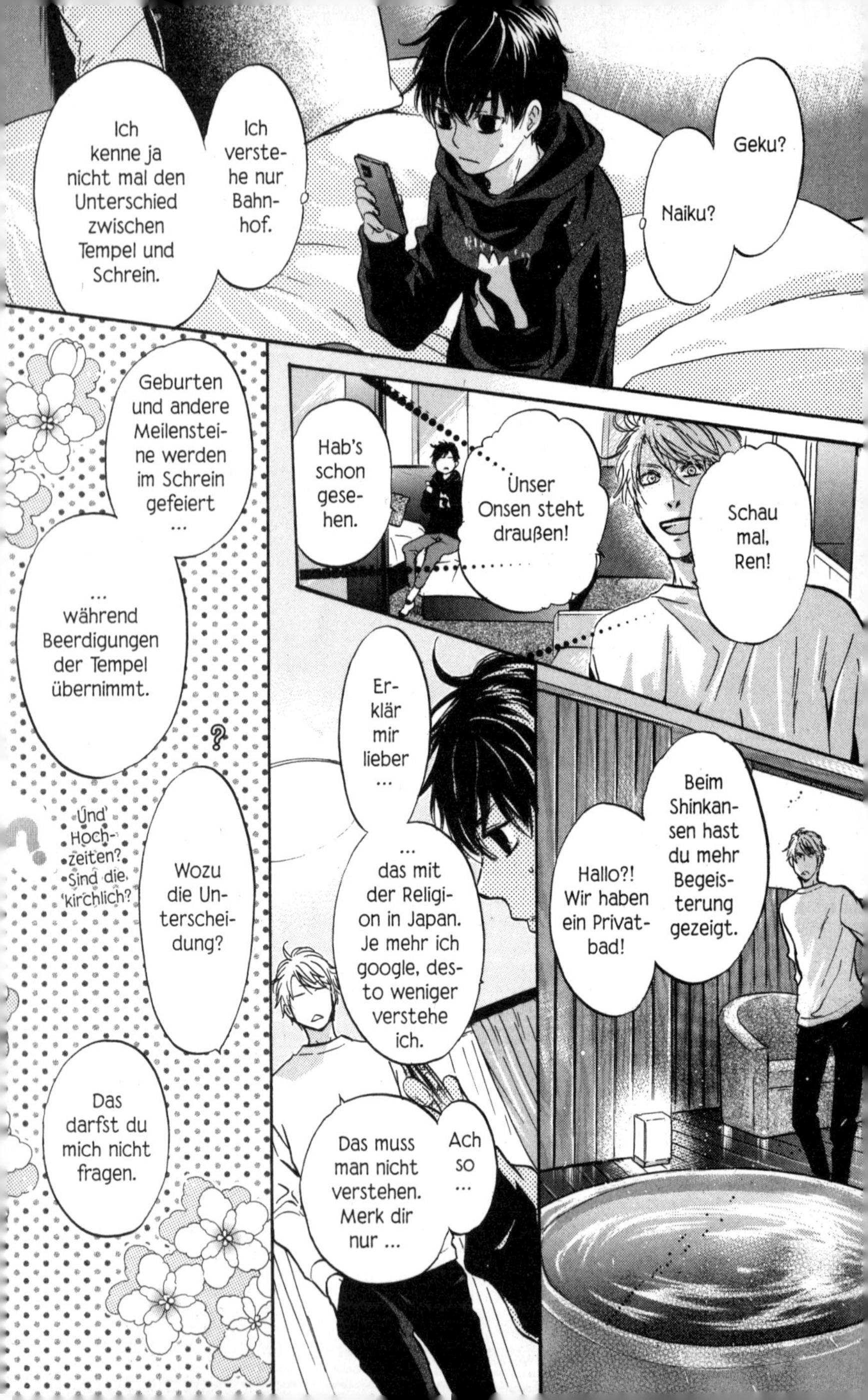
Geku?
Naiku?
Ich verstehe nur Bahnhof.
Ich kenne ja nicht mal den Unterschied zwischen Tempel und Schrein.
Schau mal, Ren!
Unser Onsen steht draußen!
Hab's schon gesehen.
Beim Shinkansen hast du mehr Begeisterung gezeigt.
Hallo?! Wir haben ein Privatbad!
Erklär mir lieber ...
... das mit der Religion in Japan. Je mehr ich google, desto weniger verstehe ich.
Ach so ...
Das muss man nicht verstehen. Merk dir nur ...
Geburten und andere Meilensteine werden im Schrein gefeiert ...
... während Beerdigungen der Tempel übernimmt.
Und Hochzeiten? Sind die kirchlich?
Wozu die Unterscheidung?
Das darfst du mich nicht fragen.

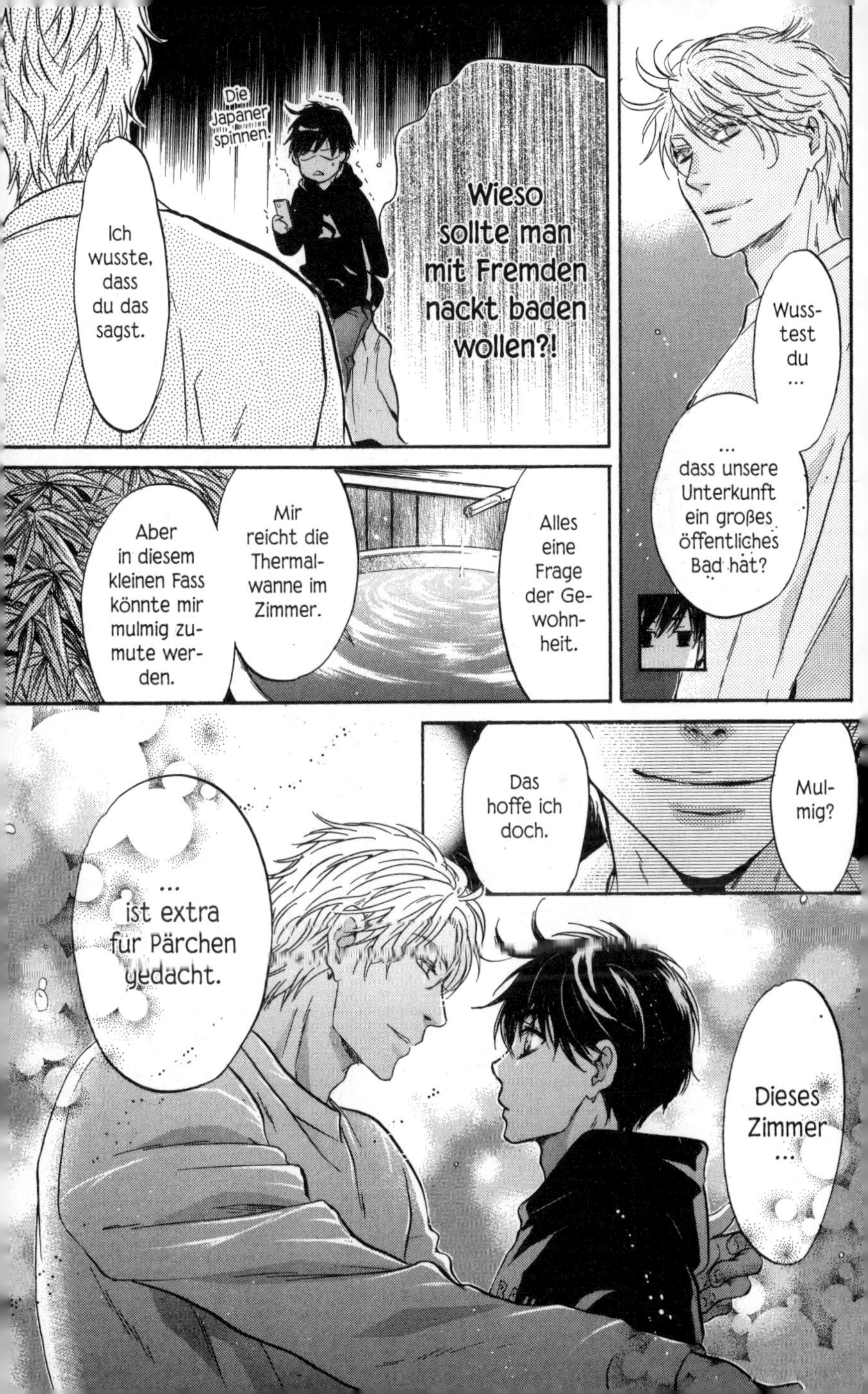
Wuss-test du ...
... dass unsere Unterkunft ein großes öffentliches Bad hat?
Wieso sollte man mit Fremden nackt baden wollen?!
Die Japaner spinnen.
Ich wusste, dass du das sagst.
Alles eine Frage der Ge-wohn-heit.
Mir reicht die Thermal-wanne im Zimmer.
Aber in diesem kleinen Fass könnte mir mulmig zu-mute wer-den.
Mul-mig?
Das hoffe ich doch.
Dieses Zimmer ...
... ist extra für Pärchen gedacht.

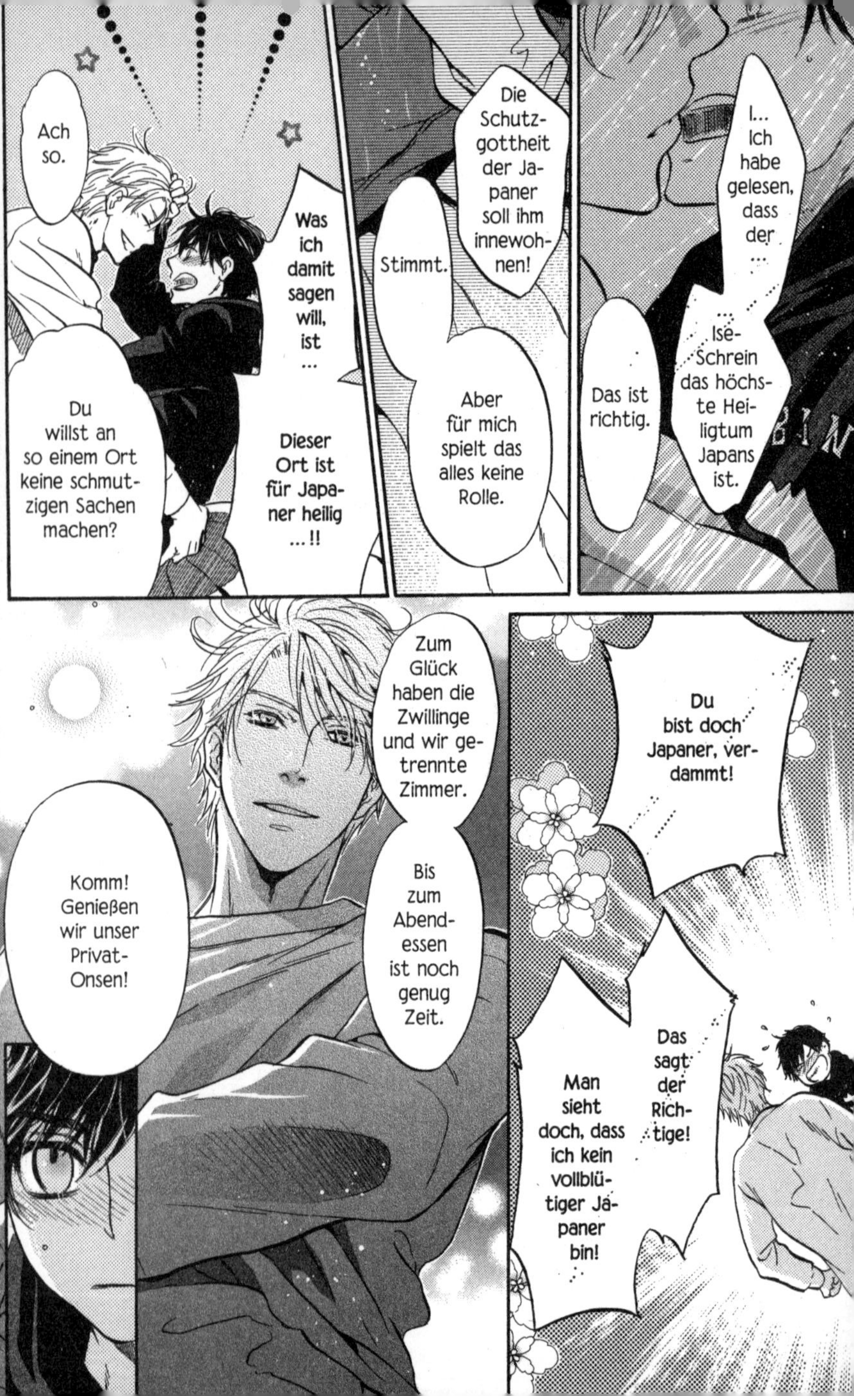
I... Ich habe gelesen, dass der ...
... Ise-Schrein das höchste Heiligtum Japans ist.
Das ist richtig.
Die Schutzgottheit der Japaner soll ihm innewohnen!
Stimmt.
Aber für mich spielt das alles keine Rolle.
Was ich damit sagen will, ist ...
Dieser Ort ist für Japaner heilig ...!!
Ach so.
Du willst an so einem Ort keine schmutzigen Sachen machen?
Du bist doch Japaner, verdammt!
Das sagt der Richtige!
Man sieht doch, dass ich kein vollblütiger Japaner bin!
Zum Glück haben die Zwillinge und wir getrennte Zimmer.
Bis zum Abendessen ist noch genug Zeit.
Komm! Genießen wir unser Privat-Onsen!

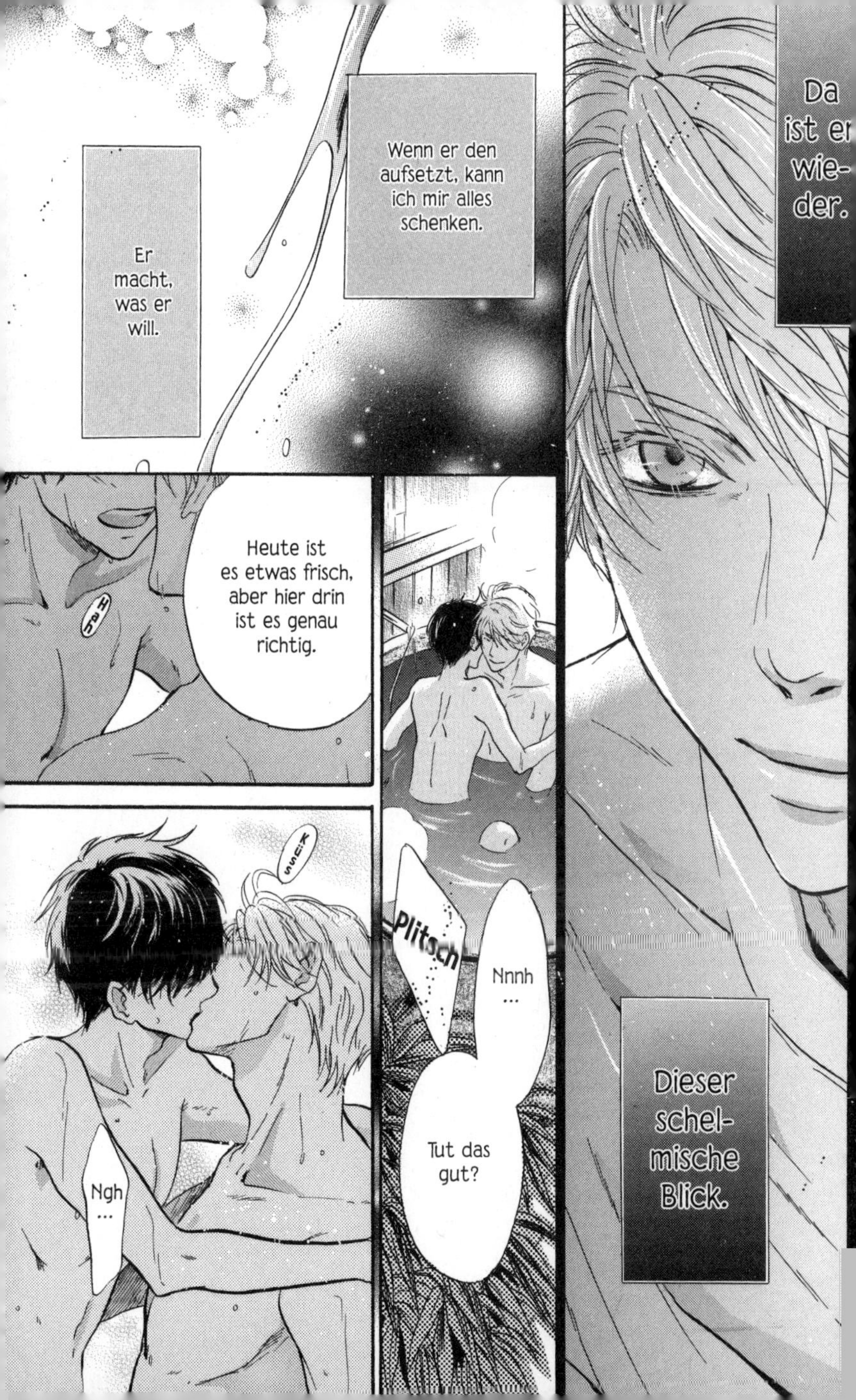

Da ist er wieder.
Wenn er den aufsetzt, kann ich mir alles schenken.
Er macht, was er will.
Heute ist es etwas frisch, aber hier drin ist es genau richtig.
Plitsch
Nnnh …
Tut das gut?
Ngh …
Dieser schelmische Blick.

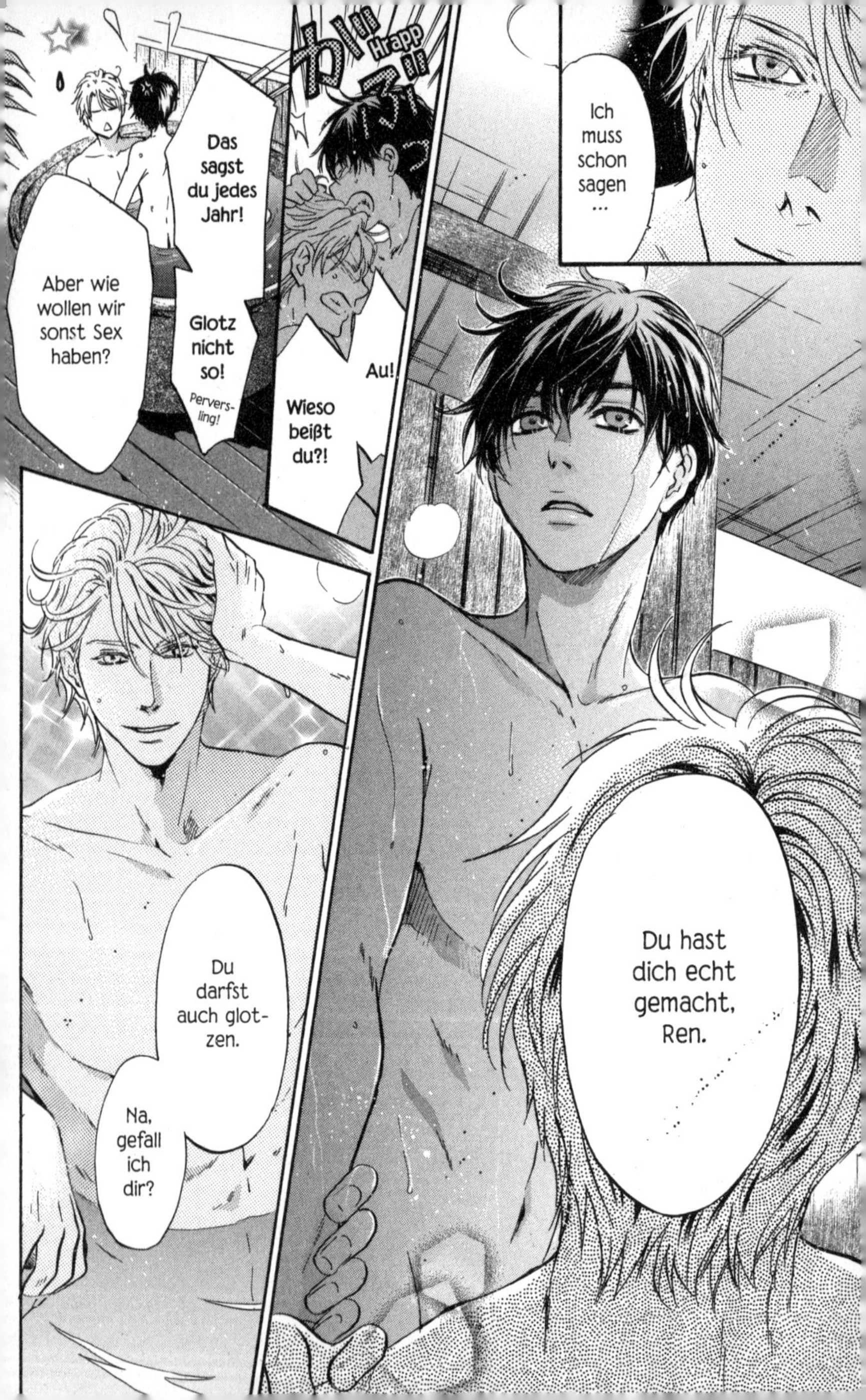
Ich muss schon sagen …
Du hast dich echt gemacht, Ren.
Du darfst auch glot-zen.
Na, gefall ich dir?
Hrapp
Au!
Wieso beißt du?!
Das sagst du jedes Jahr!
Glotz nicht so!
Pervers-ling!
Aber wie wollen wir sonst Sex haben?

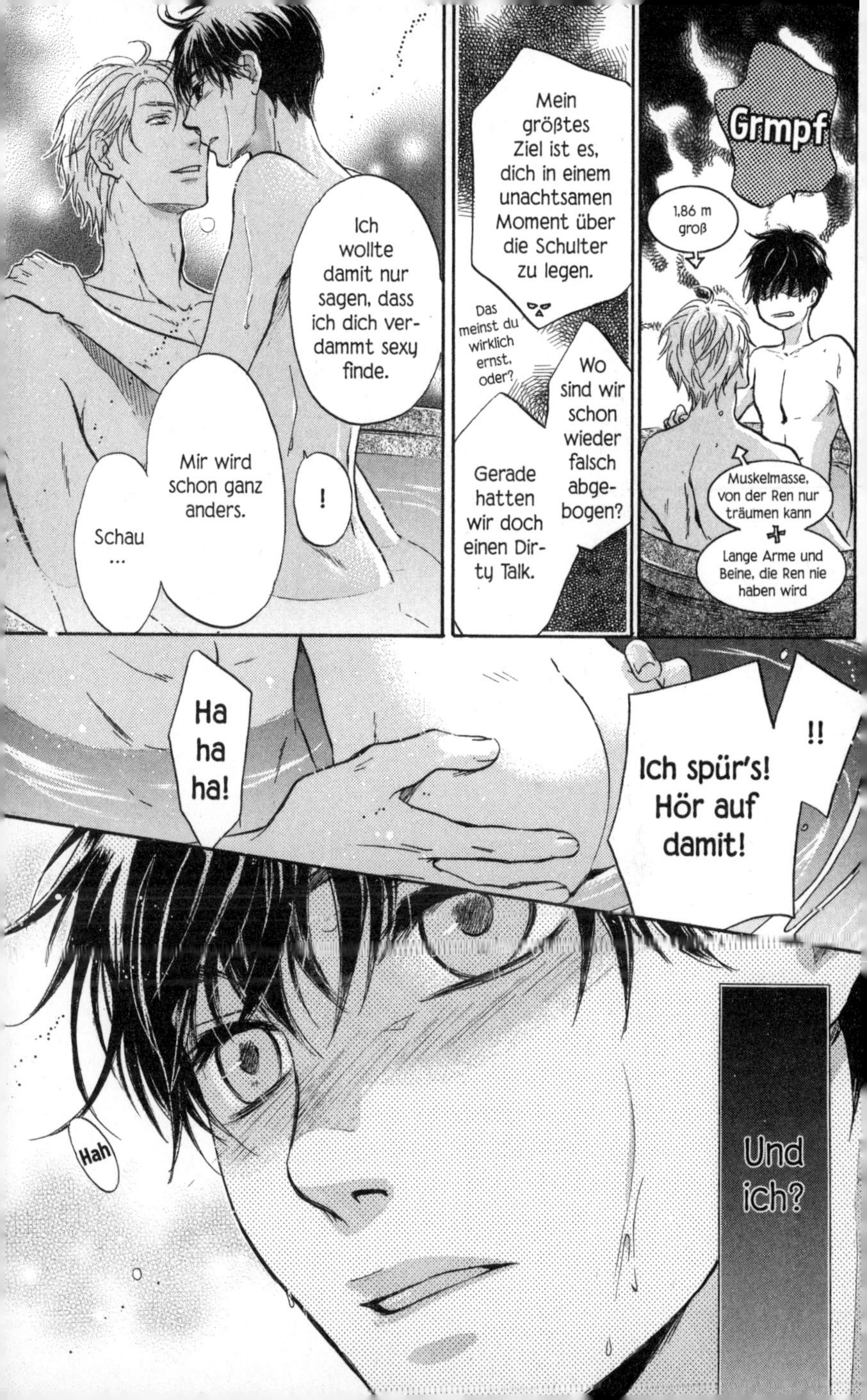

Grmpf
1,86 m groß
Muskelmasse, von der Ren nur träumen kann
+
Lange Arme und Beine, die Ren nie haben wird
Mein größtes Ziel ist es, dich in einem unachtsamen Moment über die Schulter zu legen.
Das meinst du wirklich ernst, oder?
Wo sind wir schon wieder falsch abgebogen?
Gerade hatten wir doch einen Dirty Talk.
Ich wollte damit nur sagen, dass ich dich verdammt sexy finde.
!
Mir wird schon ganz anders.
Schau ...
!!
Ich spür's! Hör auf damit!
Ha ha ha!
Und ich?
Hah

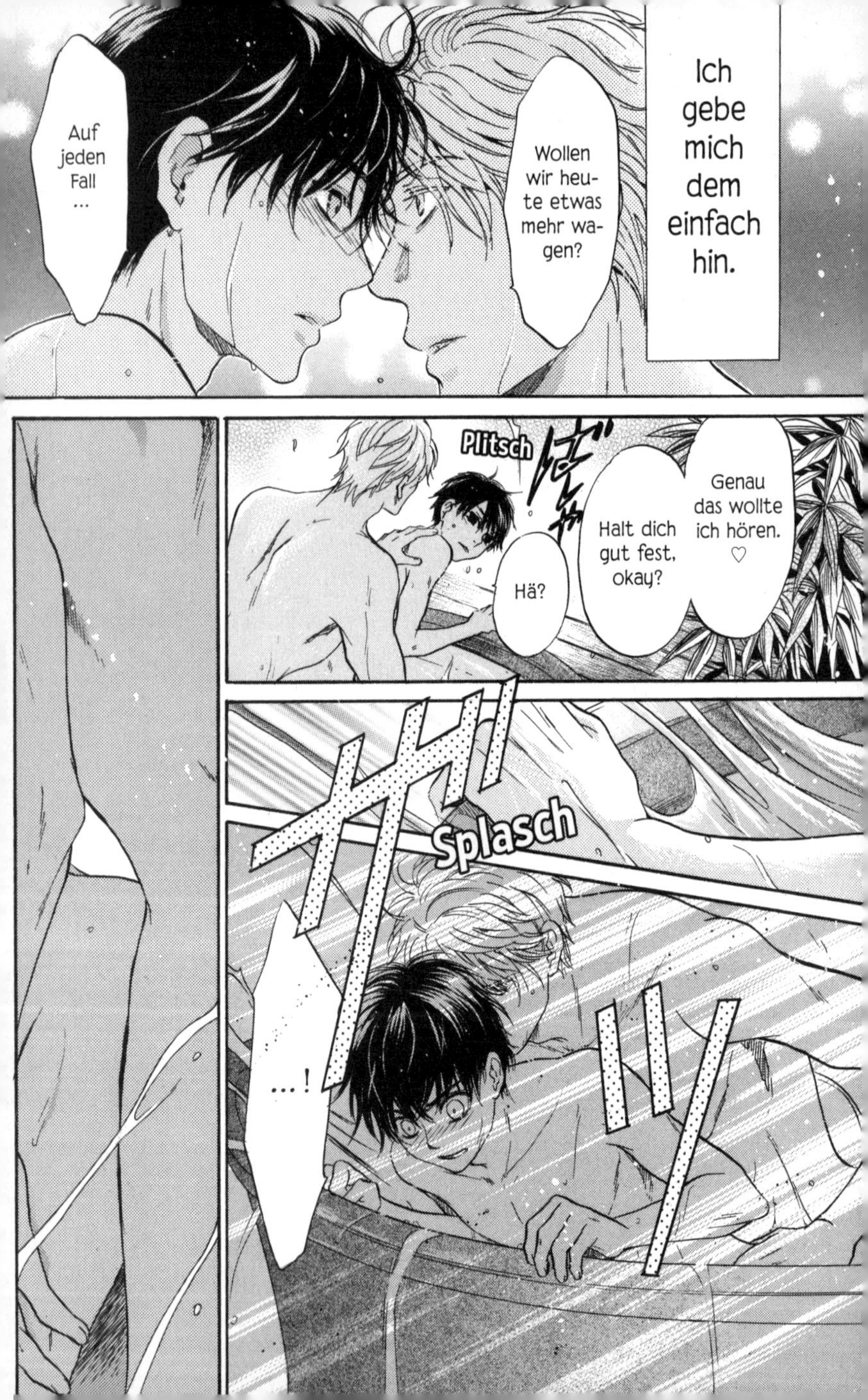

Ich gebe mich dem einfach hin.
Wollen wir heute etwas mehr wagen?
Auf jeden Fall …
Genau das wollte ich hören. ♡
Halt dich gut fest, okay?
Plitsch
Hä?
Splasch
…!

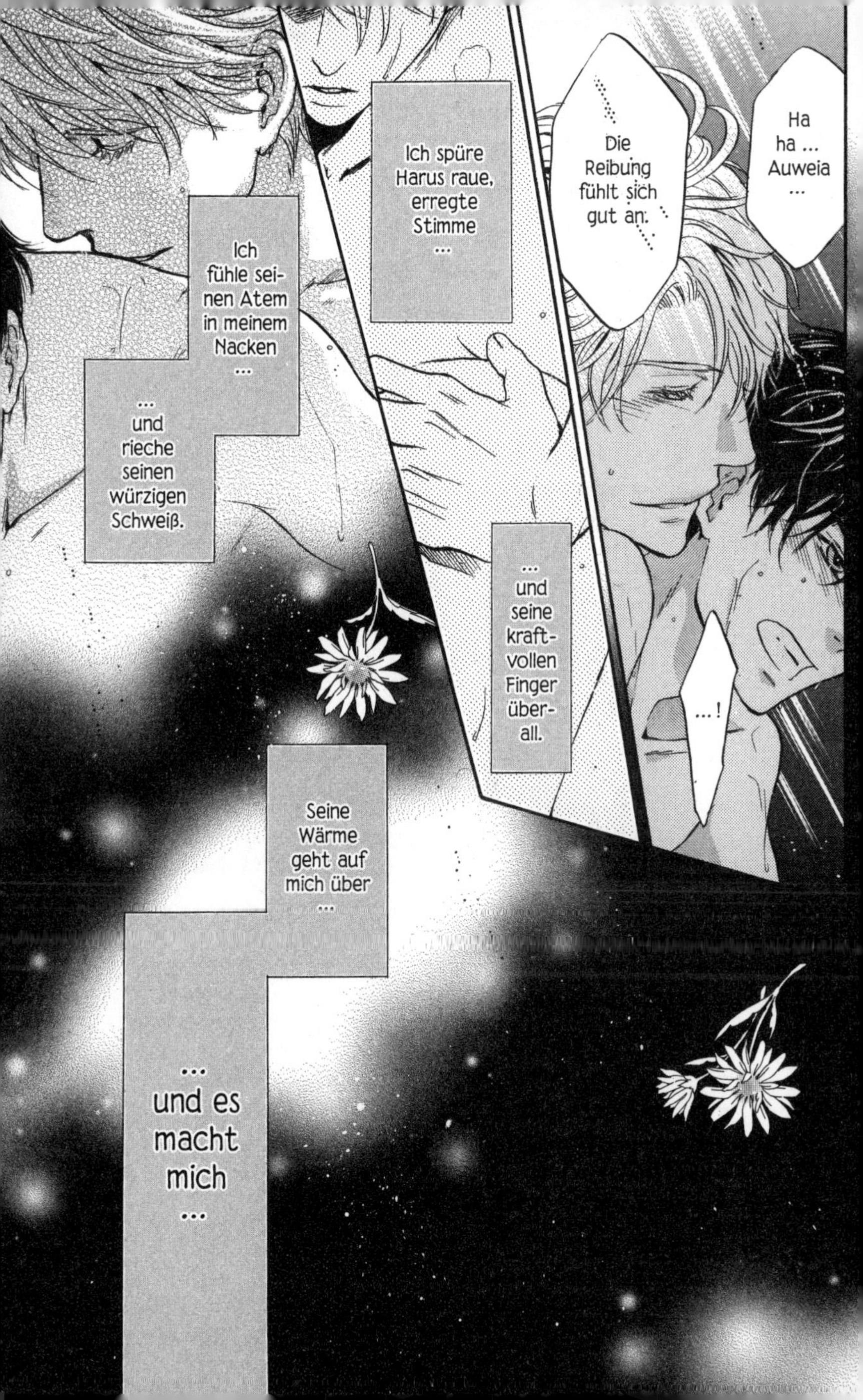
Ha ha ... Auweia ...
Die Reibung fühlt sich gut an.
Ich spüre Harus raue, erregte Stimme ...
Ich fühle seinen Atem in meinem Nacken ...
... und rieche seinen würzigen Schweiß.
... und seine kraftvollen Finger überall.
...!
Seine Wärme geht auf mich über ...
... und es macht mich ...

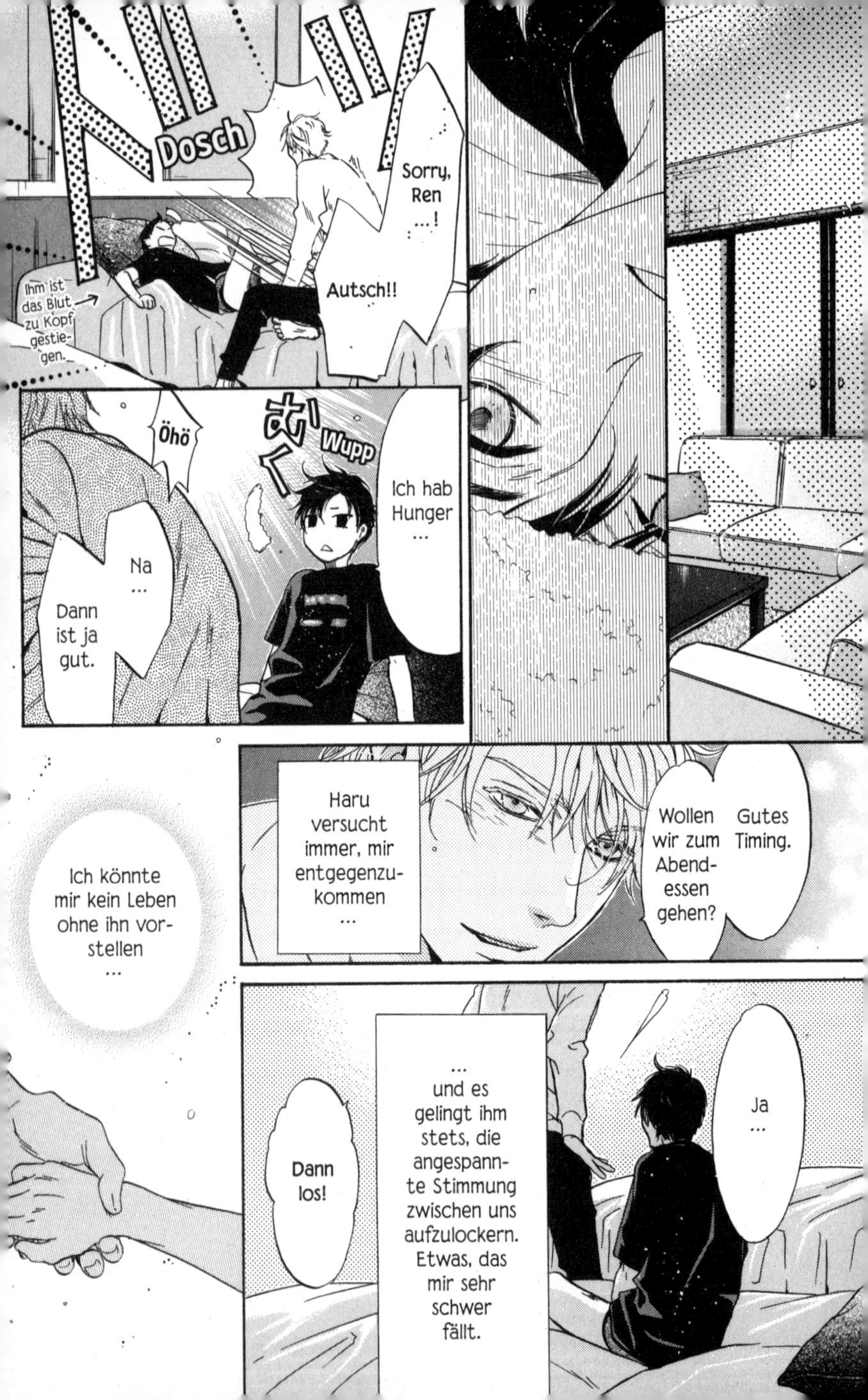
Dosch
Sorry, Ren ...!
Autsch!!
Ihm ist das Blut zu Kopf gestiegen.
Wupp
Ich hab Hunger ...
Öhö
Na ...
Dann ist ja gut.
Gutes Timing.
Wollen wir zum Abendessen gehen?
Haru versucht immer, mir entgegenzukommen ...
Ich könnte mir kein Leben ohne ihn vorstellen ...
Ja ...
... und es gelingt ihm stets, die angespannte Stimmung zwischen uns aufzulockern. Etwas, das mir sehr schwer fällt.
Dann los!

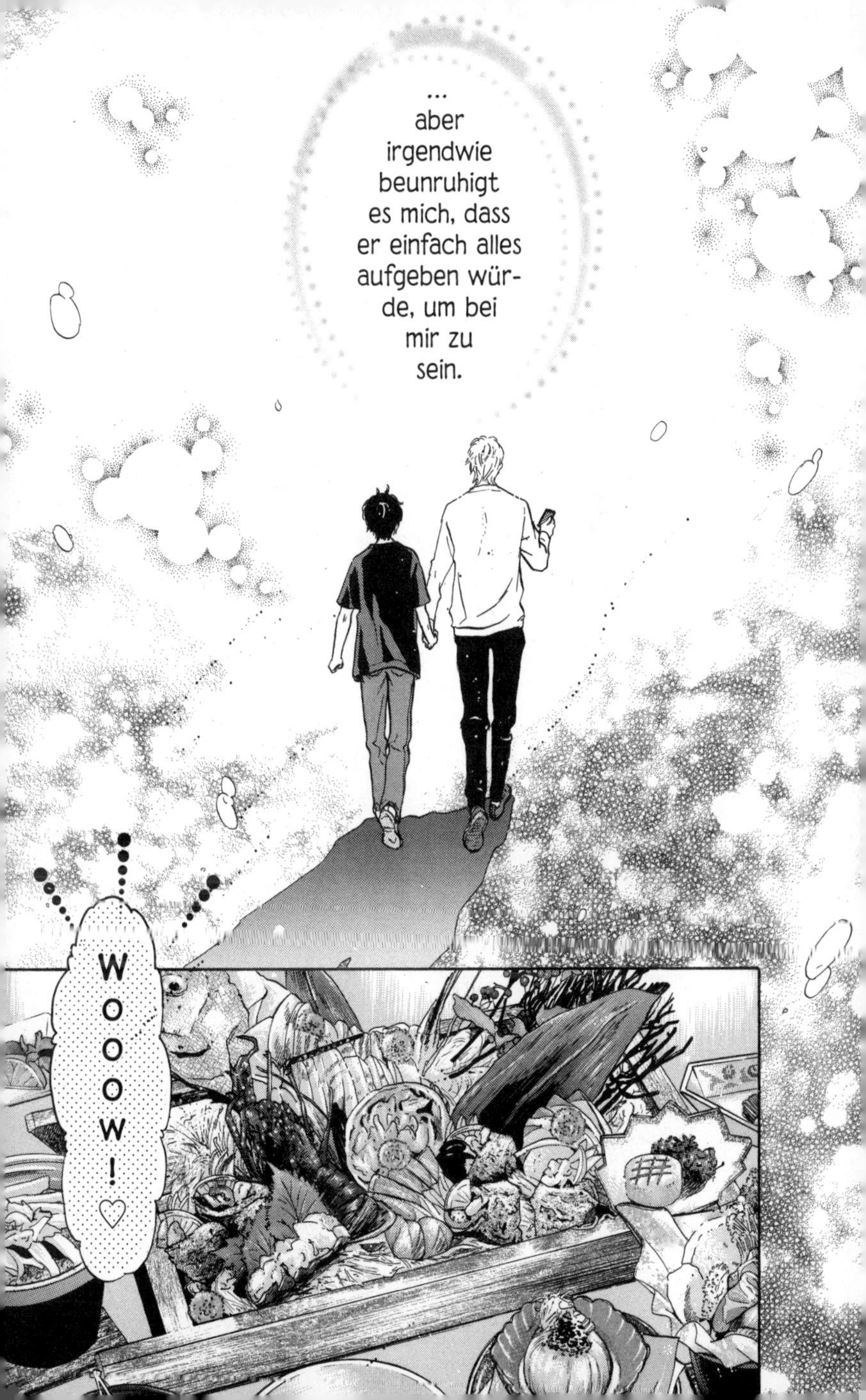
... aber irgendwie beunruhigt es mich, dass er einfach alles aufgeben würde, um bei mir zu sein.
WOOOW! ♡

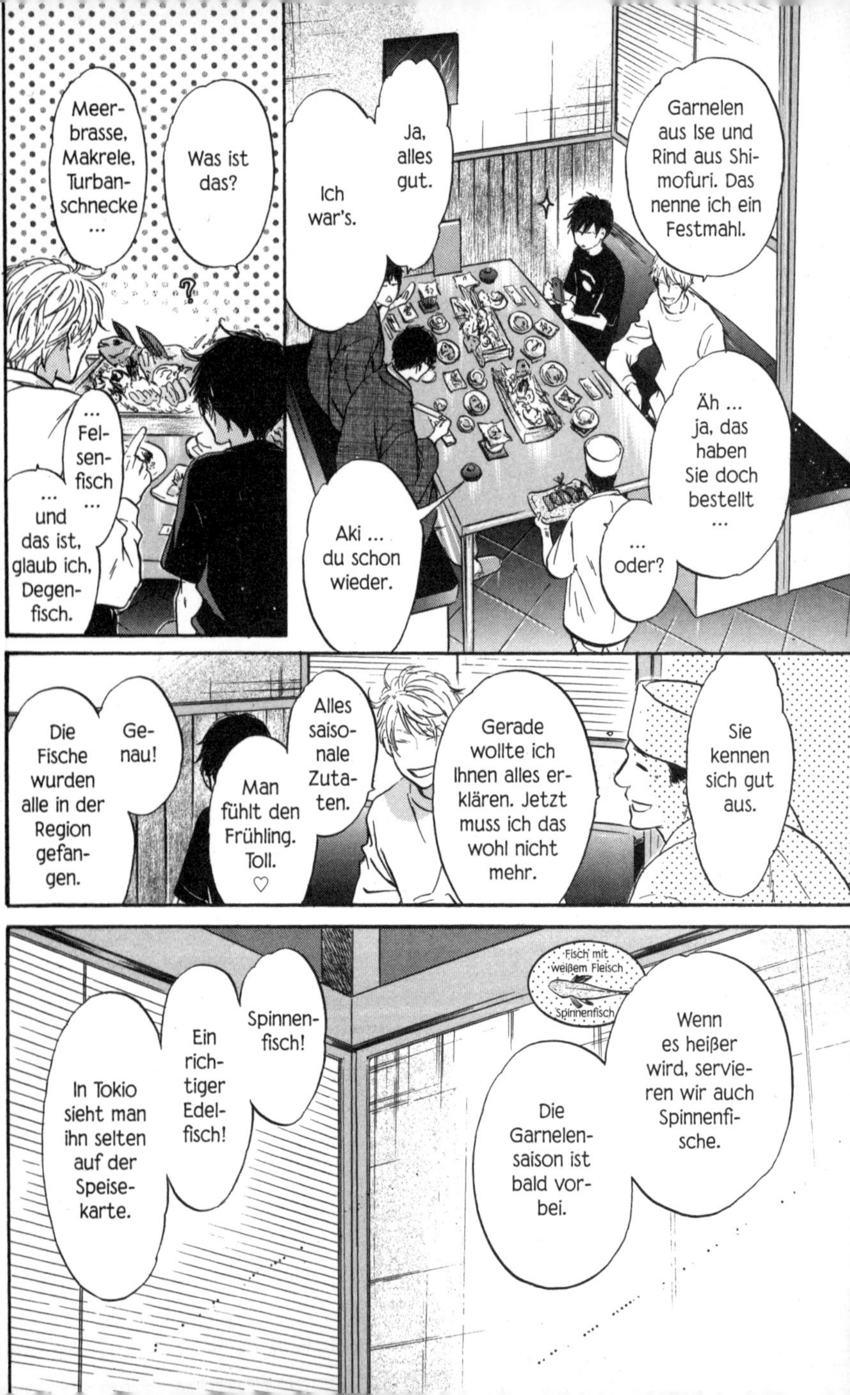
Garnelen aus Ise und Rind aus Shimofuri. Das nenne ich ein Festmahl.
Äh ... ja, das haben Sie doch bestellt ...
... oder?
Ja, alles gut.
Ich war's.
Aki ... du schon wieder.
Was ist das?
Meerbrasse, Makrele, Turbanschnecke ...
... Felsenfisch ...
... und das ist, glaub ich, Degenfisch.
Sie kennen sich gut aus.
Gerade wollte ich Ihnen alles erklären. Jetzt muss ich das wohl nicht mehr.
Alles saisonale Zutaten.
Man fühlt den Frühling. Toll. ♡
Genau!
Die Fische wurden alle in der Region gefangen.
Fisch mit weißem Fleisch
Spinnenfisch
Wenn es heißer wird, servieren wir auch Spinnenfische.
Die Garnelensaison ist bald vorbei.
Spinnenfisch!
Ein richtiger Edelfisch!
In Tokio sieht man ihn selten auf der Speisekarte.

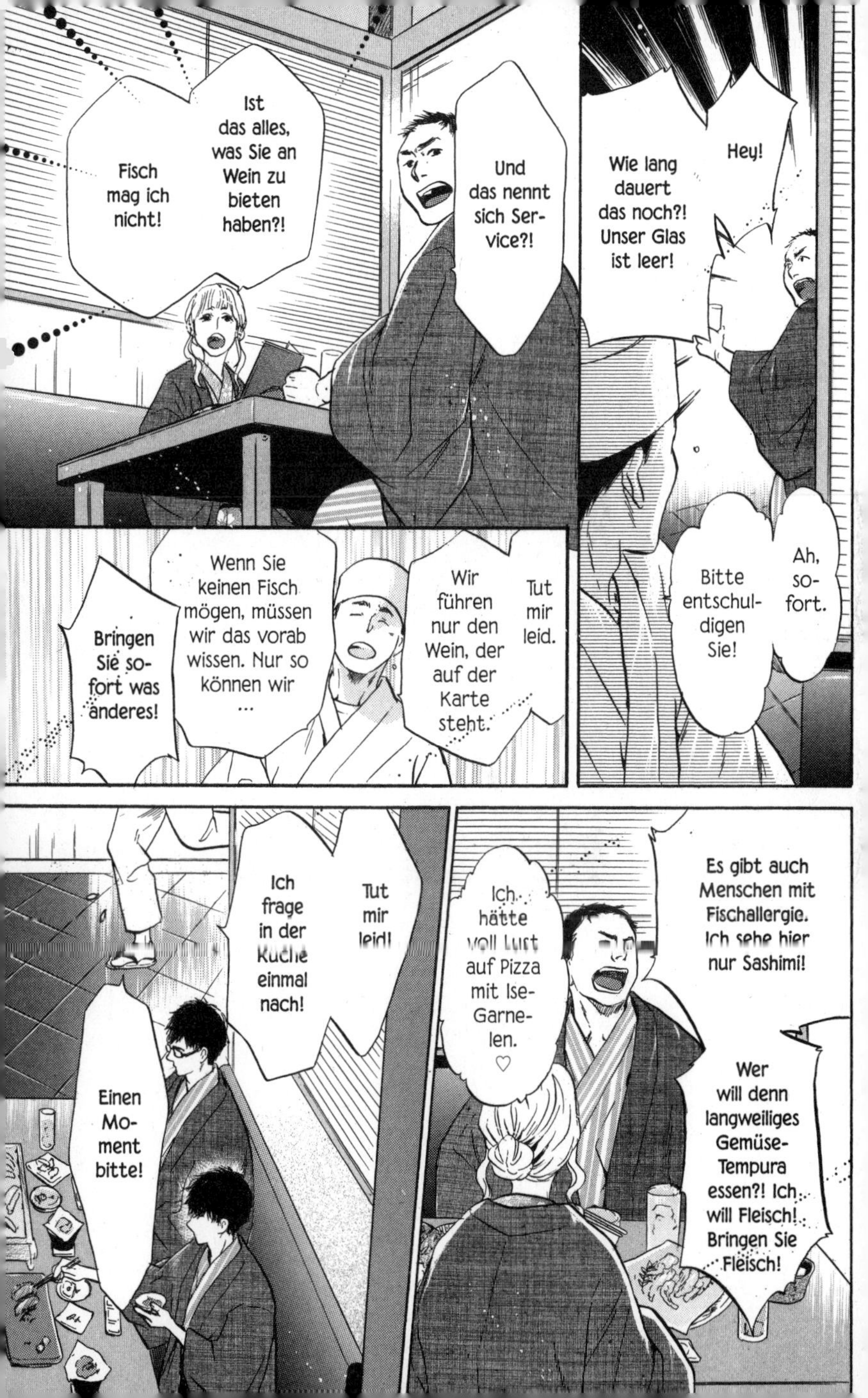
Hey!
Wie lang dauert das noch?! Unser Glas ist leer!
Und das nennt sich Service?!
Ist das alles, was Sie an Wein zu bieten haben?!
Fisch mag ich nicht!
Ah, sofort.
Bitte entschuldigen Sie!
Tut mir leid.
Wir führen nur den Wein, der auf der Karte steht.
Wenn Sie keinen Fisch mögen, müssen wir das vorab wissen. Nur so können wir ...
Bringen Sie sofort was anderes!
Es gibt auch Menschen mit Fischallergie. Ich sehe hier nur Sashimi!
Wer will denn langweiliges Gemüse-Tempura essen?! Ich will Fleisch! Bringen Sie Fleisch!
Ich hätte voll Lust auf Pizza mit Ise-Garnelen. ♡
Tut mir leid!
Ich frage in der Küche einmal nach!
Einen Moment bitte!

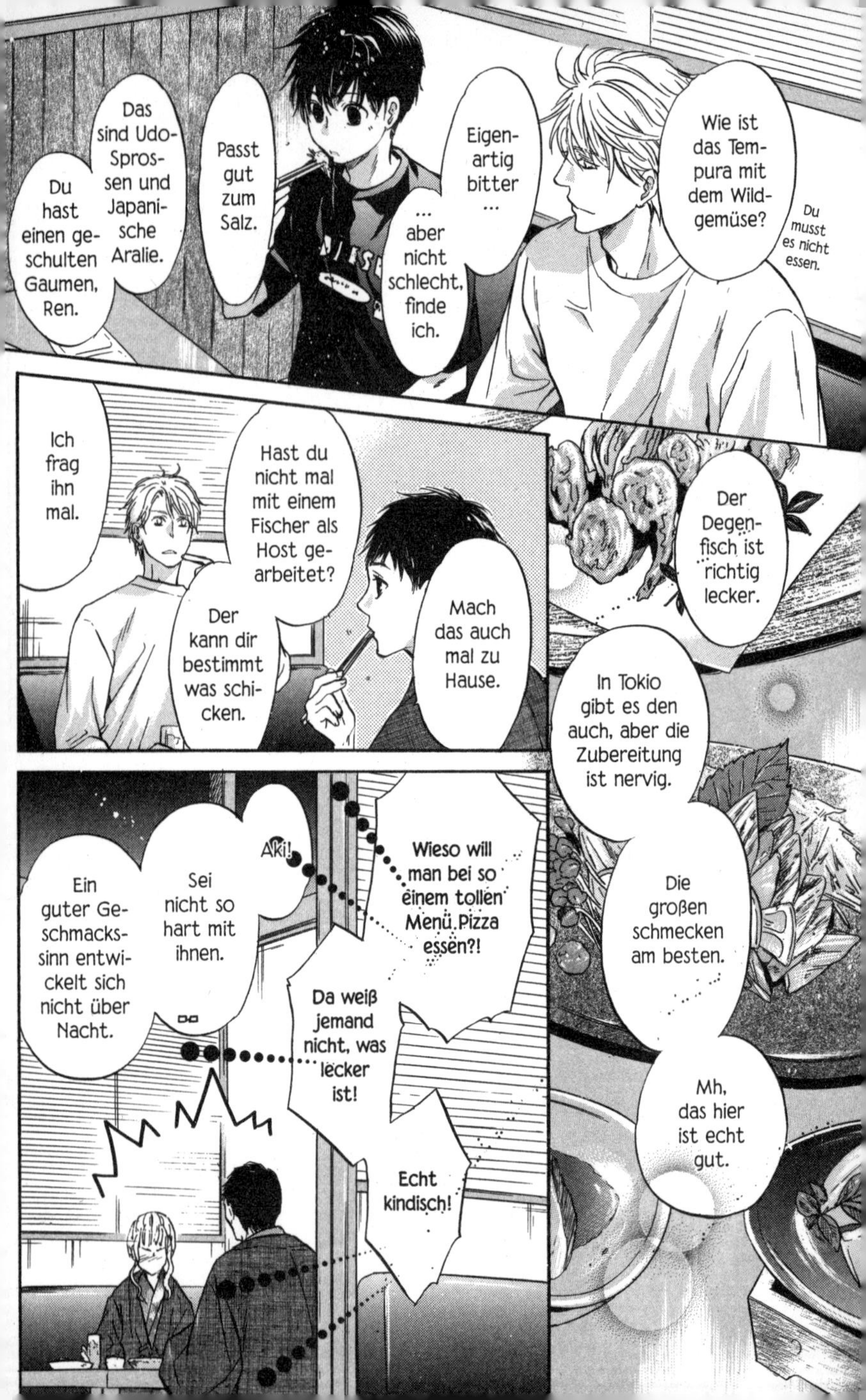

Wie ist das Tempura mit dem Wildgemüse?
Du musst es nicht essen.
Eigenartig bitter …
… aber nicht schlecht, finde ich.
Passt gut zum Salz.
Das sind Udo-Sprossen und Japanische Aralie.
Du hast einen geschulten Gaumen, Ren.
Der Degenfisch ist richtig lecker.
In Tokio gibt es den auch, aber die Zubereitung ist nervig.
Mach das auch mal zu Hause.
Hast du nicht mal mit einem Fischer als Host gearbeitet?
Der kann dir bestimmt was schicken.
Ich frag ihn mal.
Die großen schmecken am besten.
Mh, das hier ist echt gut.
Wieso will man bei so einem tollen Menü Pizza essen?!
Da weiß jemand nicht, was lecker ist!
Echt kindisch!
Aki!
Sei nicht so hart mit ihnen.
Ein guter Geschmackssinn entwickelt sich nicht über Nacht.

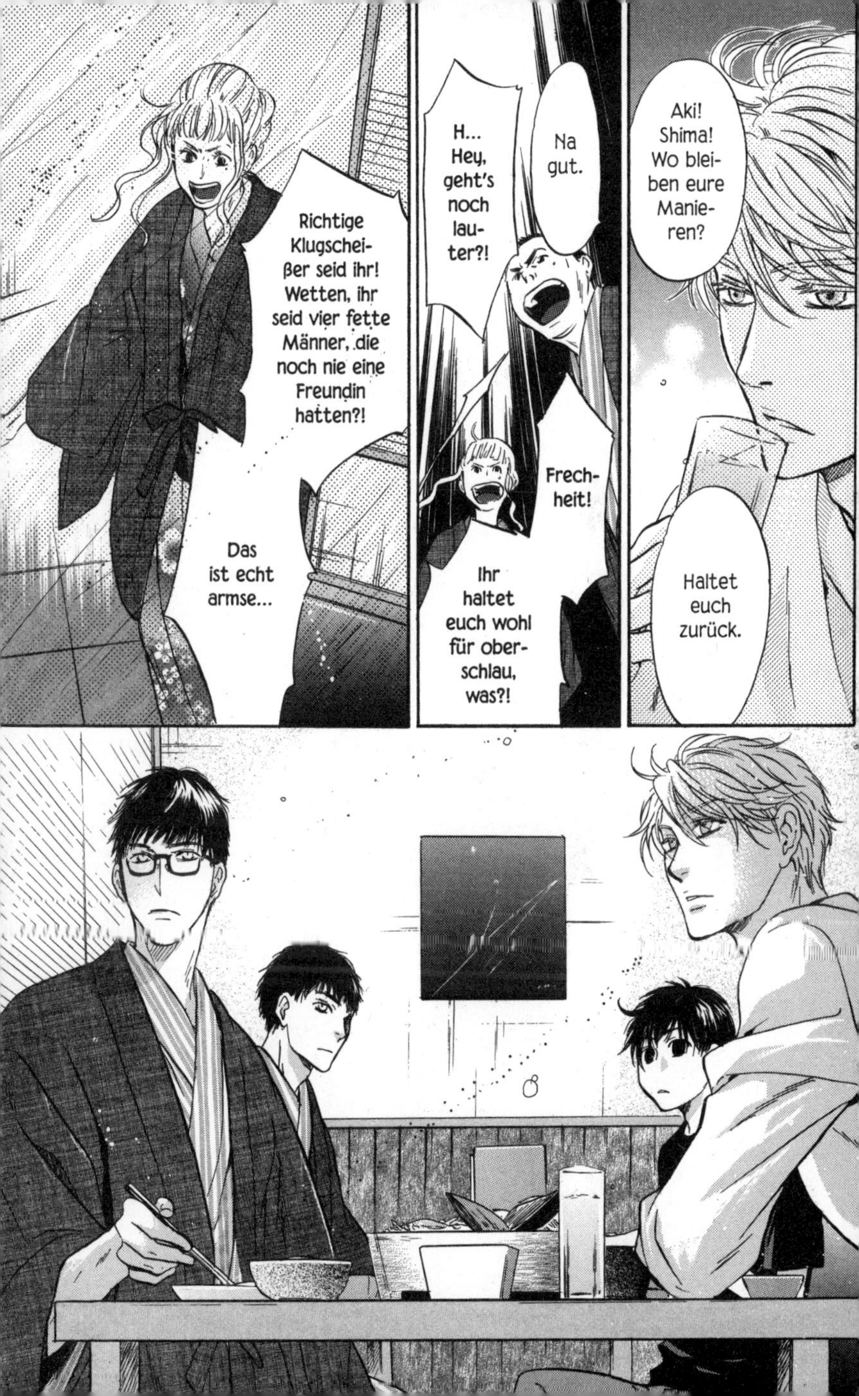

Aki! Shima! Wo bleiben eure Manieren?
Haltet euch zurück.
Na gut.
H... Hey, geht's noch lauter?!
Frechheit!
Ihr haltet euch wohl für oberschlau, was?!
Richtige Klugscheißer seid ihr! Wetten, ihr seid vier fette Männer, die noch nie eine Freundin hatten?!
Das ist echt armse...

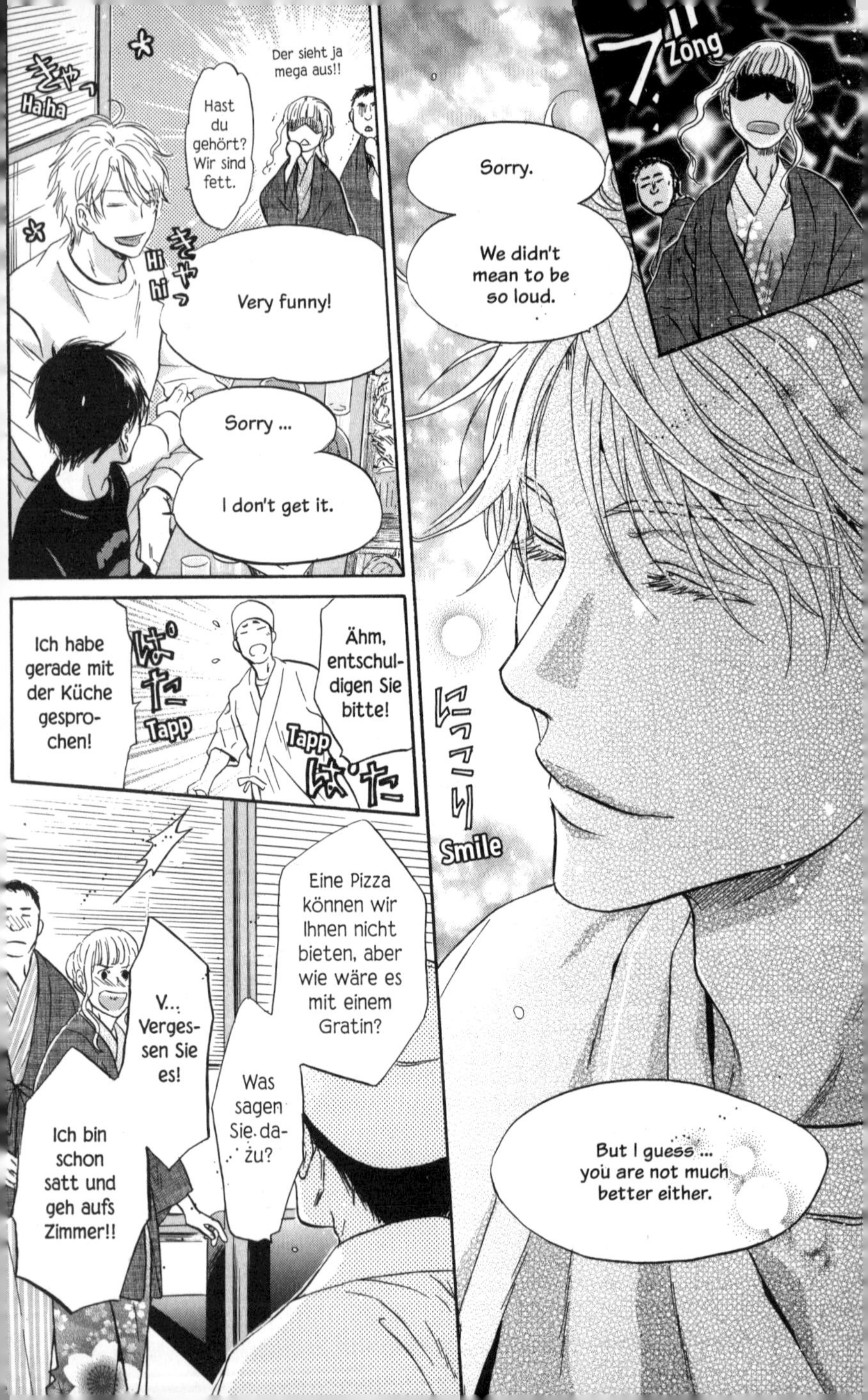
Zong
Sorry.
We didn't mean to be so loud.
Smile
But I guess ... you are not much better either.
Der sieht ja mega aus!!
Hast du gehört? Wir sind fett.
Ha ha
Hi hi
Very funny!
Sorry ...
I don't get it.
Ähm, entschuldigen Sie bitte!
Tapp
Tapp
Ich habe gerade mit der Küche gesprochen!
Eine Pizza können wir Ihnen nicht bieten, aber wie wäre es mit einem Gratin?
Was sagen Sie dazu?
V... Vergessen Sie es!
Ich bin schon satt und geh aufs Zimmer!!

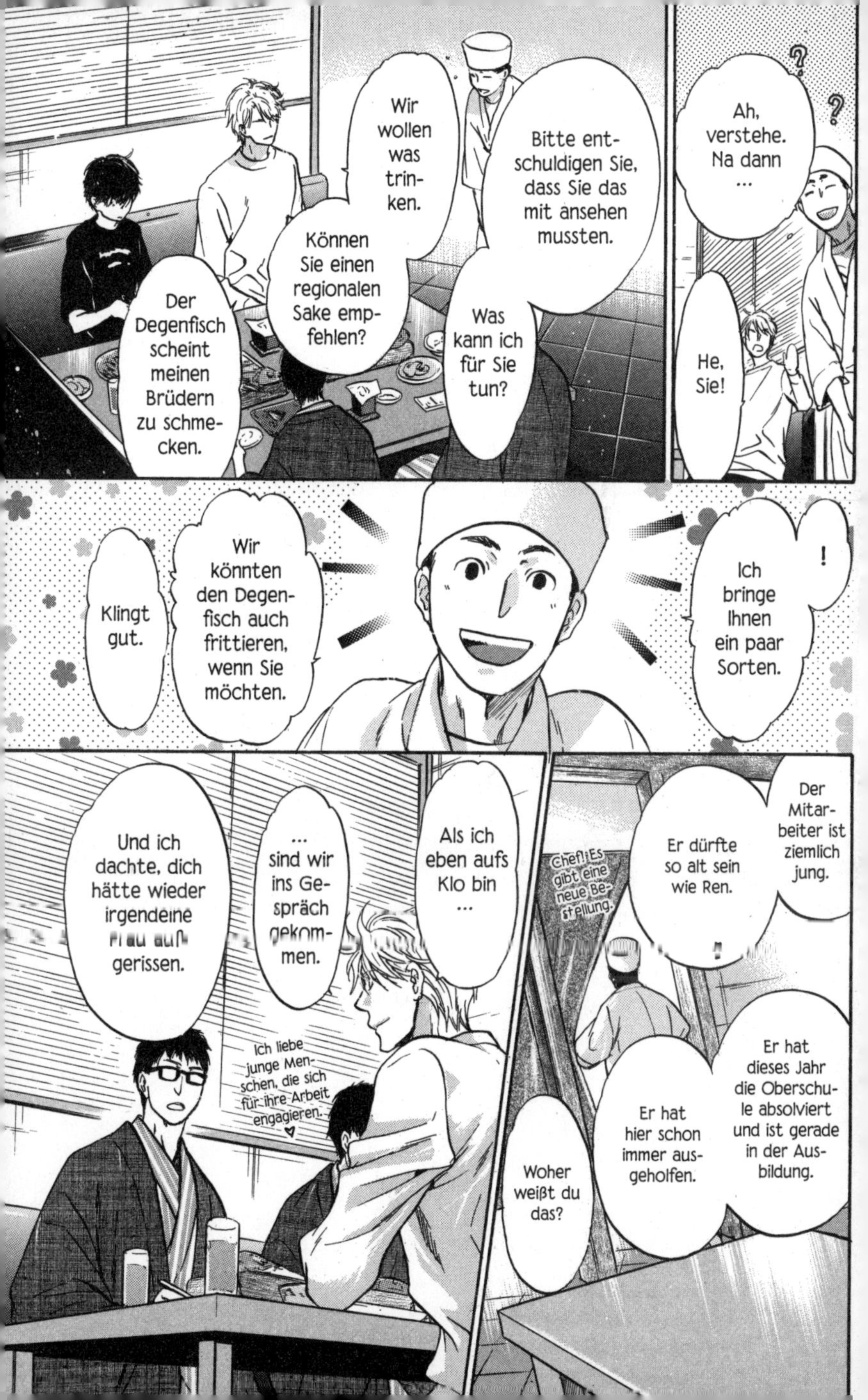
Ah, verstehe. Na dann …
He, Sie!
Bitte entschuldigen Sie, dass Sie das mit ansehen mussten.
Was kann ich für Sie tun?
Wir wollen was trinken.
Können Sie einen regionalen Sake empfehlen?
Der Degenfisch scheint meinen Brüdern zu schmecken.
Ich bringe Ihnen ein paar Sorten.
Wir könnten den Degenfisch auch frittieren, wenn Sie möchten.
Klingt gut.
Der Mitarbeiter ist ziemlich jung.
Er dürfte so alt sein wie Ren.
Chef! Es gibt eine neue Bestellung.
Er hat dieses Jahr die Oberschule absolviert und ist gerade in der Ausbildung.
Er hat hier schon immer ausgeholfen.
Woher weißt du das?
Als ich eben aufs Klo bin …
… sind wir ins Gespräch gekommen.
Und ich dachte, dich hätte wieder irgendeine Frau aufgerissen.
Ich liebe junge Menschen, die sich für ihre Arbeit engagieren.

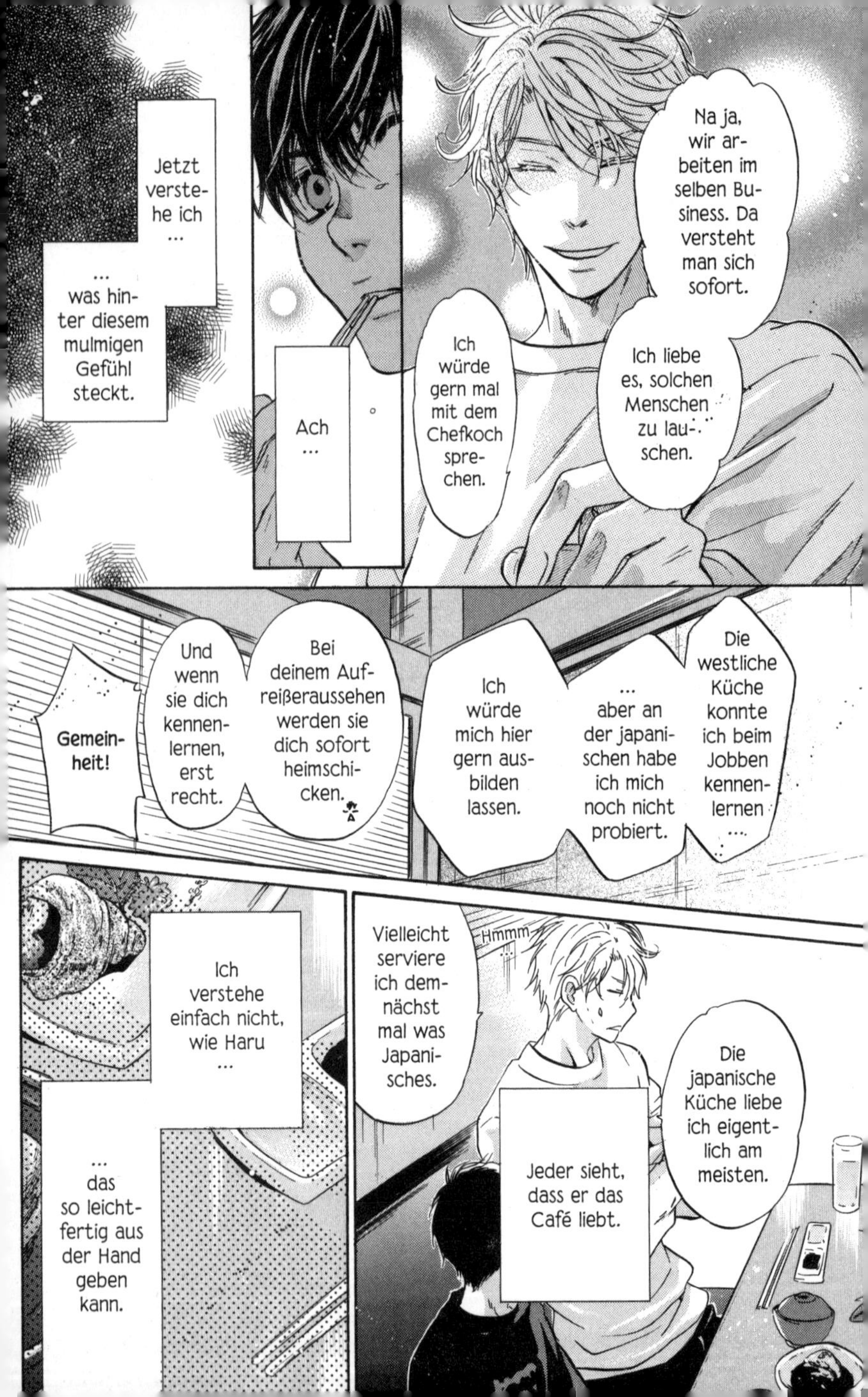
Na ja, wir arbeiten im selben Business. Da versteht man sich sofort.
Ich liebe es, solchen Menschen zu lauschen.
Ich würde gern mal mit dem Chefkoch sprechen.
Ach ...
Jetzt verstehe ich ...
... was hinter diesem mulmigen Gefühl steckt.
Die westliche Küche konnte ich beim Jobben kennenlernen ...
... aber an der japanischen habe ich mich noch nicht probiert.
Ich würde mich hier gern ausbilden lassen.
Bei deinem Aufreißeraussehen werden sie dich sofort heimschicken.
Und wenn sie dich kennenlernen, erst recht.
Gemeinheit!
Die japanische Küche liebe ich eigentlich am meisten.
Hmmm ...
Vielleicht serviere ich demnächst mal was Japanisches.
Jeder sieht, dass er das Café liebt.
Ich verstehe einfach nicht, wie Haru ...
... das so leichtfertig aus der Hand geben kann.

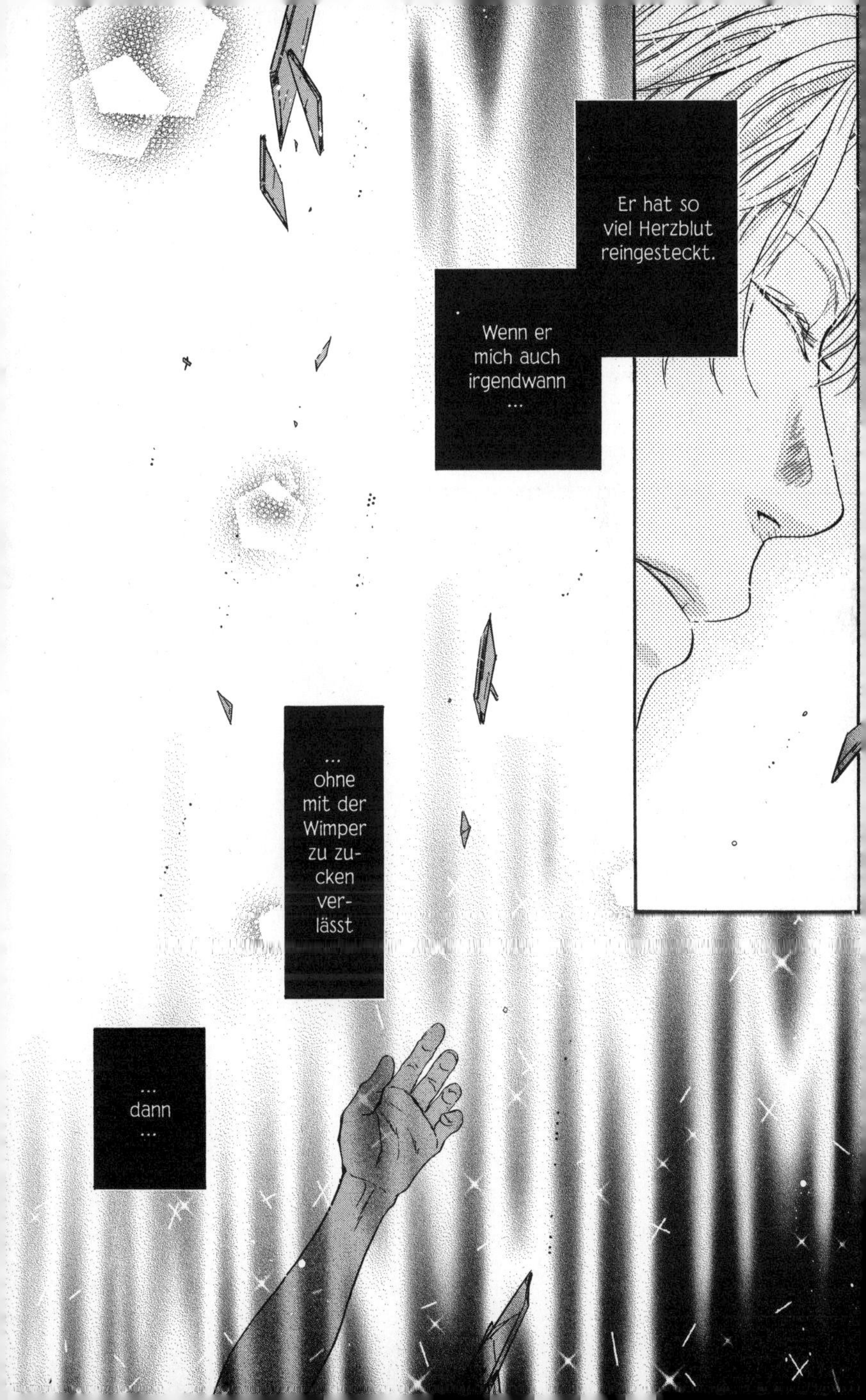
Er hat so viel Herzblut reingesteckt.
Wenn er mich auch irgendwann ...
... ohne mit der Wimper zu zucken verlässt
... dann ...

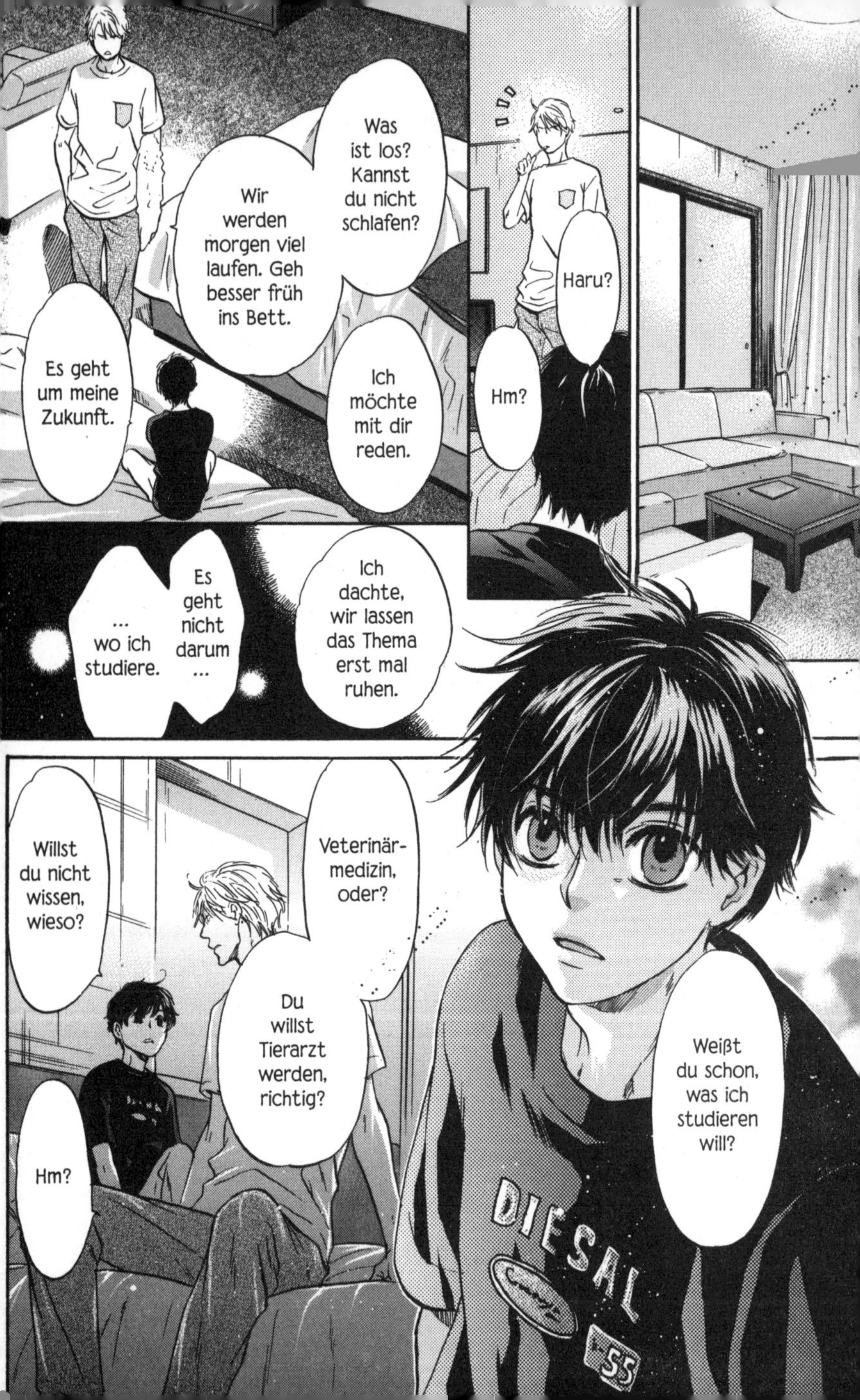
Haru?
Hm?
Was ist los? Kannst du nicht schlafen?
Wir werden morgen viel laufen. Geh besser früh ins Bett.
Ich möchte mit dir reden.
Es geht um meine Zukunft.
Ich dachte, wir lassen das Thema erst mal ruhen.
Es geht nicht darum ...
... wo ich studiere.
Weißt du schon, was ich studieren will?
Veterinärmedizin, oder?
Du willst Tierarzt werden, richtig?
Willst du nicht wissen, wieso?
Hm?

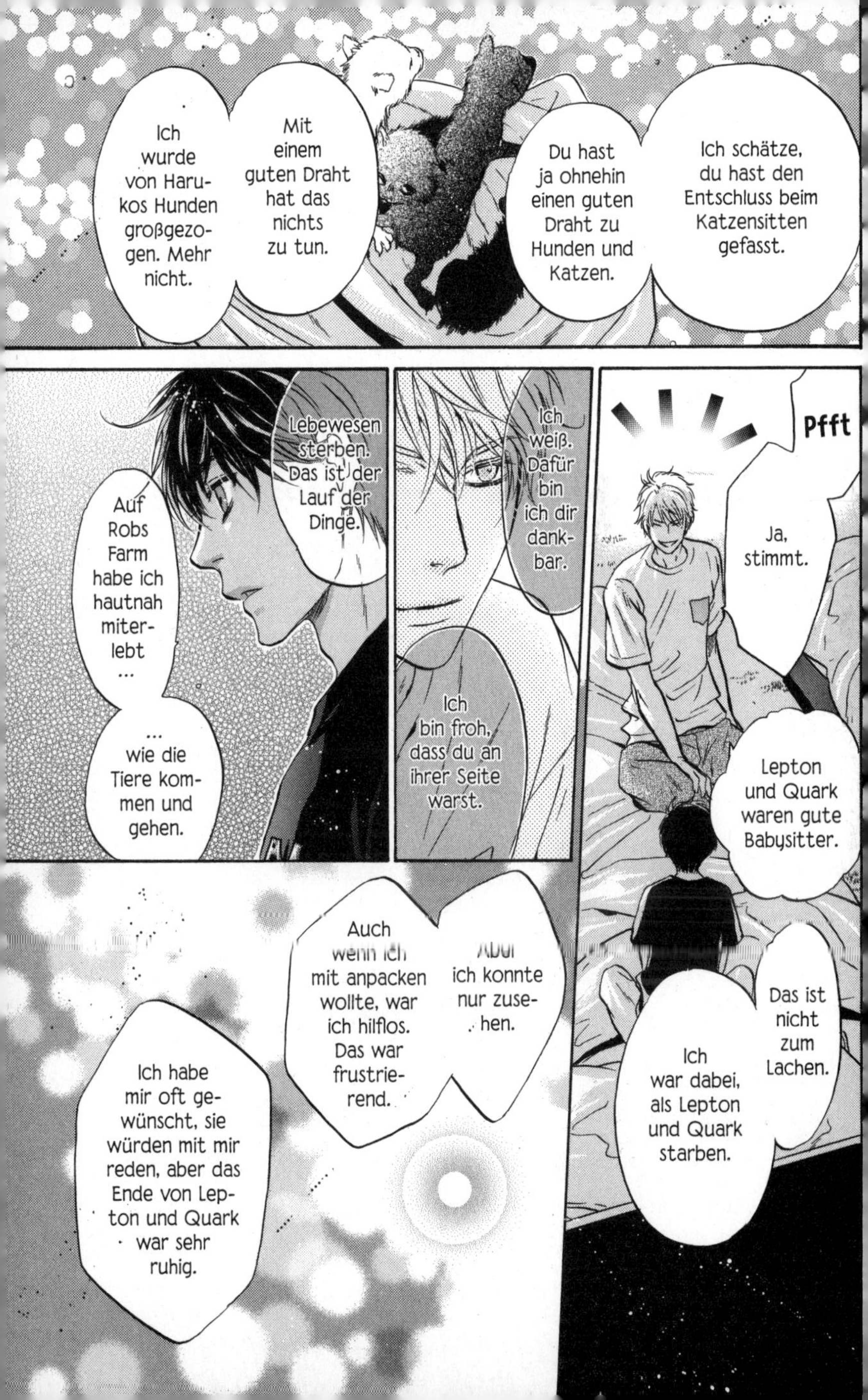
Ich schätze, du hast den Entschluss beim Katzensitten gefasst.
Du hast ja ohnehin einen guten Draht zu Hunden und Katzen.
Mit einem guten Draht hat das nichts zu tun.
Ich wurde von Harukos Hunden großgezogen. Mehr nicht.
Pfft
Ja, stimmt.
Lepton und Quark waren gute Babysitter.
Ich weiß. Dafür bin ich dir dankbar.
Ich bin froh, dass du an ihrer Seite warst.
Lebewesen sterben. Das ist der Lauf der Dinge.
Auf Robs Farm habe ich hautnah miterlebt ...
... wie die Tiere kommen und gehen.
Das ist nicht zum Lachen.
Ich war dabei, als Lepton und Quark starben.
Aber ich konnte nur zusehen.
Auch wenn ich mit anpacken wollte, war ich hilflos. Das war frustrierend.
Ich habe mir oft gewünscht, sie würden mit mir reden, aber das Ende von Lepton und Quark war sehr ruhig.

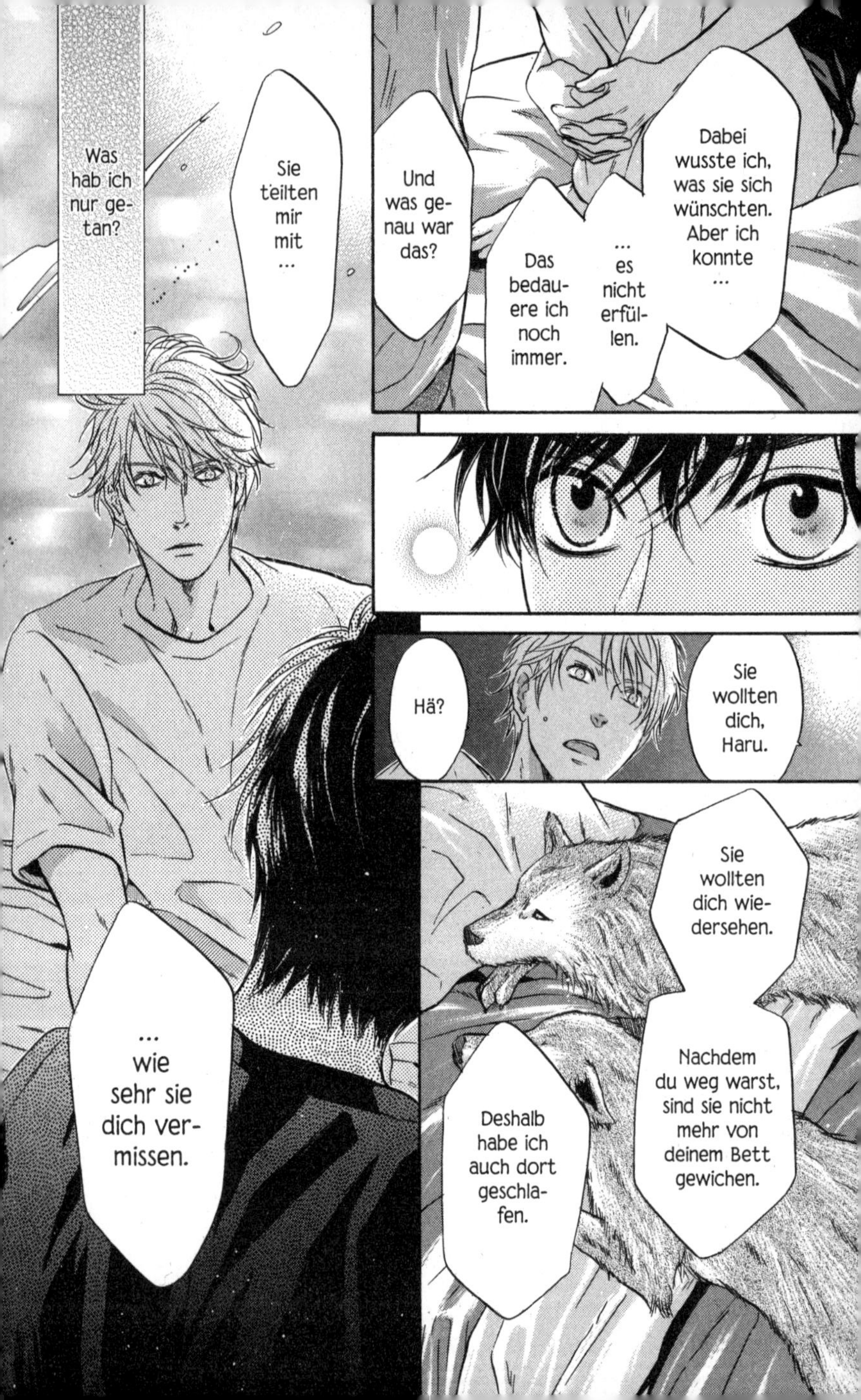
Dabei wusste ich, was sie sich wünschten. Aber ich konnte ...
... es nicht erfüllen.
Das bedauere ich noch immer.
Und was genau war das?
Sie wollten dich, Haru.
Hä?
Sie wollten dich wiedersehen.
Nachdem du weg warst, sind sie nicht mehr von deinem Bett gewichen.
Deshalb habe ich auch dort geschlafen.
Sie teilten mir mit ...
... wie sehr sie dich vermissen.
Was hab ich nur getan?

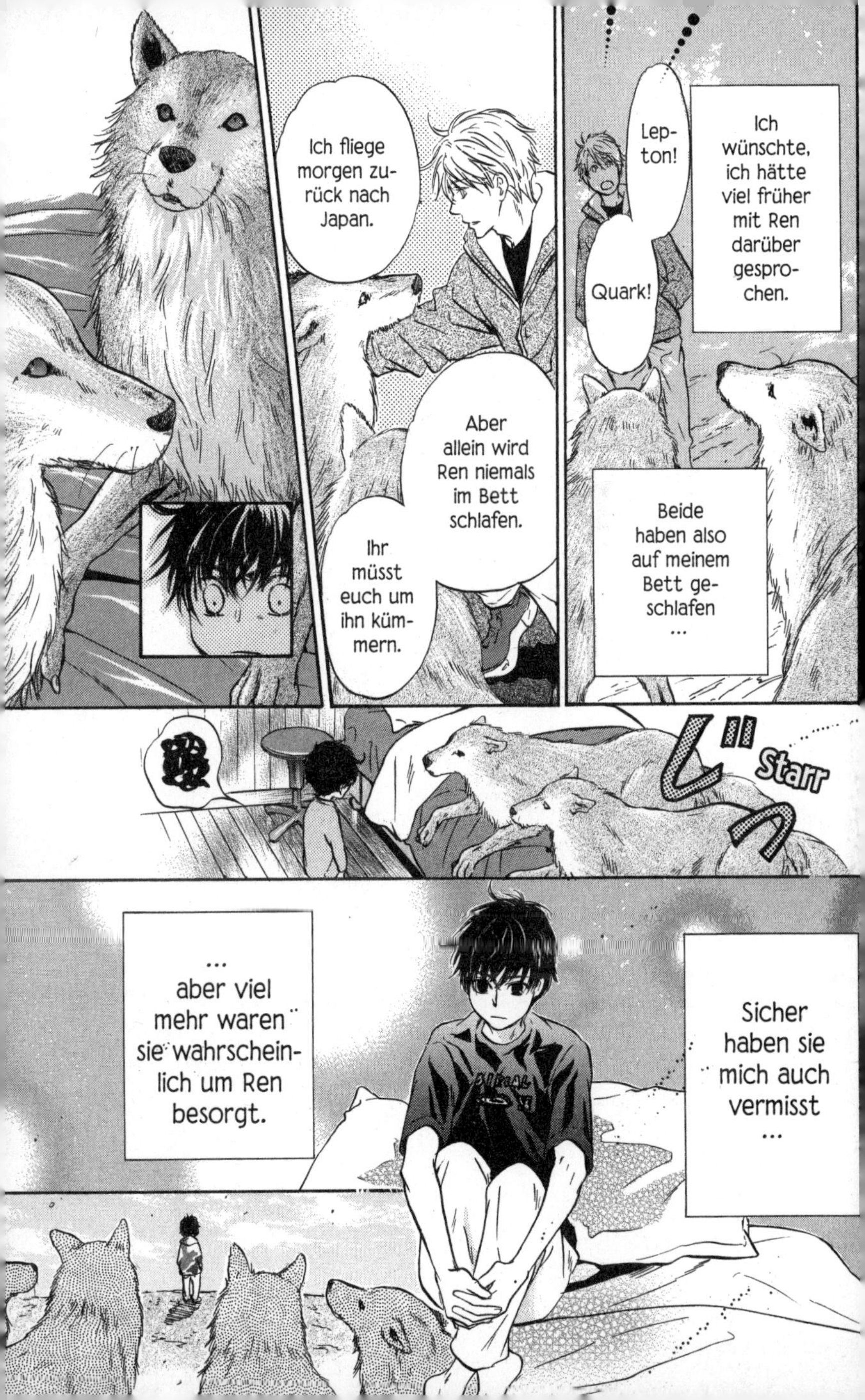

Ich wünschte, ich hätte viel früher mit Ren darüber gesprochen.
Lep-ton!
Quark!
Beide haben also auf meinem Bett geschlafen ...
Ich fliege morgen zu-rück nach Japan.
Aber allein wird Ren niemals im Bett schlafen.
Ihr müsst euch um ihn küm-mern.
Starr
Sicher haben sie mich auch vermisst ...
... aber viel mehr waren sie wahrschein-lich um Ren besorgt.

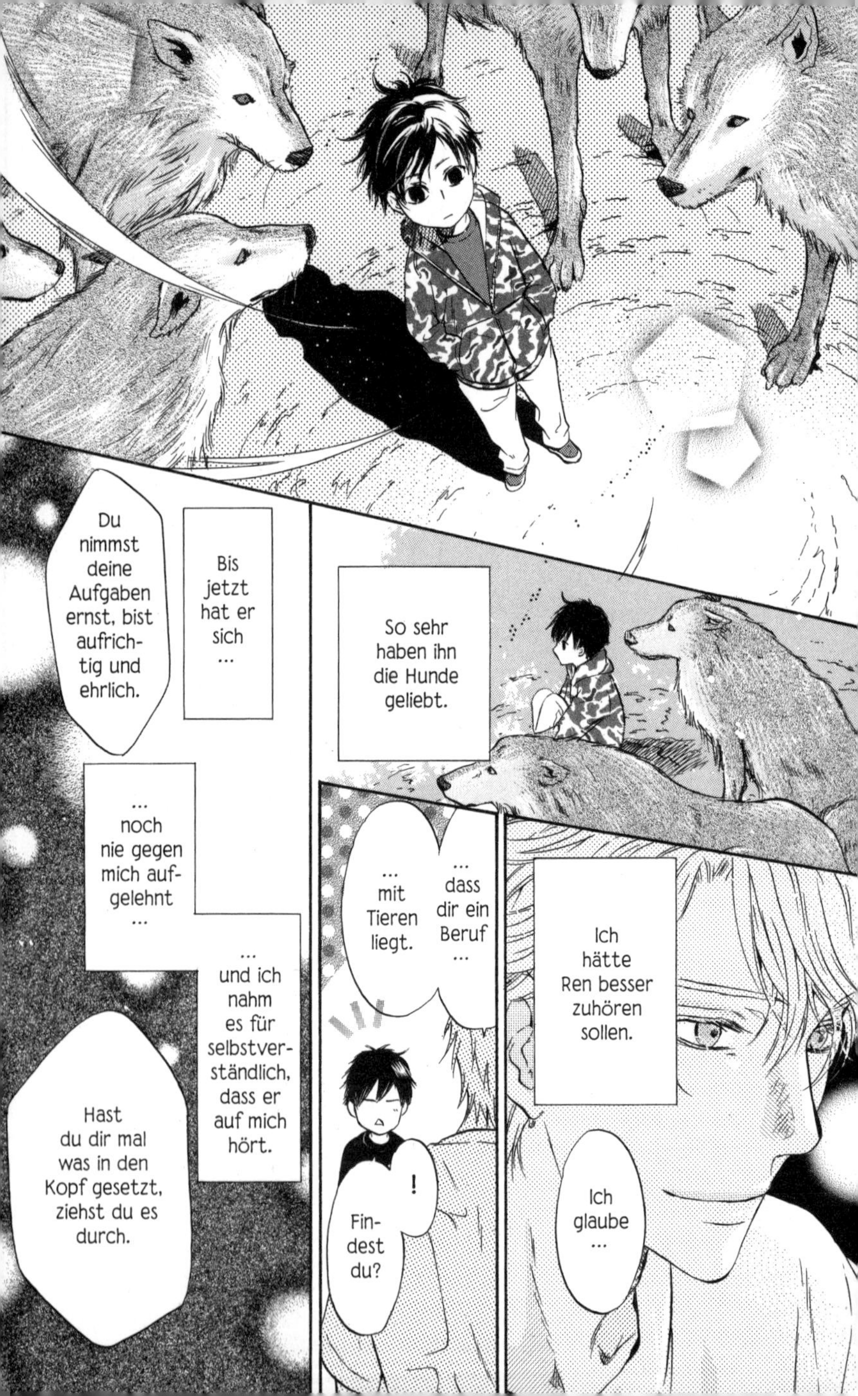
So sehr haben ihn die Hunde geliebt.
Bis jetzt hat er sich ...
... noch nie gegen mich aufgelehnt ...
... und ich nahm es für selbstverständlich, dass er auf mich hört.
Ich hätte Ren besser zuhören sollen.
Ich glaube ...
... dass dir ein Beruf ...
... mit Tieren liegt.
!
Findest du?
Du nimmst deine Aufgaben ernst, bist aufrichtig und ehrlich.
Hast du dir mal was in den Kopf gesetzt, ziehst du es durch.

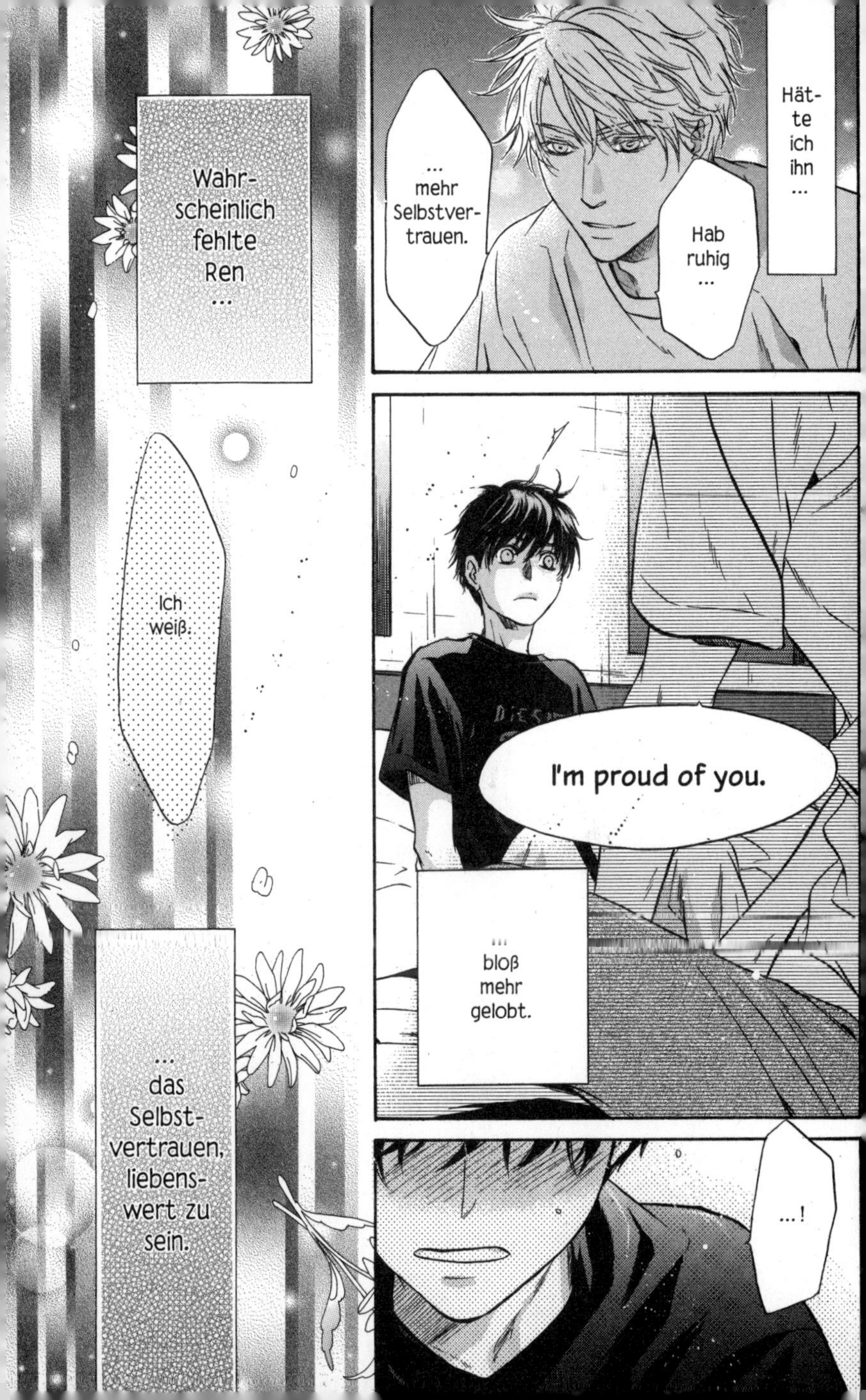
Hätte ich ihn …
Hab ruhig …
… mehr Selbstvertrauen.
Wahrscheinlich fehlte Ren …
Ich weiß.
I'm proud of you.
… bloß mehr gelobt.
…!
… das Selbstvertrauen, liebenswert zu sein.

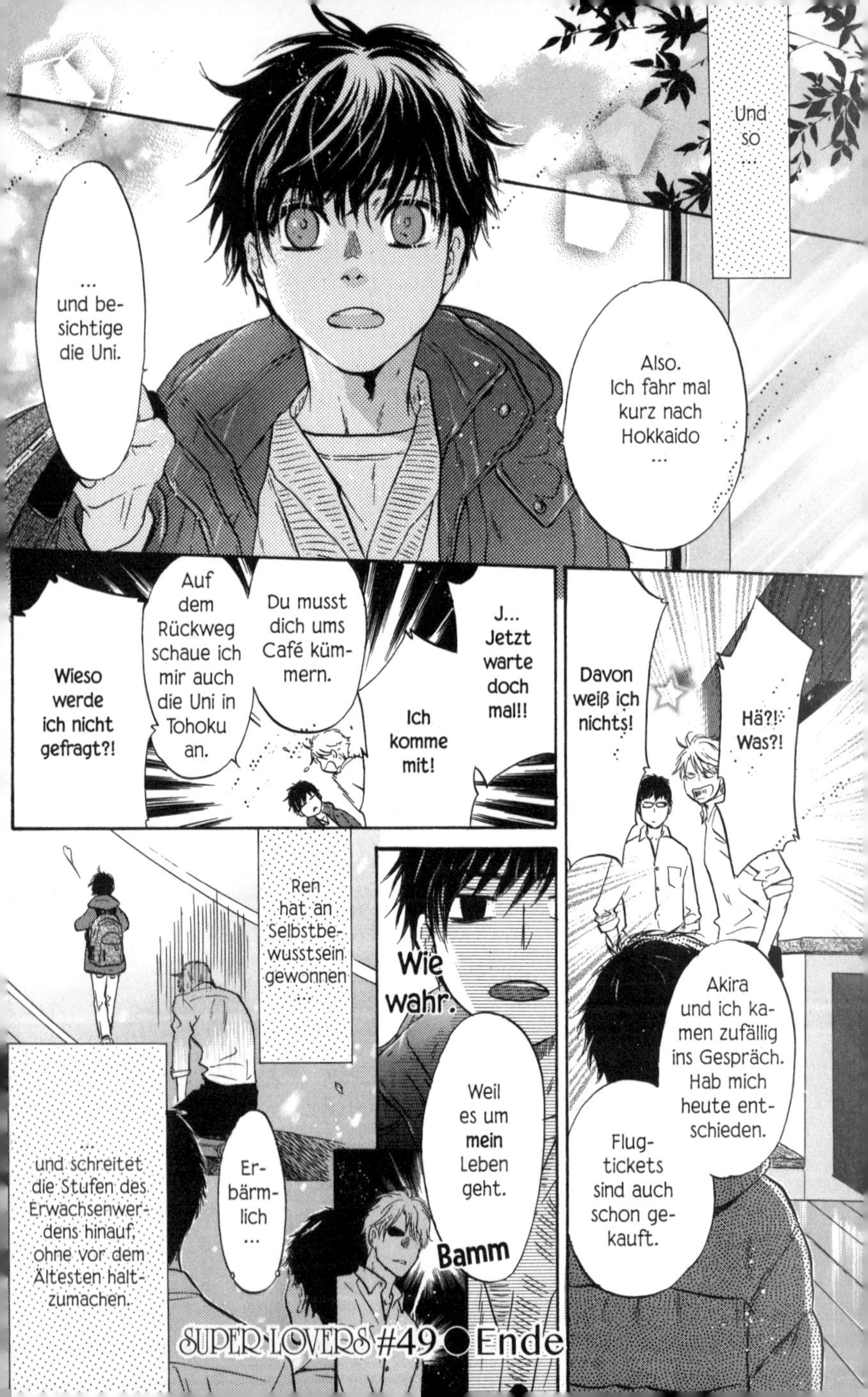
Und so ...
Also. Ich fahr mal kurz nach Hokkaido ...
... und besichtige die Uni.
Hä?! Was?!
Davon weiß ich nichts!
J... Jetzt warte doch mal!!
Ich komme mit!
Du musst dich ums Café kümmern.
Auf dem Rückweg schaue ich mir auch die Uni in Tohoku an.
Wieso werde ich nicht gefragt?!
Akira und ich kamen zufällig ins Gespräch. Hab mich heute entschieden.
Flugtickets sind auch schon gekauft.
Wie wahr.
Weil es um mein Leben geht.
Bamm
Ren hat an Selbstbewusstsein gewonnen ...
Erbärmlich ...
... und schreitet die Stufen des Erwachsenwerdens hinauf, ohne vor dem Ältesten haltzumachen.
SUPER LOVERS #49 ● Ende

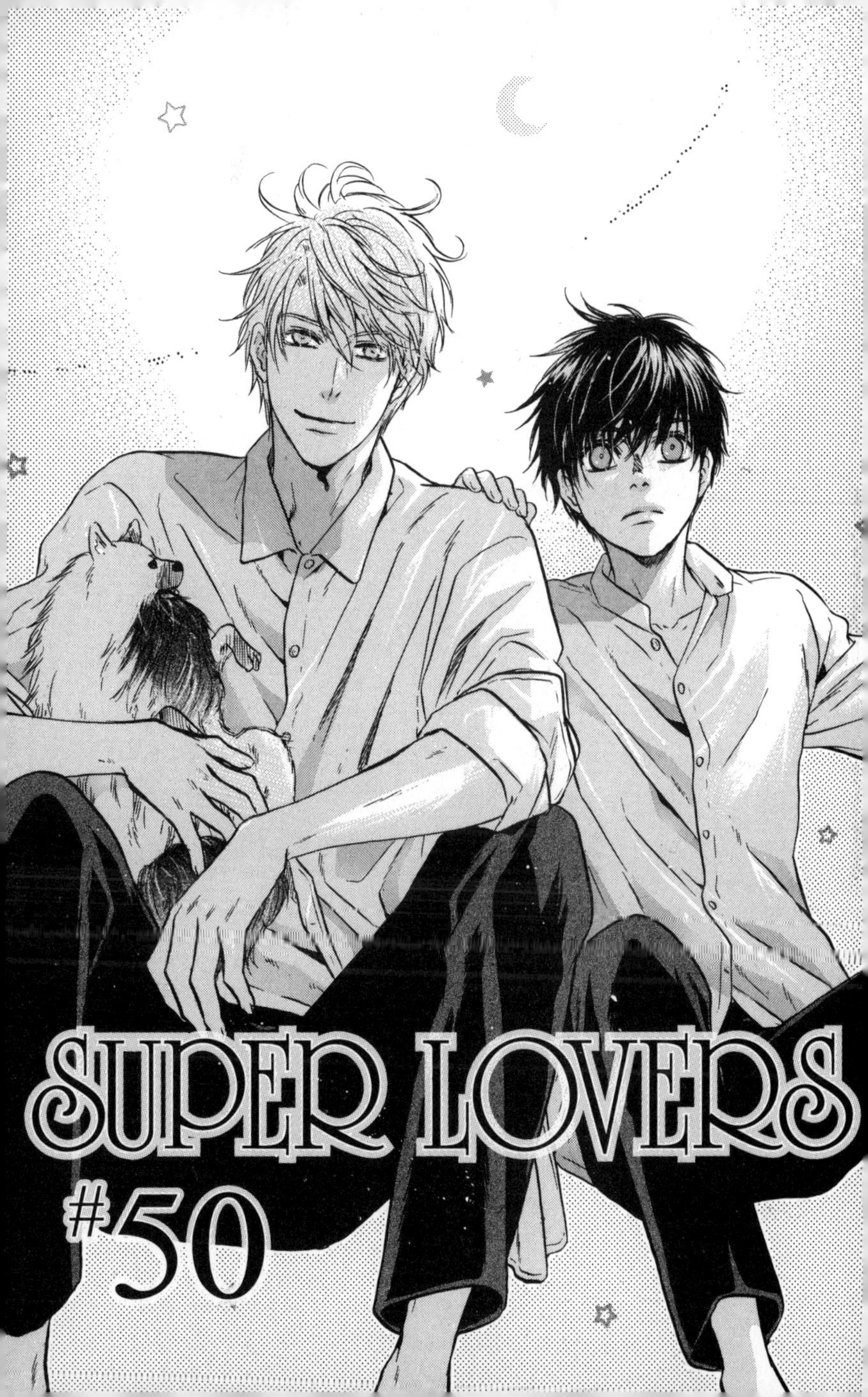
SUPER LOVERS
#50

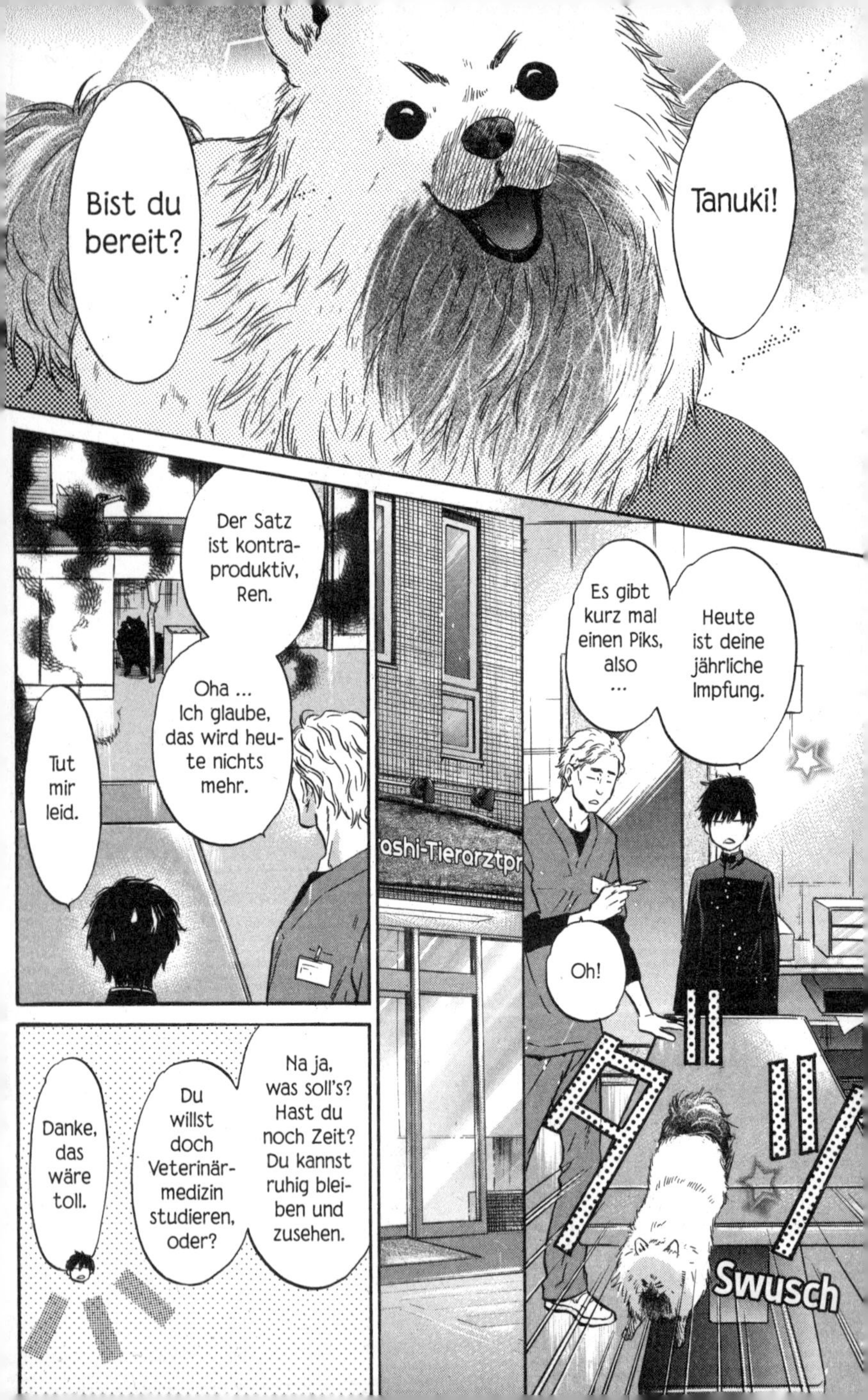
Tanuki!
Bist du bereit?
Heute ist deine jährliche Impfung.
Es gibt kurz mal einen Piks, also ...
Oh!
Swusch
ashi-Tierarztpr
Der Satz ist kontraproduktiv, Ren.
Oha ... Ich glaube, das wird heute nichts mehr.
Tut mir leid.
Na ja, was soll's? Hast du noch Zeit? Du kannst ruhig bleiben und zusehen.
Du willst doch Veterinärmedizin studieren, oder?
Danke, das wäre toll.

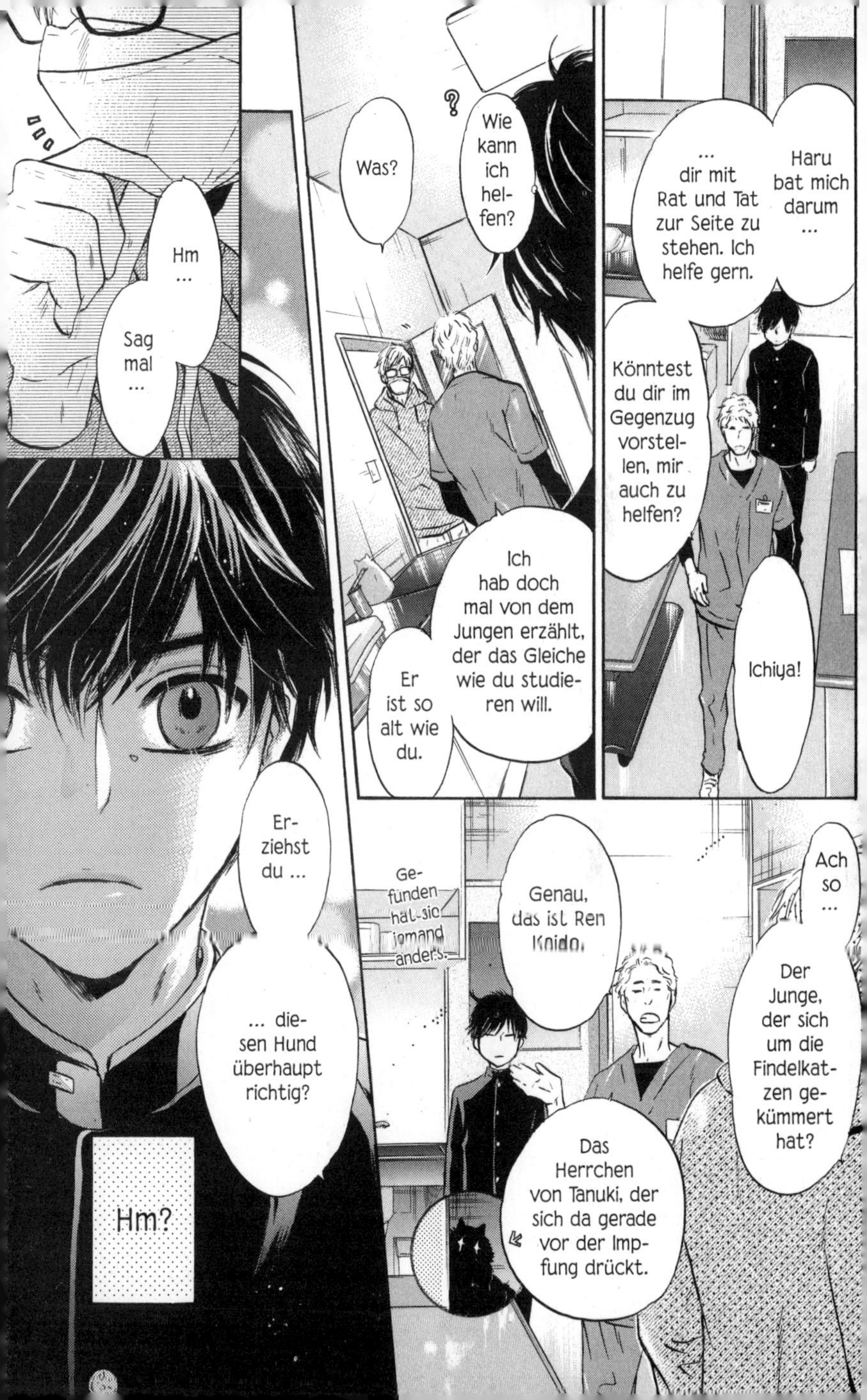
Haru bat mich darum ...
... dir mit Rat und Tat zur Seite zu stehen. Ich helfe gern.
Könntest du dir im Gegenzug vorstellen, mir auch zu helfen?
Ichiya!
Wie kann ich hel- fen?
Was?
Ich hab doch mal von dem Jungen erzählt, der das Gleiche wie du studie- ren will.
Er ist so alt wie du.
Hm ...
Sag mal ...
Ach so ...
Der Junge, der sich um die Findelkat- zen ge- kümmert hat?
Genau, das ist Ren
Gefunden hat sie jemand anders.
Das Herrchen von Tanuki, der sich da gerade vor der Imp- fung drückt.
Er- ziehst du ...
... die- sen Hund überhaupt richtig?
Hm?

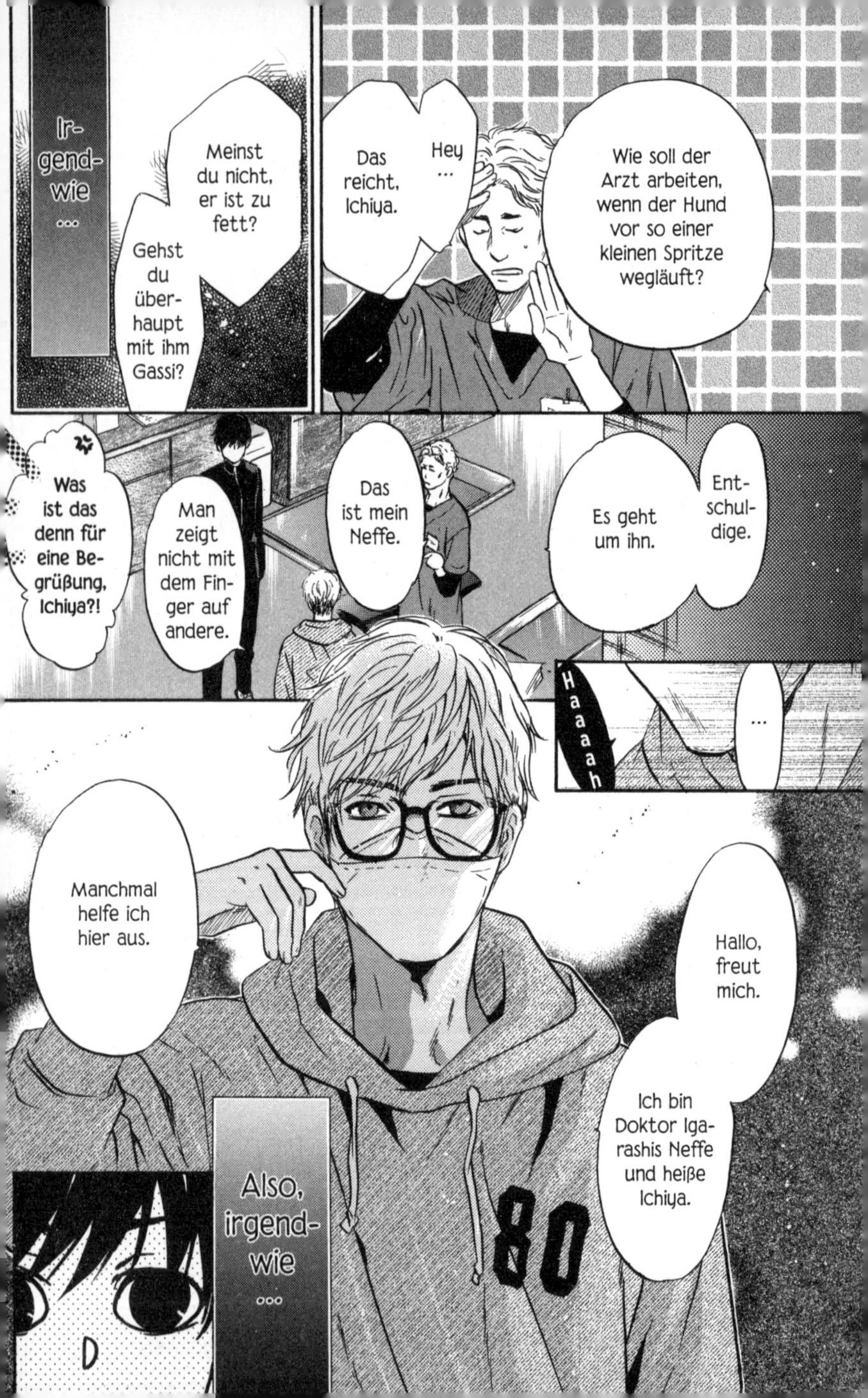
Wie soll der Arzt arbeiten, wenn der Hund vor so einer kleinen Spritze wegläuft?
Hey ...
Das reicht, Ichiya.
Meinst du nicht, er ist zu fett?
Gehst du überhaupt mit ihm Gassi?
Irgendwie ...
Entschuldige.
Es geht um ihn.
Das ist mein Neffe.
Man zeigt nicht mit dem Finger auf andere.
Was ist das denn für eine Begrüßung, Ichiya?!
...
Haaaah
Hallo, freut mich.
Ich bin Doktor Igarashis Neffe und heiße Ichiya.
Manchmal helfe ich hier aus.
Also, irgendwie ...

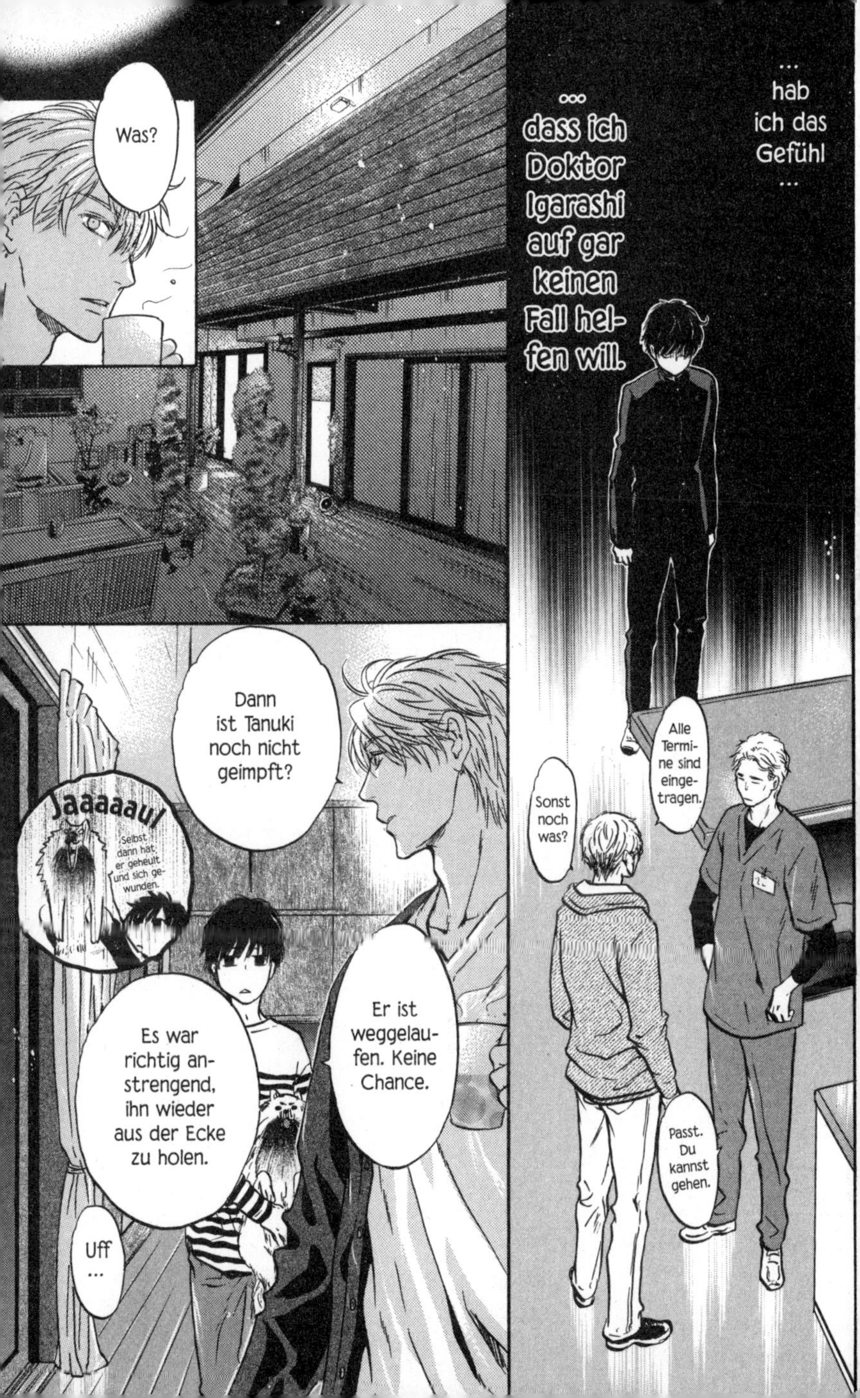
... hab ich das Gefühl ...
... dass ich Doktor Igarashi auf gar keinen Fall helfen will.
Alle Termine sind eingetragen.
Sonst noch was?
Passt. Du kannst gehen.
Was?
Dann ist Tanuki noch nicht geimpft?
Er ist weggelaufen. Keine Chance.
Es war richtig anstrengend, ihn wieder aus der Ecke zu holen.
Jaaaaau!
Selbst dann hat er geheult und sich gewunden.
Uff ...

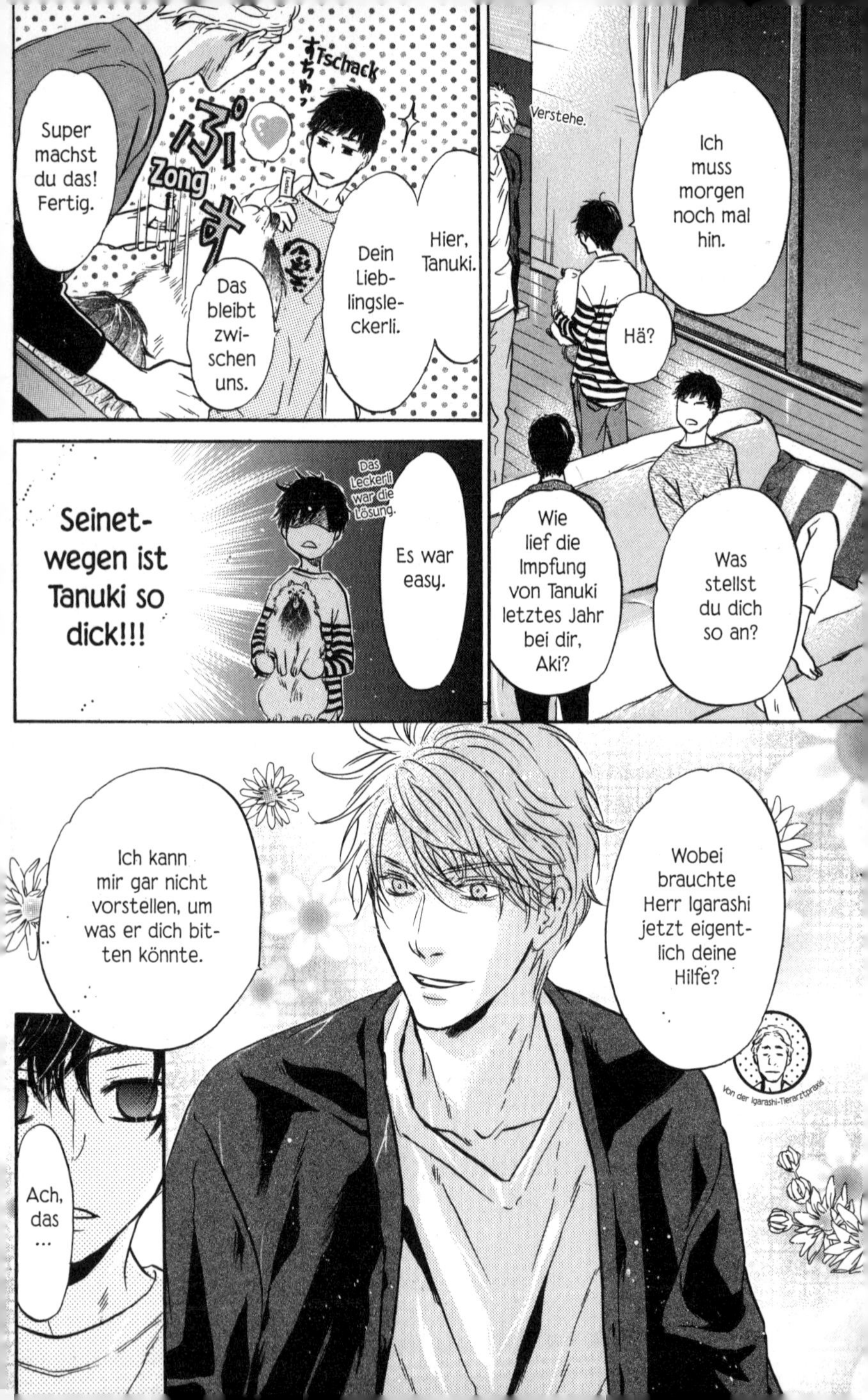

Ich muss morgen noch mal hin.
Verstehe.
Hä?
Was stellst du dich so an?
Wie lief die Impfung von Tanuki letztes Jahr bei dir, Aki?
Tschack
Hier, Tanuki.
Dein Lieblingsleckerli.
Zong
Das bleibt zwischen uns.
Super machst du das! Fertig.
Das Leckerli war die Lösung.
Es war easy.
Seinetwegen ist Tanuki so dick!!!
Wobei brauchte Herr Igarashi jetzt eigentlich deine Hilfe?
Von der Igarashi-Tierarztpraxis
Ich kann mir gar nicht vorstellen, um was er dich bitten könnte.
Ach, das …

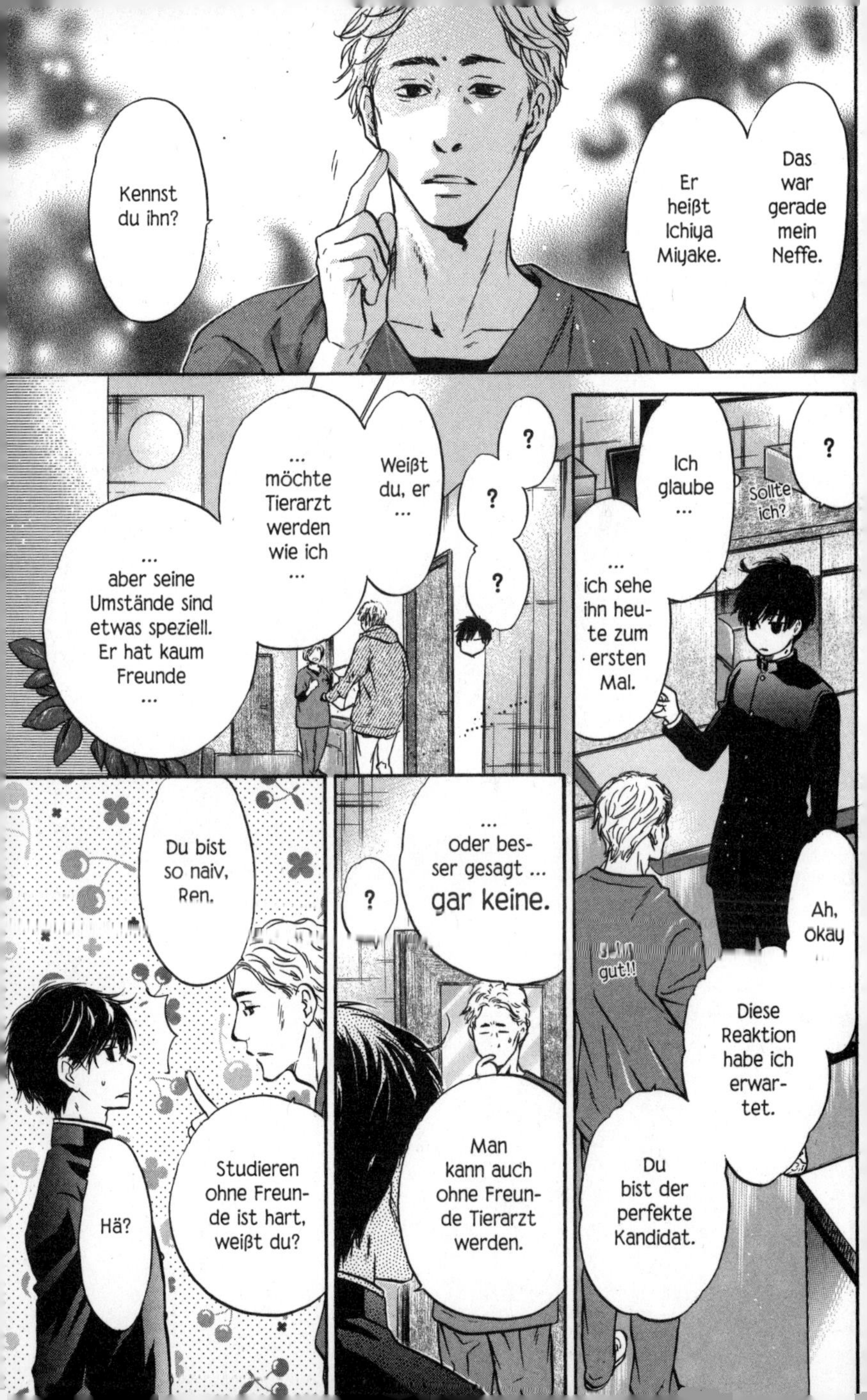
Das war gerade mein Neffe.
Er heißt Ichiya Miyake.
Kennst du ihn?
?
Sollte ich?
Ich glaube ...
... ich sehe ihn heute zum ersten Mal.
?
?
?
Weißt du, er ...
... möchte Tierarzt werden wie ich ...
... aber seine Umstände sind etwas speziell. Er hat kaum Freunde ...
Ah, Okay ...
Diese Reaktion habe ich erwartet.
Du bist der perfekte Kandidat.
... oder besser gesagt ... gar keine.
?
Man kann auch ohne Freunde Tierarzt werden.
Du bist so naiv, Ren.
Studieren ohne Freunde ist hart, weißt du?
Hä?

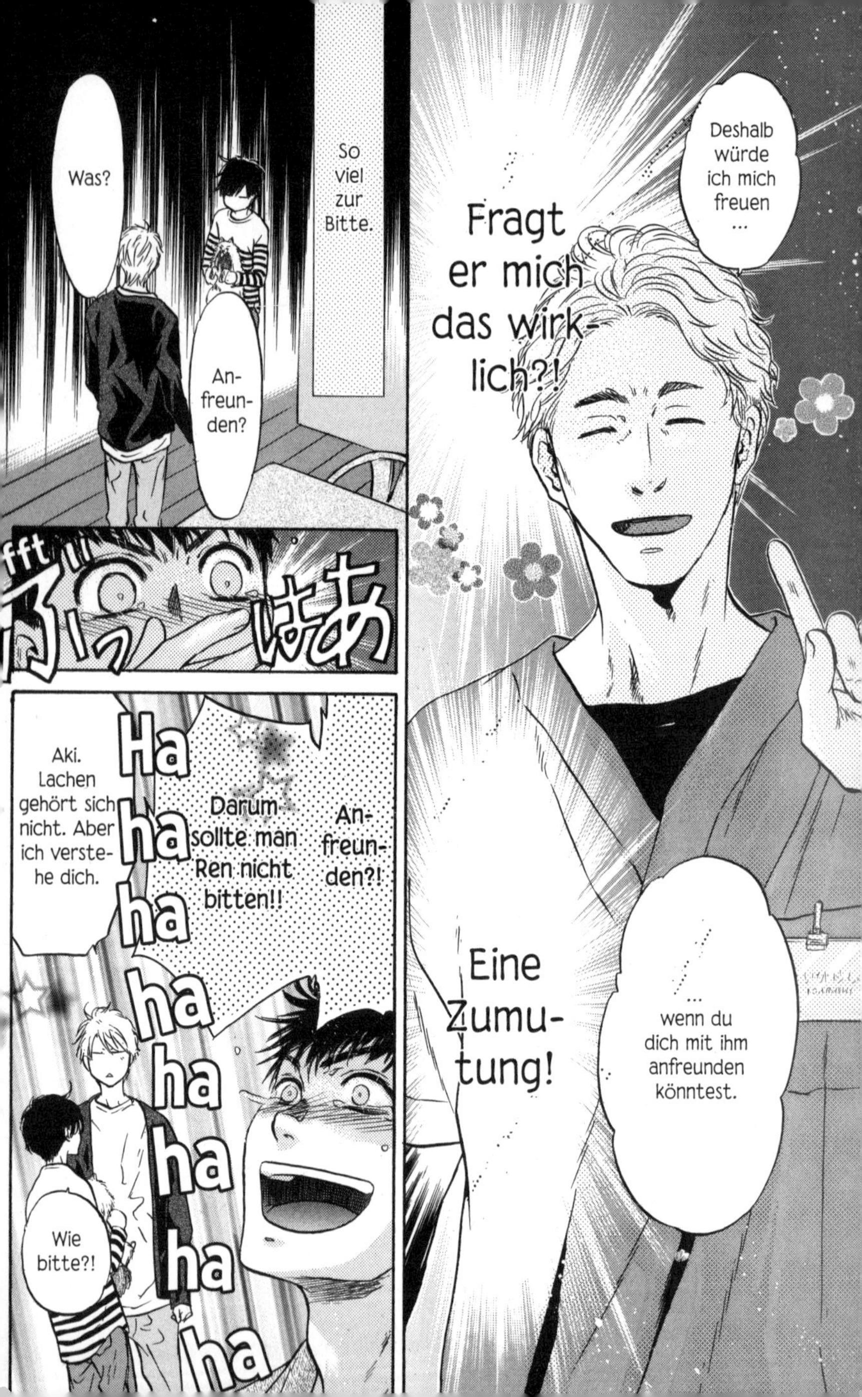
Deshalb würde ich mich freuen ...
Fragt er mich das wirk-lich?!
... wenn du dich mit ihm anfreunden könntest.
Eine Zumu-tung!
So viel zur Bitte.
Was?
An-freun-den?
fft
ぶっ
はあ
An-freun-den?!
Darum sollte man Ren nicht bitten!!
Aki. Lachen gehört sich nicht. Aber ich verste-he dich.
Ha ha ha ha ha ha ha ha ha
Wie bitte?!

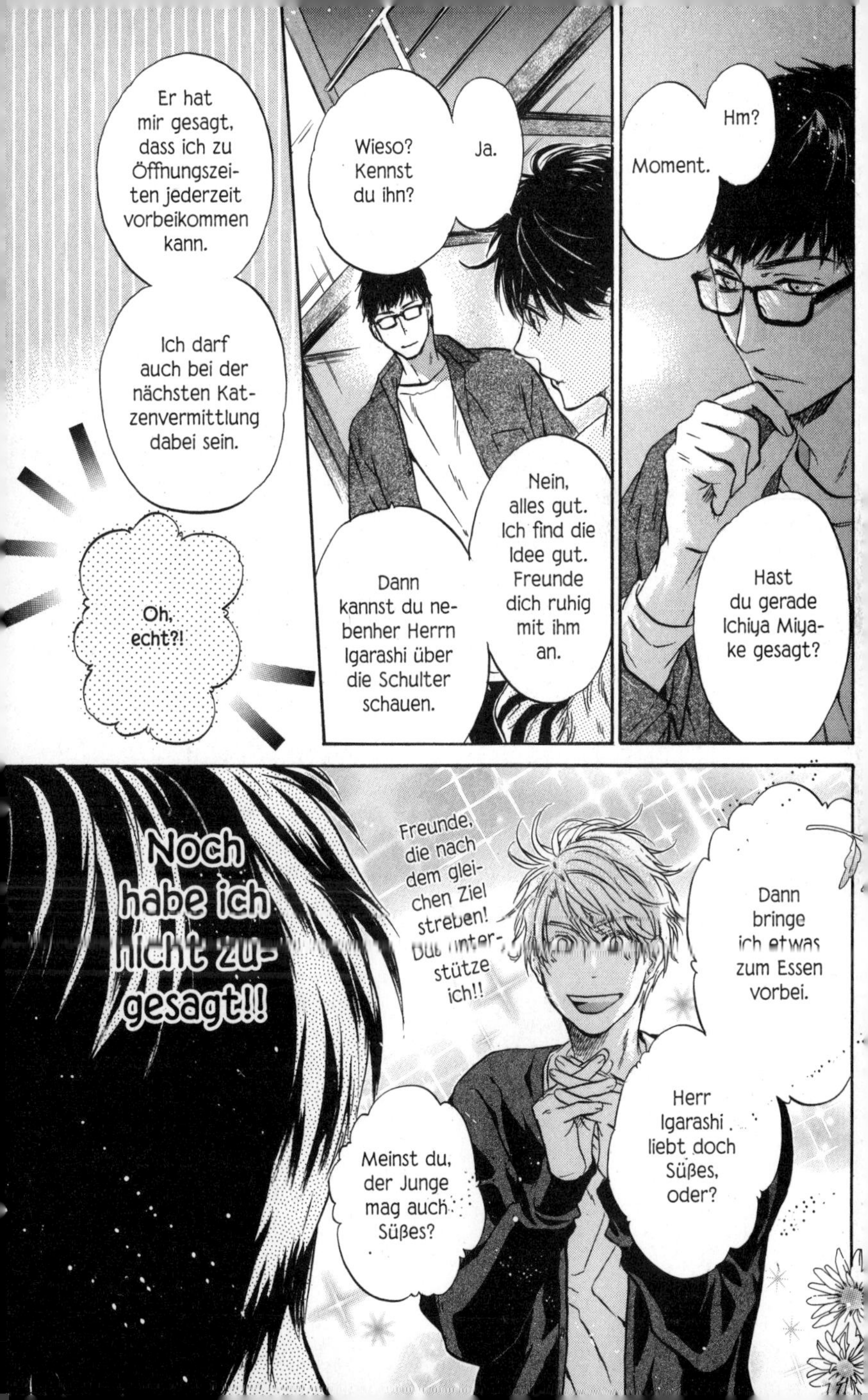
Hm?
Moment.
Hast du gerade Ichiya Miyake gesagt?
Ja.
Wieso? Kennst du ihn?
Nein, alles gut. Ich find die Idee gut. Freunde dich ruhig mit ihm an.
Dann kannst du nebenher Herrn Igarashi über die Schulter schauen.
Er hat mir gesagt, dass ich zu Öffnungszeiten jederzeit vorbeikommen kann.
Ich darf auch bei der nächsten Katzenvermittlung dabei sein.
Oh, echt?!
Dann bringe ich etwas zum Essen vorbei.
Herr Igarashi liebt doch Süßes, oder?
Meinst du, der Junge mag auch Süßes?
Freunde, die nach dem gleichen Ziel streben! Die unterstütze ich!!
Noch habe ich nicht zugesagt!!

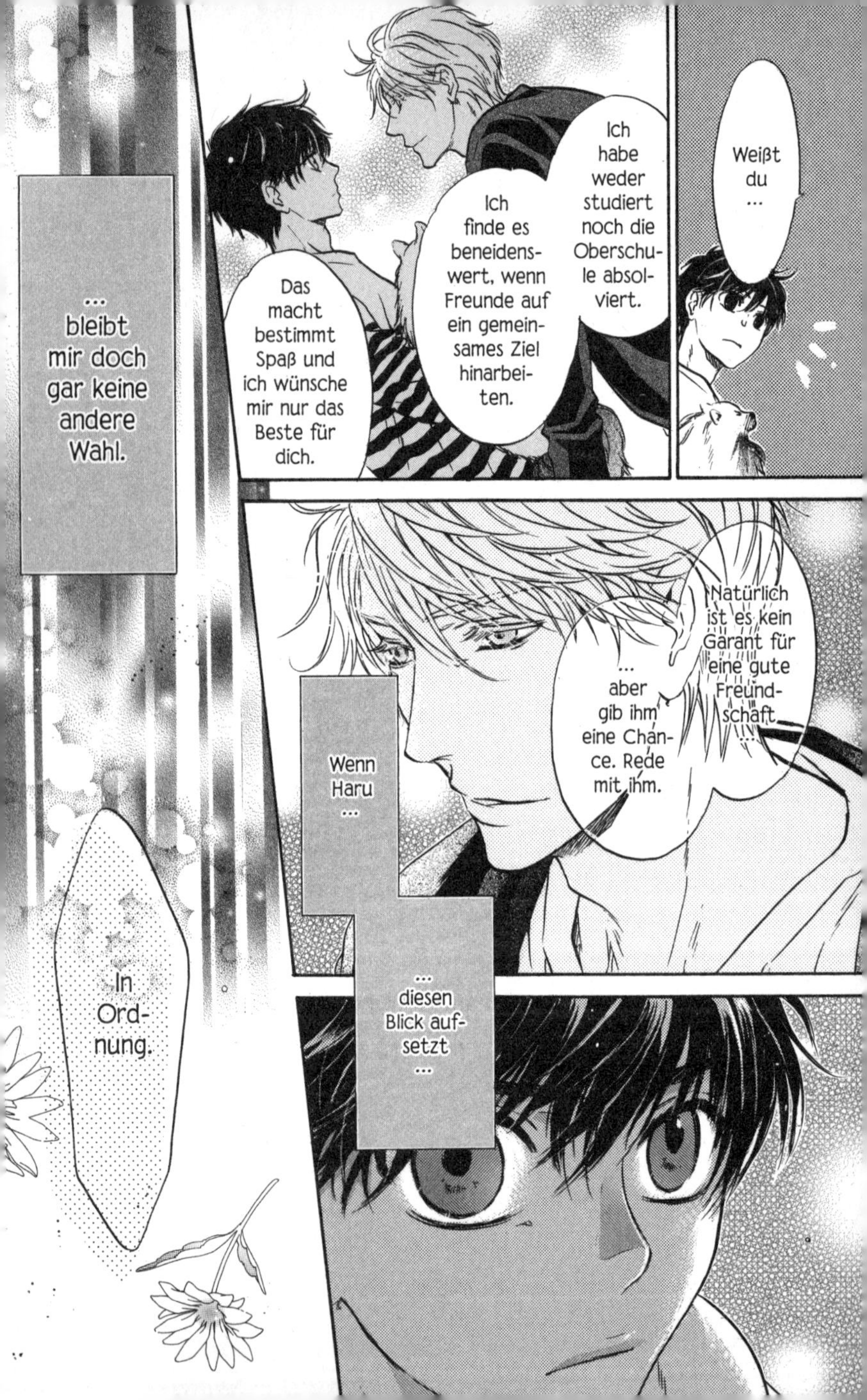
Weißt du ...
Ich habe weder studiert noch die Oberschule absolviert.
Ich finde es beneidenswert, wenn Freunde auf ein gemeinsames Ziel hinarbeiten.
Das macht bestimmt Spaß und ich wünsche mir nur das Beste für dich.
Natürlich ist es kein Garant für eine gute Freundschaft ...
... aber gib ihm eine Chance. Rede mit ihm.
Wenn Haru ...
... diesen Blick aufsetzt ...
... bleibt mir doch gar keine andere Wahl.
In Ordnung.

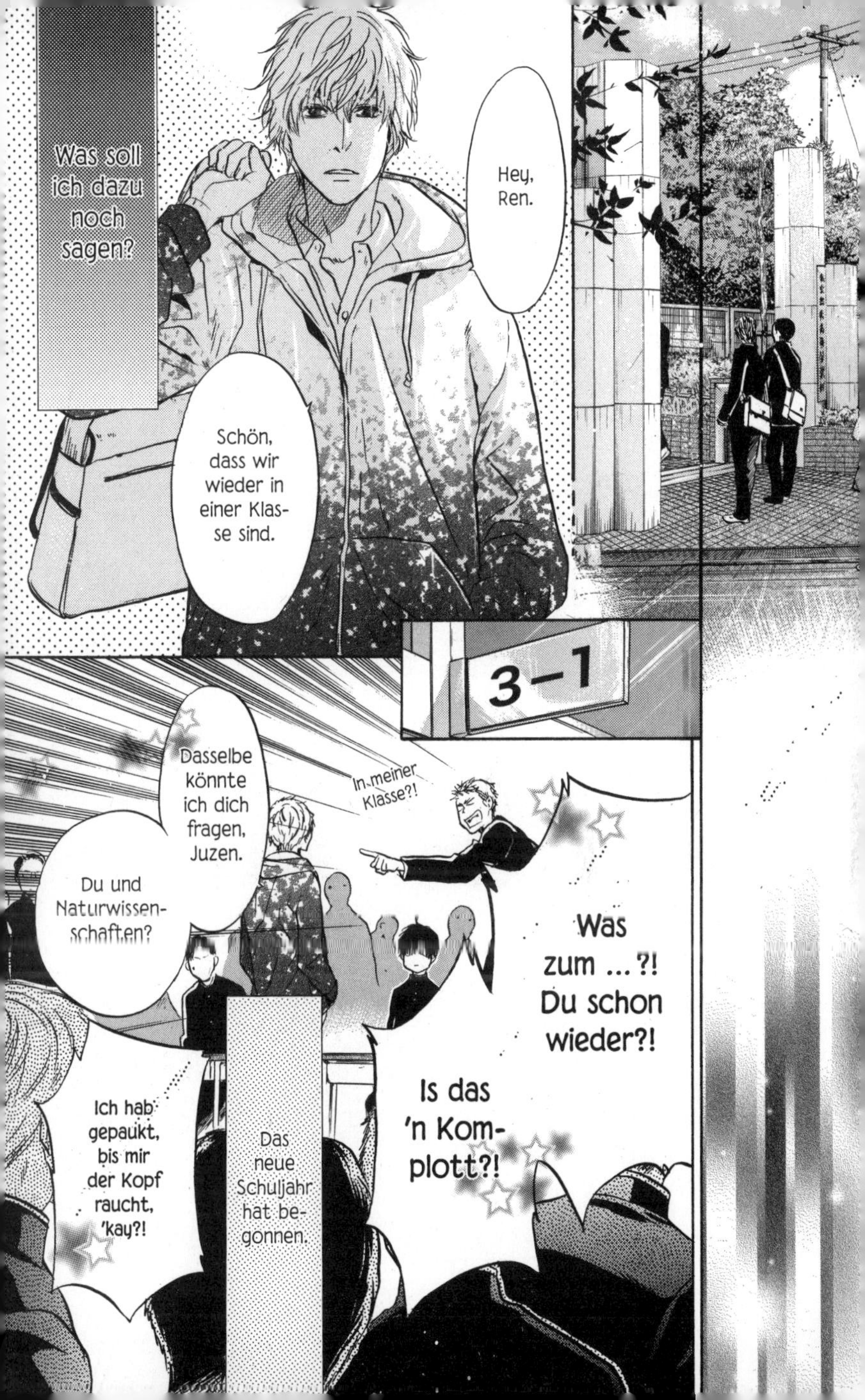

Hey, Ren.
Schön, dass wir wieder in einer Klasse sind.
Was soll ich dazu noch sagen?
3-1
Was zum ...?! Du schon wieder?!
In meiner Klasse?!
Dasselbe könnte ich dich fragen, Juzen.
Du und Naturwissenschaften?
Is das 'n Komplott?!
Ich hab gepaukt, bis mir der Kopf raucht, 'kay?!
Das neue Schuljahr hat begonnen.

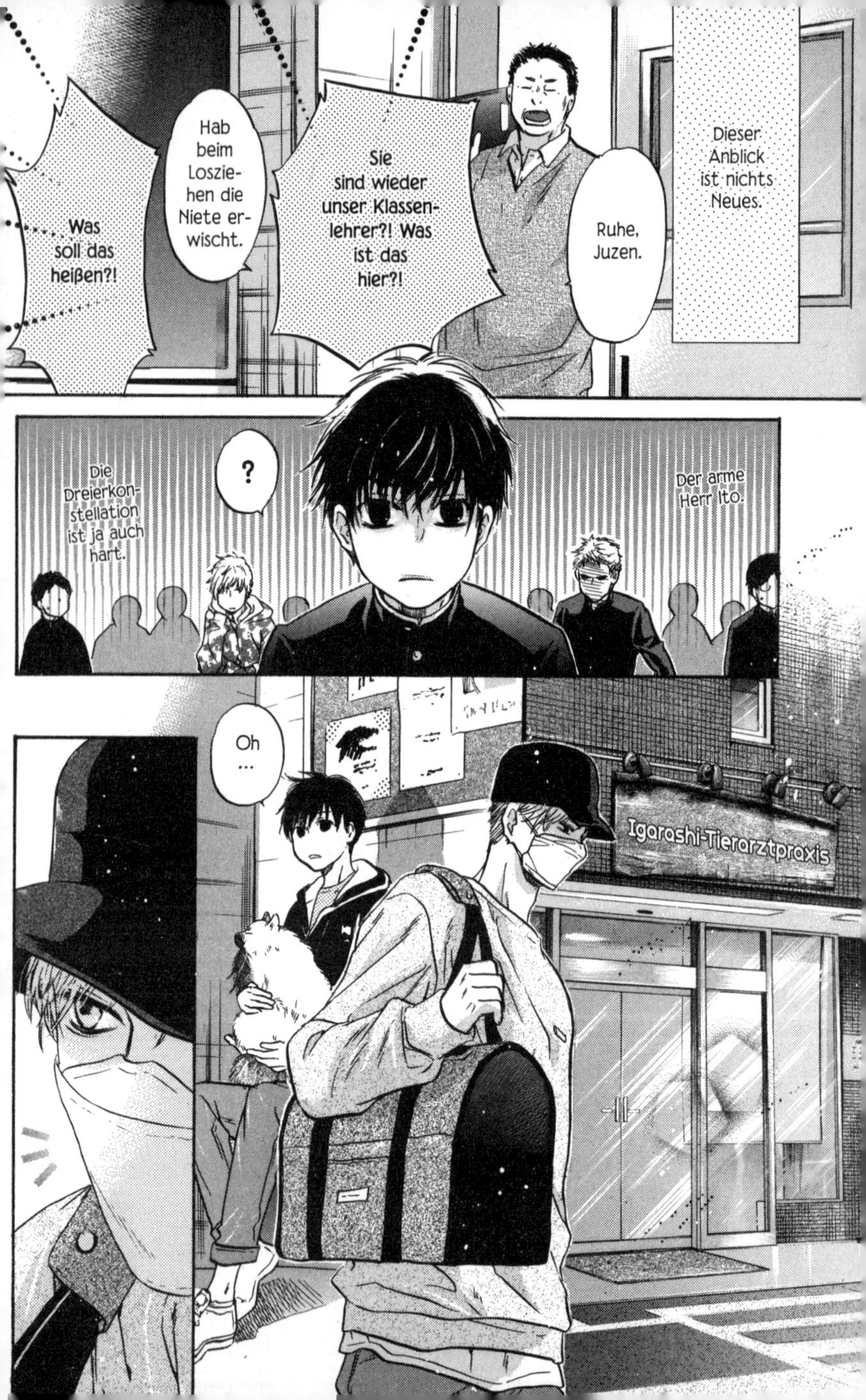

Dieser Anblick ist nichts Neues.
Ruhe, Juzen.
Sie sind wieder unser Klassenlehrer?! Was ist das hier?!
Hab beim Losziehen die Niete erwischt.
Was soll das heißen?!
Der arme Herr Ito.
?
Die Dreierkonstellation ist ja auch hart.
Igarashi-Tierarztpraxis
Oh …

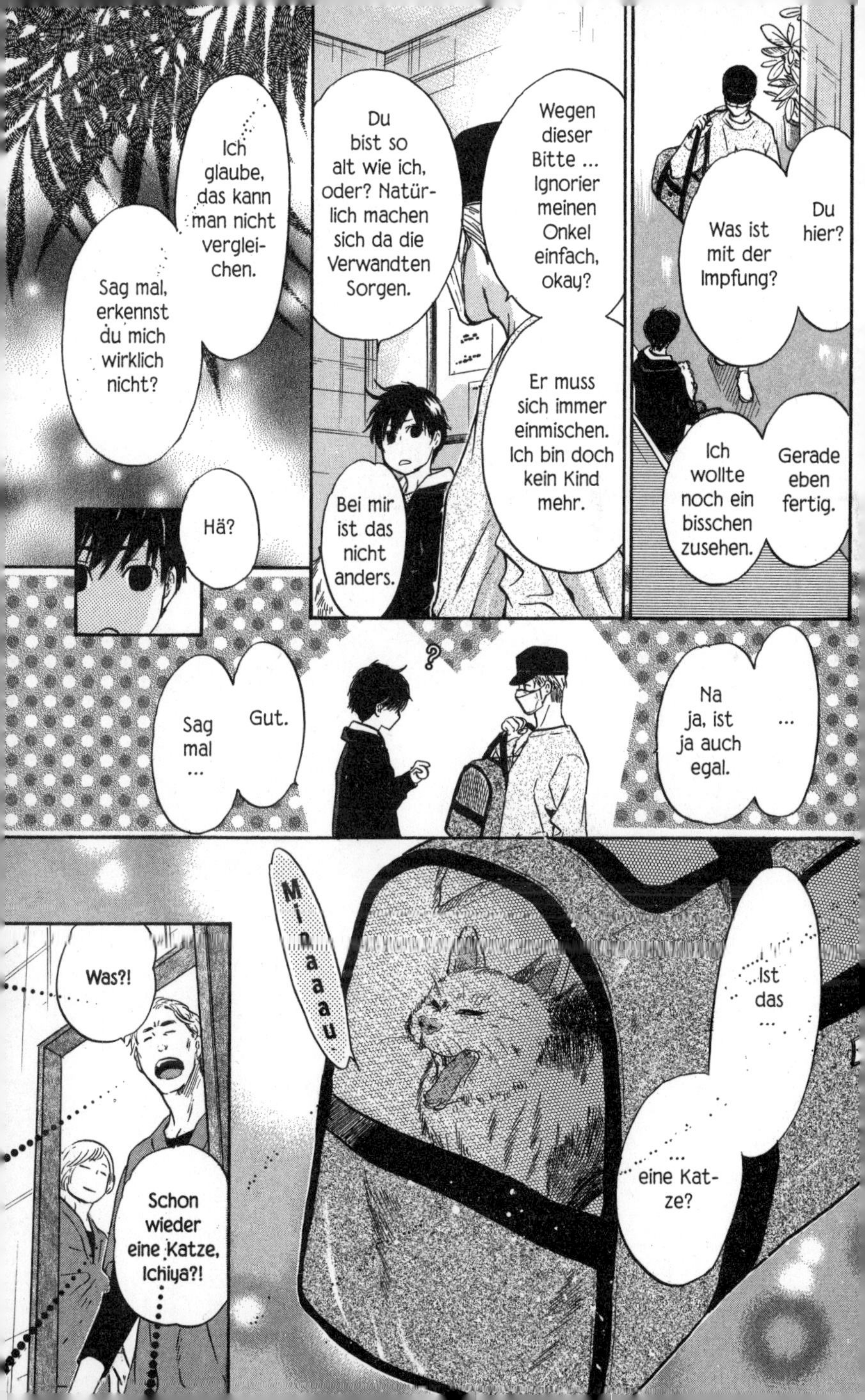
Du hier?
Was ist mit der Impfung?
Gerade eben fertig.
Ich wollte noch ein bisschen zusehen.
Wegen dieser Bitte ... Ignorier meinen Onkel einfach, okay?
Er muss sich immer einmischen. Ich bin doch kein Kind mehr.
Du bist so alt wie ich, oder? Natürlich machen sich da die Verwandten Sorgen.
Bei mir ist das nicht anders.
Ich glaube, das kann man nicht vergleichen.
Sag mal, erkennst du mich wirklich nicht?
Hä?
...
Na ja, ist ja auch egal.
Gut.
Sag mal ...
... Ist das ...
... eine Katze?
Miaaau
Was?!
Schon wieder eine Katze, Ichiya?!

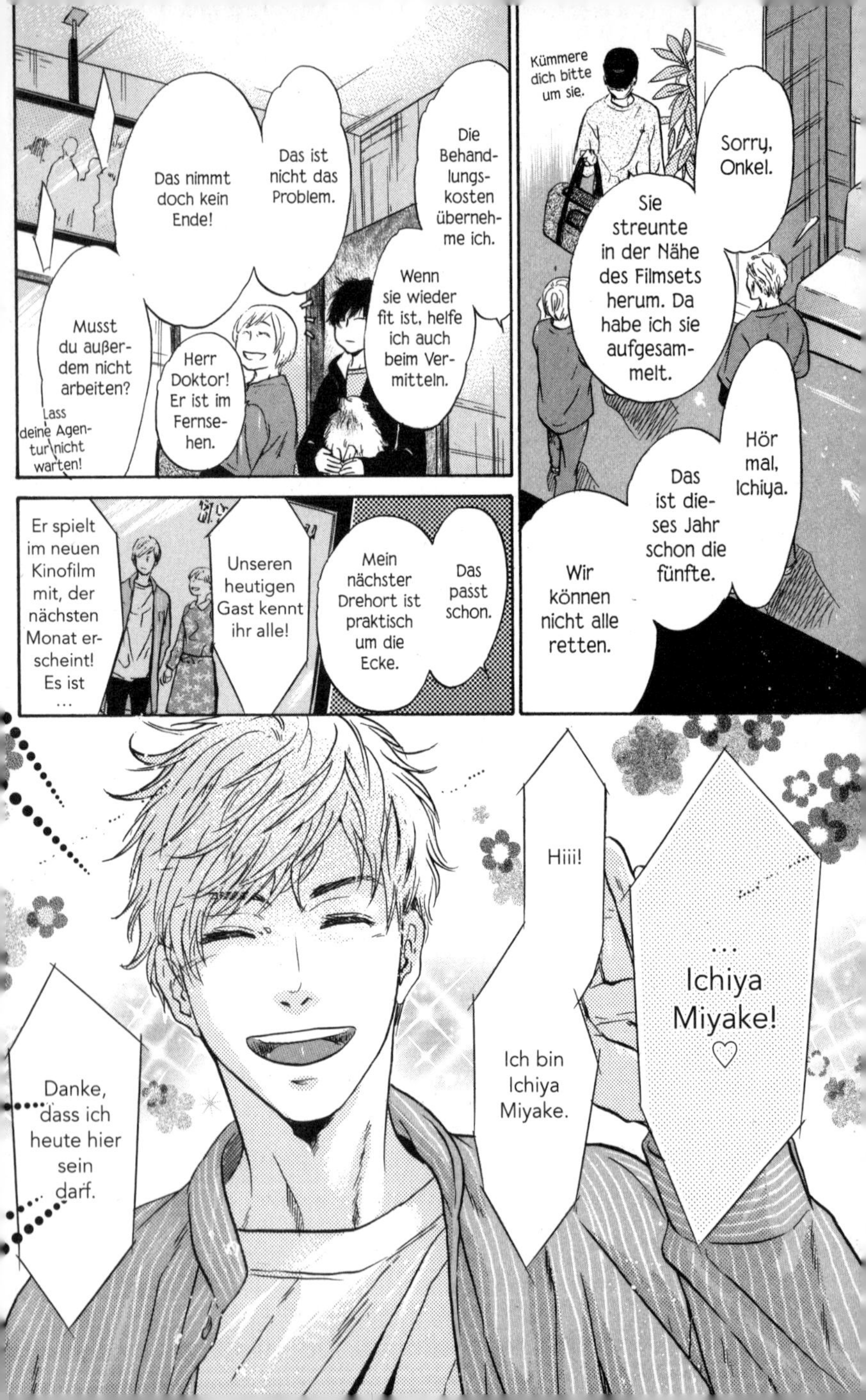
Kümmere dich bitte um sie.
Sorry, Onkel.
Sie streunte in der Nähe des Filmsets herum. Da habe ich sie aufgesammelt.
Hör mal, Ichiya.
Das ist dieses Jahr schon die fünfte.
Wir können nicht alle retten.
Die Behandlungskosten übernehme ich.
Das ist nicht das Problem.
Das nimmt doch kein Ende!
Wenn sie wieder fit ist, helfe ich auch beim Vermitteln.
Herr Doktor! Er ist im Fernsehen.
Musst du außerdem nicht arbeiten?
Lass deine Agentur nicht warten!
Das passt schon.
Mein nächster Drehort ist praktisch um die Ecke.
Unseren heutigen Gast kennt ihr alle!
Er spielt im neuen Kinofilm mit, der nächsten Monat erscheint! Es ist …
… Ichiya Miyake! ♡
Hiii!
Ich bin Ichiya Miyake.
Danke, dass ich heute hier sein darf.

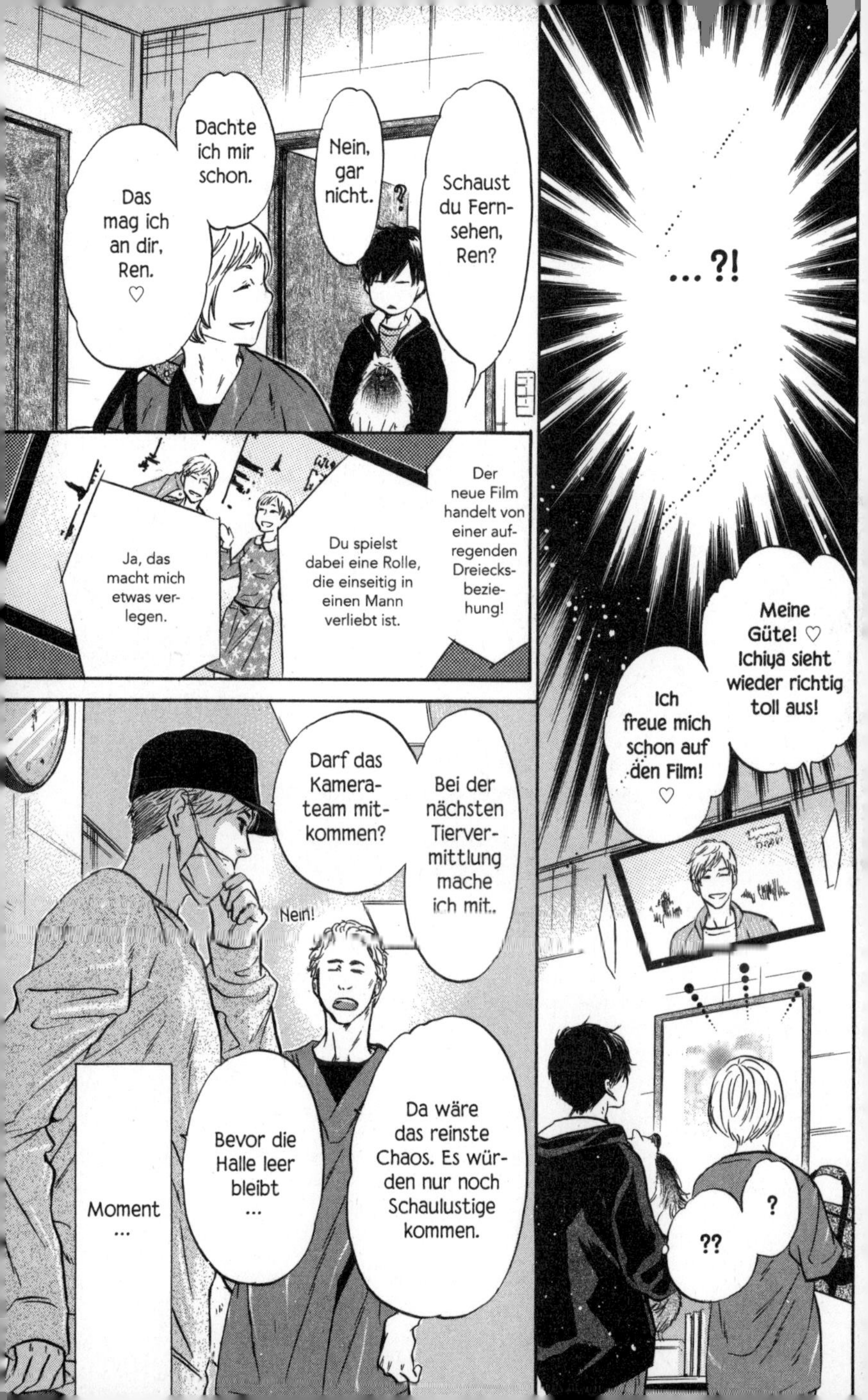

Schaust du Fernsehen, Ren?
Nein, gar nicht.
?
Dachte ich mir schon.
Das mag ich an dir, Ren. ♡
Der neue Film handelt von einer aufregenden Dreiecksbeziehung!
Du spielst dabei eine Rolle, die einseitig in einen Mann verliebt ist.
Ja, das macht mich etwas verlegen.
...?!
Meine Güte! ♡ Ichiya sieht wieder richtig toll aus!
Ich freue mich schon auf den Film! ♡
?
??
Bei der nächsten Tiervermittlung mache ich mit.
Darf das Kamerateam mitkommen?
Nein!
Da wäre das reinste Chaos. Es würden nur noch Schaulustige kommen.
Bevor die Halle leer bleibt ...
Moment ...

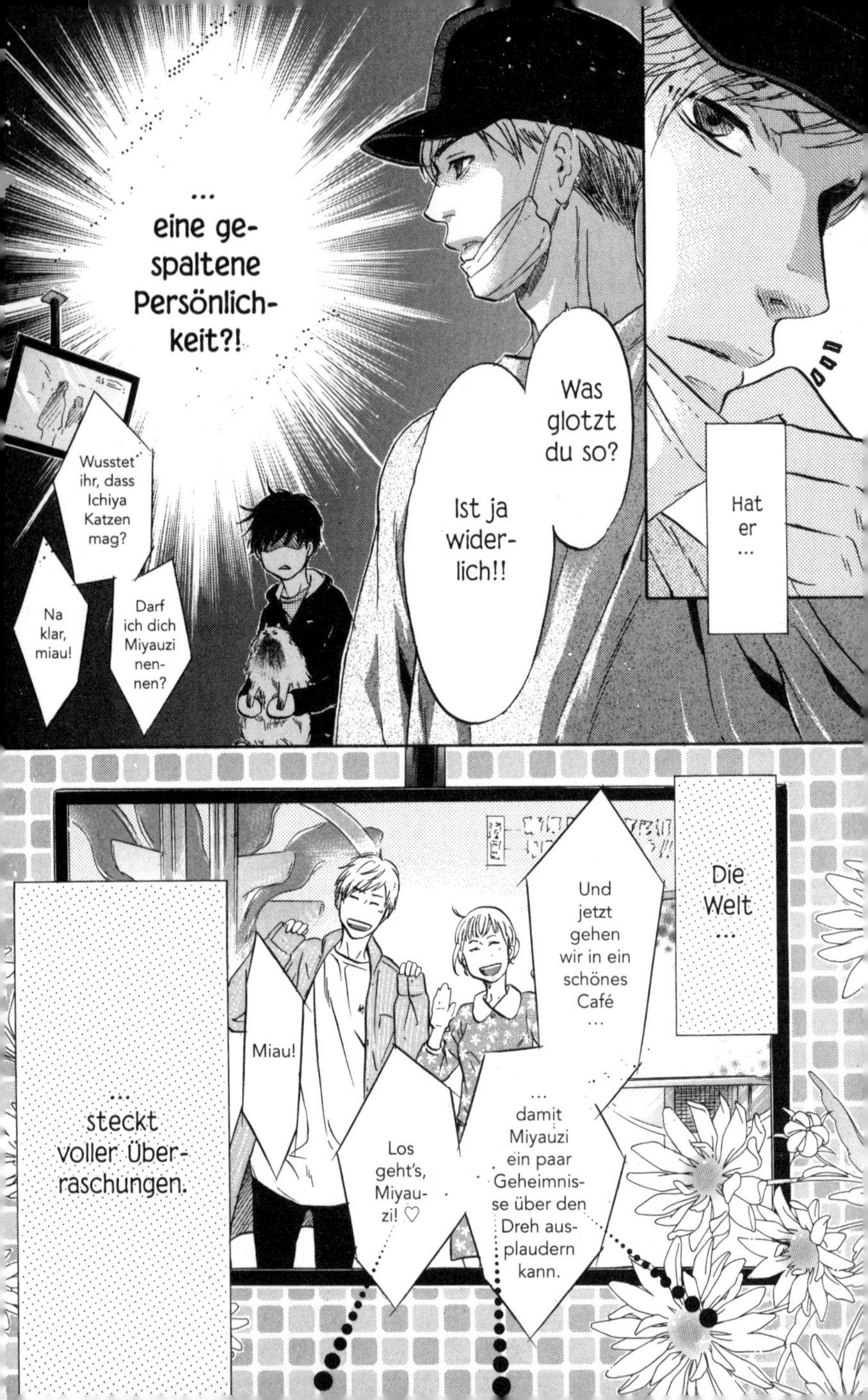
Hat er …
Was glotzt du so?
Ist ja wider-lich!!
… eine ge-spaltene Persönlich-keit?!
Wusstet ihr, dass Ichiya Katzen mag?
Darf ich dich Miyauzi nen-nen?
Na klar, miau!
Die Welt …
Und jetzt gehen wir in ein schönes Café …
… damit Miyauzi ein paar Geheimnis-se über den Dreh aus-plaudern kann.
Miau!
Los geht's, Miyau-zi! ♡
… steckt voller Über-raschungen.

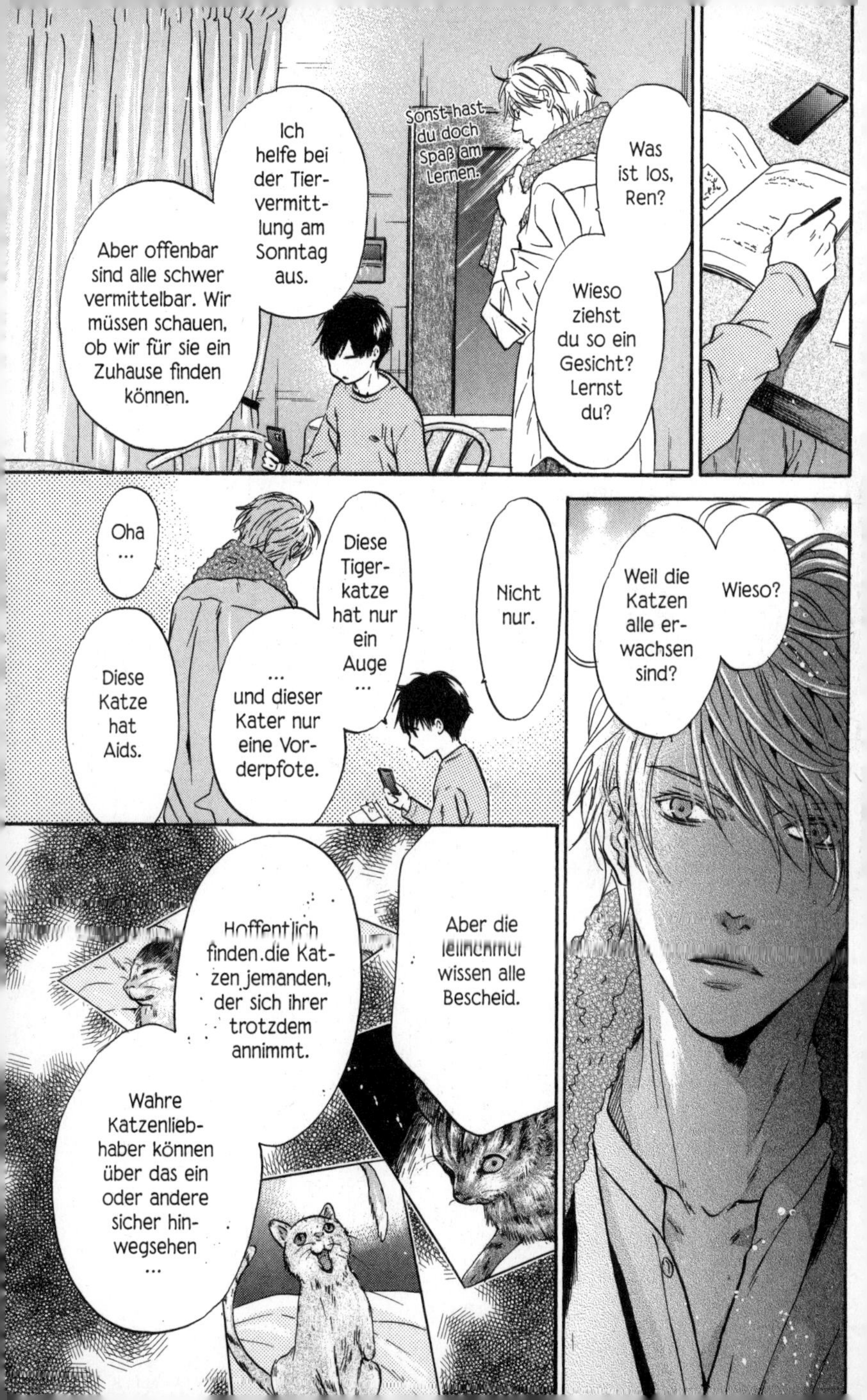
Was ist los, Ren?
Wieso ziehst du so ein Gesicht? Lernst du?
Sonst hast du doch Spaß am Lernen.
Ich helfe bei der Tiervermittlung am Sonntag aus.
Aber offenbar sind alle schwer vermittelbar. Wir müssen schauen, ob wir für sie ein Zuhause finden können.
Wieso?
Weil die Katzen alle erwachsen sind?
Nicht nur.
Diese Tigerkatze hat nur ein Auge …
… und dieser Kater nur eine Vorderpfote.
Oha …
Diese Katze hat Aids.
Aber die Teilnehmer wissen alle Bescheid.
Hoffentlich finden die Katzen jemanden, der sich ihrer trotzdem annimmt.
Wahre Katzenliebhaber können über das ein oder andere sicher hinwegsehen …

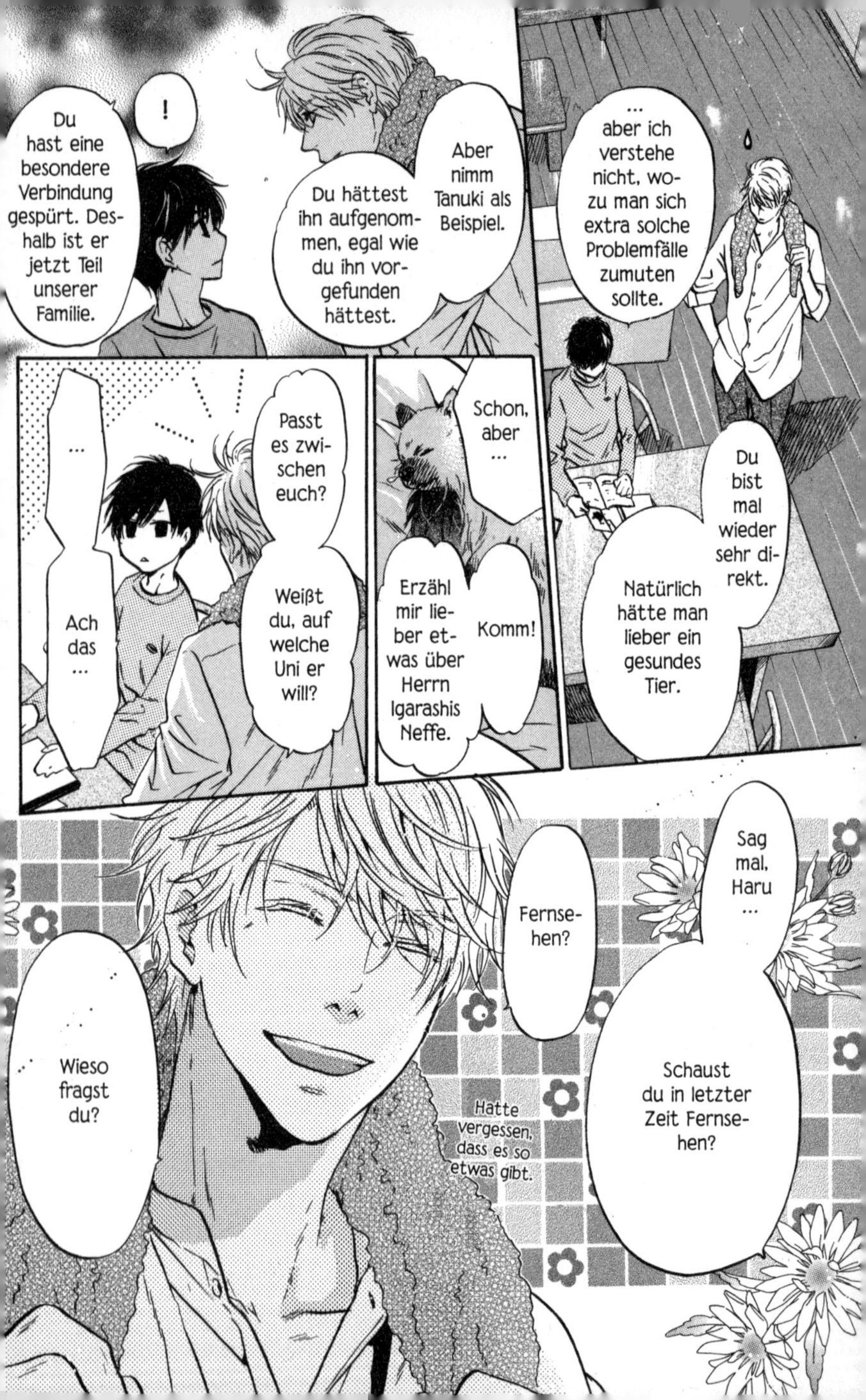

... aber ich verstehe nicht, wozu man sich extra solche Problemfälle zumuten sollte.
Du bist mal wieder sehr direkt.
Natürlich hätte man lieber ein gesundes Tier.
Aber nimm Tanuki als Beispiel.
Du hättest ihn aufgenommen, egal wie du ihn vorgefunden hättest.
!
Du hast eine besondere Verbindung gespürt. Deshalb ist er jetzt Teil unserer Familie.
Schon, aber ...
Komm!
Erzähl mir lieber etwas über Herrn Igarashis Neffe.
Passt es zwischen euch?
Weißt du, auf welche Uni er will?
...
Ach das ...
Sag mal, Haru ...
Schaust du in letzter Zeit Fernsehen?
Fernsehen?
Hatte vergessen, dass es so etwas gibt.
Wieso fragst du?

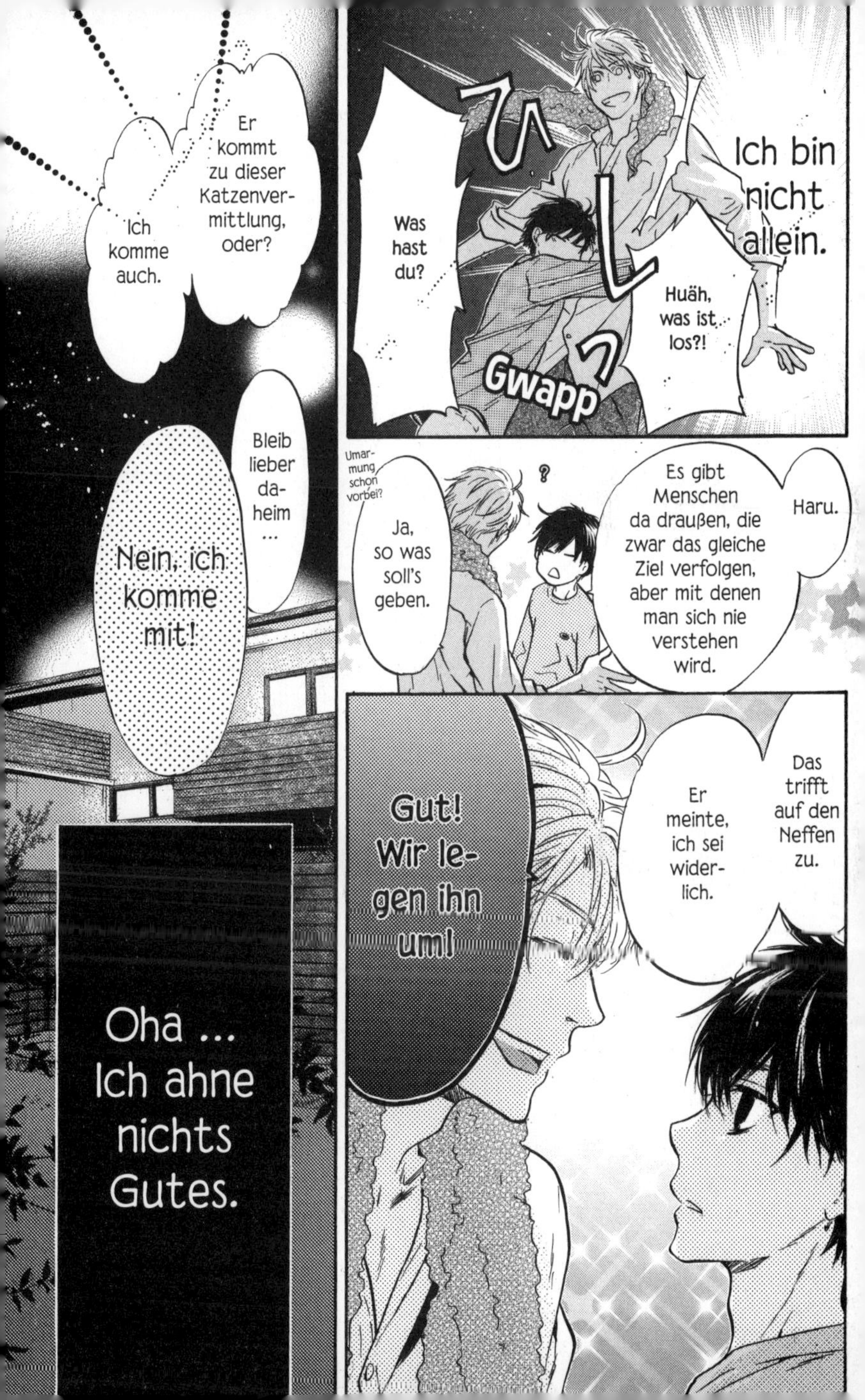

ひしっ
Ich bin nicht allein.
Gwapp
Huäh, was ist los?!
Was hast du?
Haru.
Es gibt Menschen da draußen, die zwar das gleiche Ziel verfolgen, aber mit denen man sich nie verstehen wird.
?
Umarmung schon vorbei?
Ja, so was soll's geben.
Das trifft auf den Neffen zu.
Er meinte, ich sei widerlich.
Gut! Wir legen ihn um!
Er kommt zu dieser Katzenvermittlung, oder?
Ich komme auch.
Bleib lieber daheim …
Nein, ich komme mit!
Oha … Ich ahne nichts Gutes.

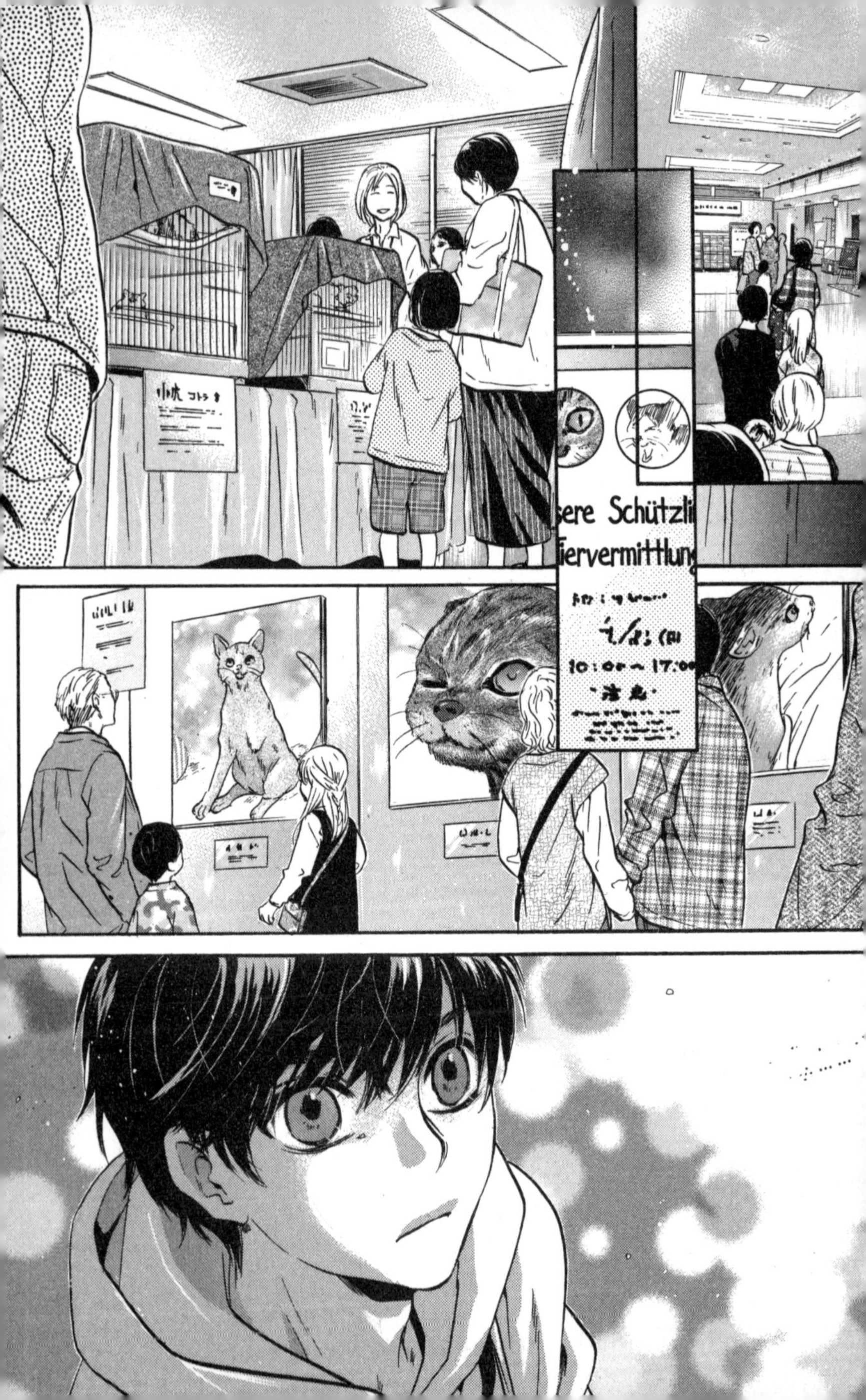
sere Schützli
iervermittlung

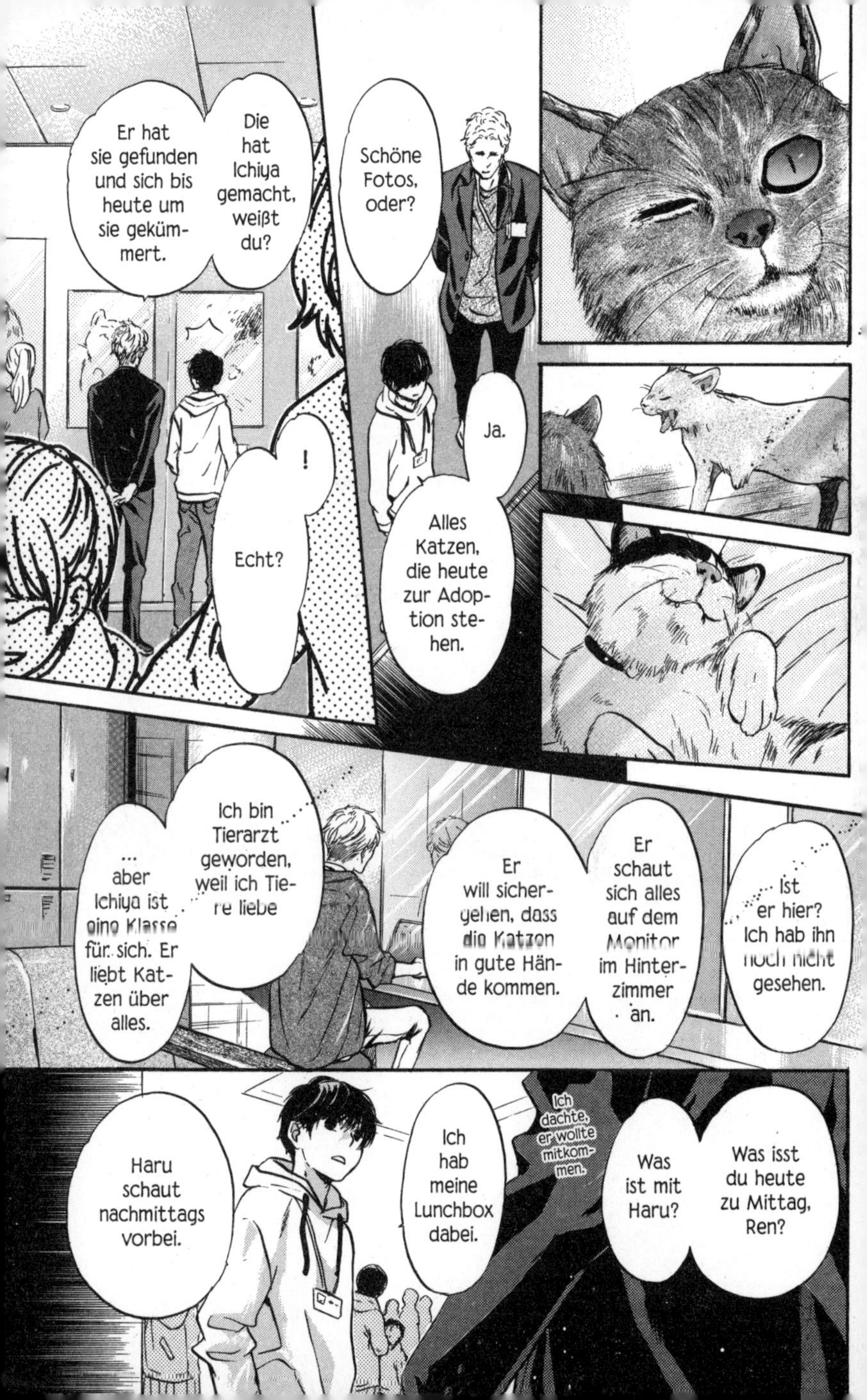
Schöne Fotos, oder?
Ja.
Alles Katzen, die heute zur Adoption stehen.
Die hat Ichiya gemacht, weißt du?
Er hat sie gefunden und sich bis heute um sie gekümmert.
!
Echt?
Ist er hier? Ich hab ihn noch nicht gesehen.
Er schaut sich alles auf dem Monitor im Hinterzimmer an.
Er will sichergehen, dass die Katzen in gute Hände kommen.
Ich bin Tierarzt geworden, weil ich Tiere liebe
... aber Ichiya ist eine Klasse für sich. Er liebt Katzen über alles.
Was isst du heute zu Mittag, Ren?
Was ist mit Haru?
Ich dachte, er wollte mitkommen.
Ich hab meine Lunchbox dabei.
Haru schaut nachmittags vorbei.

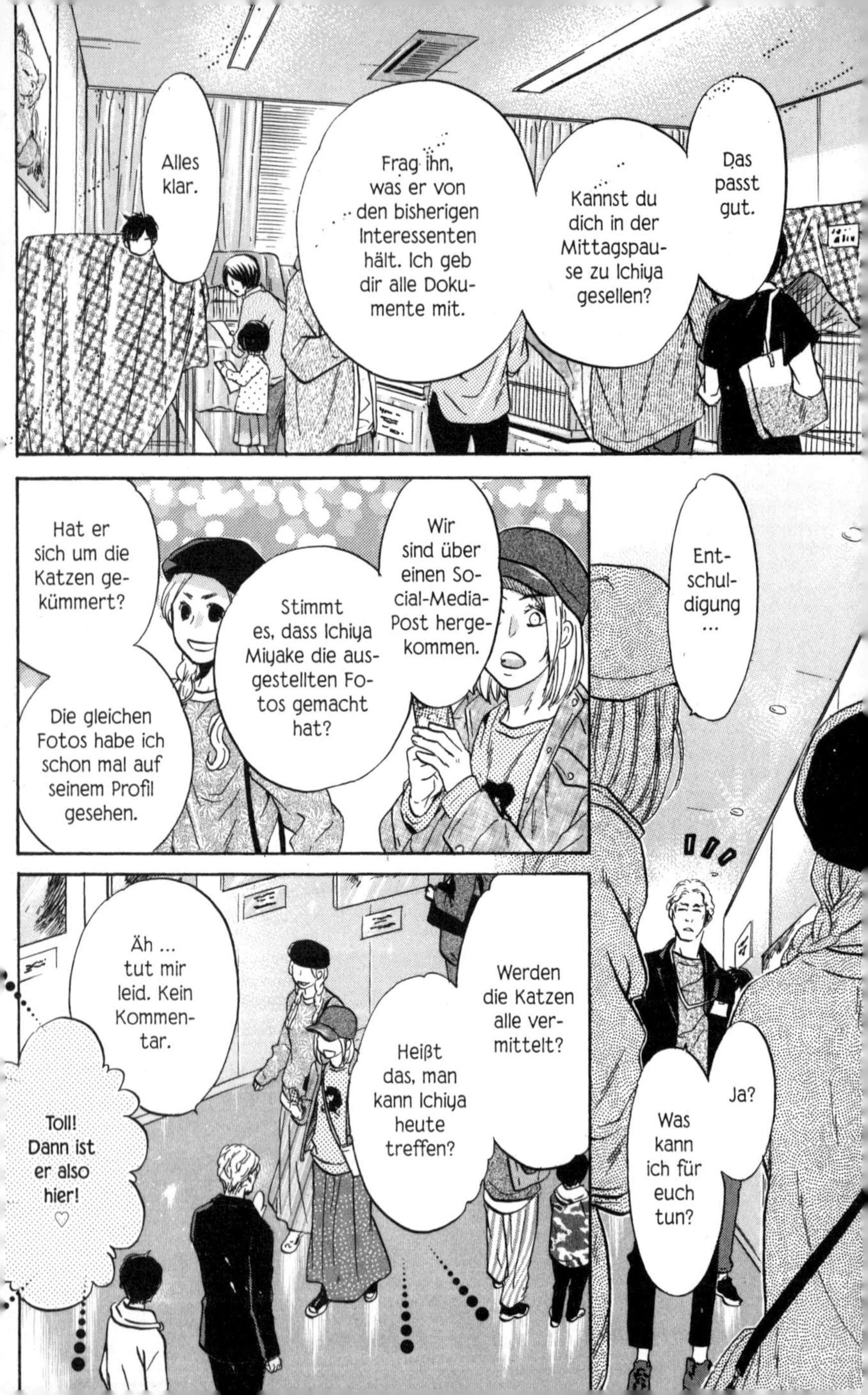
Das passt gut.
Kannst du dich in der Mittagspause zu Ichiya gesellen?
Frag ihn, was er von den bisherigen Interessenten hält. Ich geb dir alle Dokumente mit.
Alles klar.
Entschuldigung ...
Wir sind über einen Social-Media-Post hergekommen.
Stimmt es, dass Ichiya Miyake die ausgestellten Fotos gemacht hat?
Hat er sich um die Katzen gekümmert?
Die gleichen Fotos habe ich schon mal auf seinem Profil gesehen.
Ja?
Was kann ich für euch tun?
Werden die Katzen alle vermittelt?
Heißt das, man kann Ichiya heute treffen?
Äh ... tut mir leid. Kein Kommentar.
Toll! Dann ist er also hier! ♡

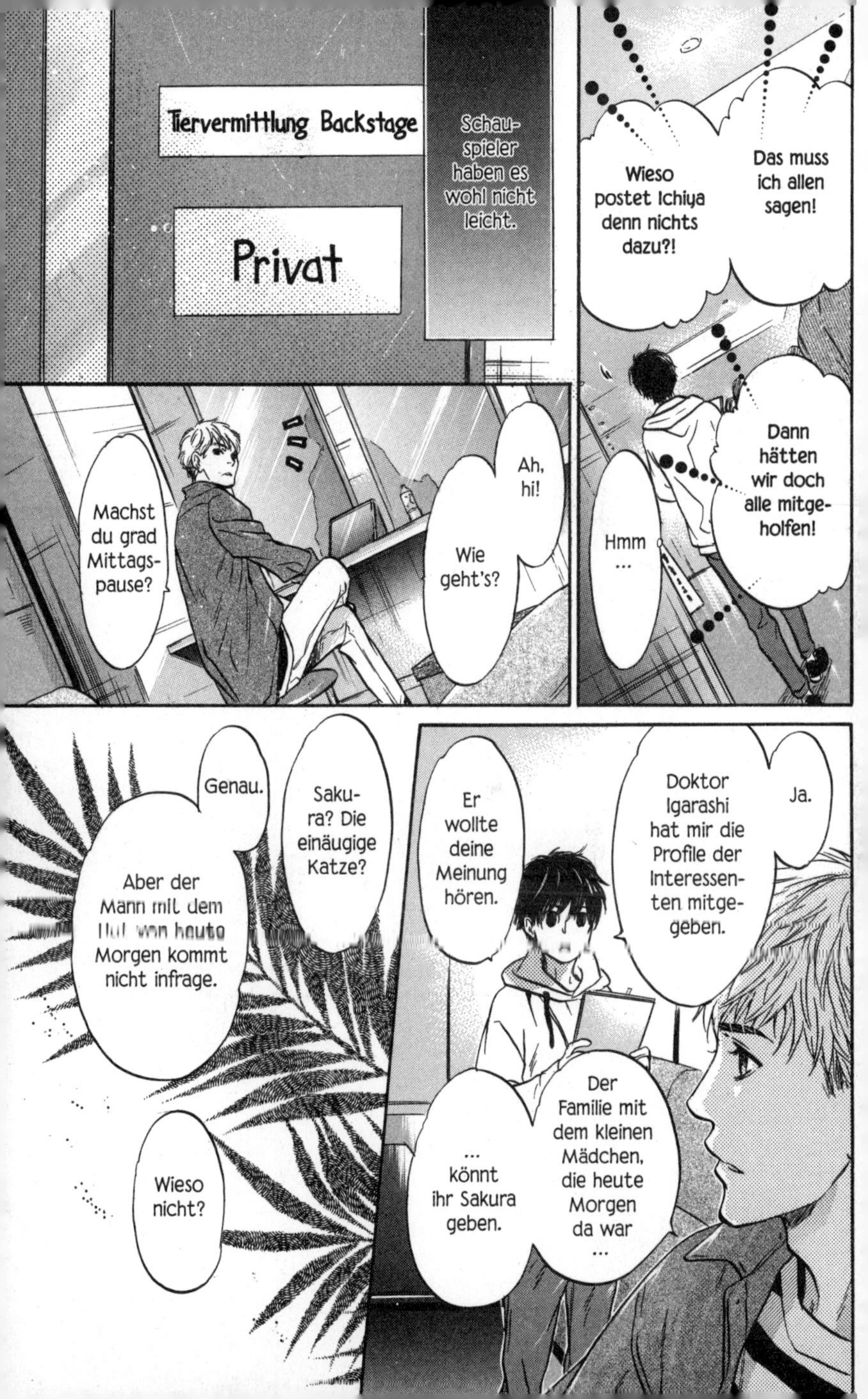

Das muss ich allen sagen!
Wieso postet Ichiya denn nichts dazu?!
Dann hätten wir doch alle mitgeholfen!
Hmm ...
Tiervermittlung Backstage
Privat
Schauspieler haben es wohl nicht leicht.
Ah, hi!
Wie geht's?
Machst du grad Mittagspause?
Ja.
Doktor Igarashi hat mir die Profile der Interessenten mitgegeben.
Er wollte deine Meinung hören.
Sakura? Die einäugige Katze?
Genau.
Der Familie mit dem kleinen Mädchen, die heute Morgen da war ...
... könnt ihr Sakura geben.
Aber der Mann mit dem Hut von heute Morgen kommt nicht infrage.
Wieso nicht?

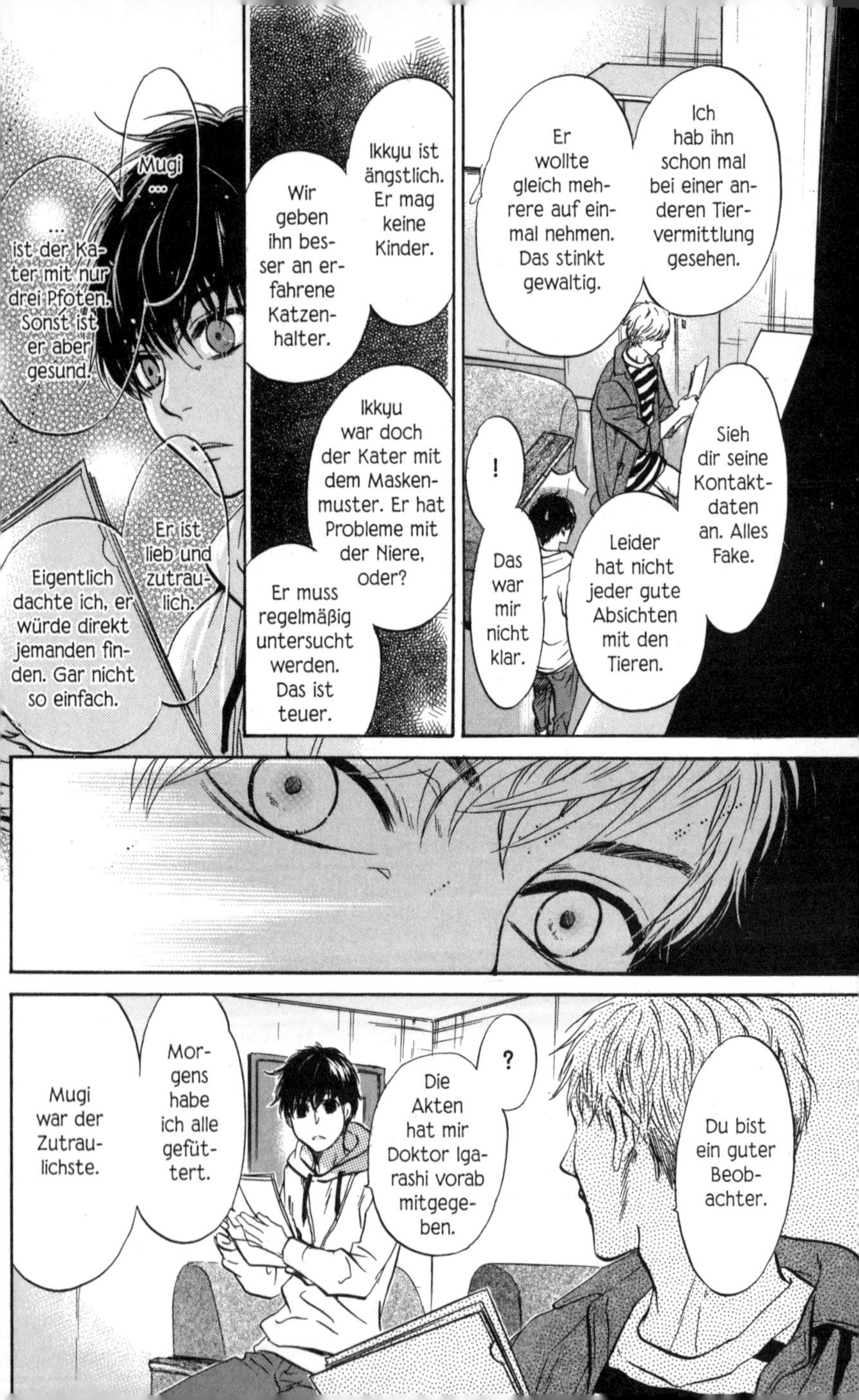

Ich hab ihn schon mal bei einer anderen Tiervermittlung gesehen.
Er wollte gleich mehrere auf einmal nehmen. Das stinkt gewaltig.
Sieh dir seine Kontaktdaten an. Alles Fake.
Leider hat nicht jeder gute Absichten mit den Tieren.
!
Das war mir nicht klar.
Ikkyu ist ängstlich. Er mag keine Kinder.
Wir geben ihn besser an erfahrene Katzenhalter.
Ikkyu war doch der Kater mit dem Maskenmuster. Er hat Probleme mit der Niere, oder?
Er muss regelmäßig untersucht werden. Das ist teuer.
Mugi ...
... ist der Kater mit nur drei Pfoten. Sonst ist er aber gesund.
Er ist lieb und zutraulich.
Eigentlich dachte ich, er würde direkt jemanden finden. Gar nicht so einfach.
Du bist ein guter Beobachter.
?
Die Akten hat mir Doktor Igarashi vorab mitgegeben.
Morgens habe ich alle gefüttert.
Mugi war der Zutraulichste.

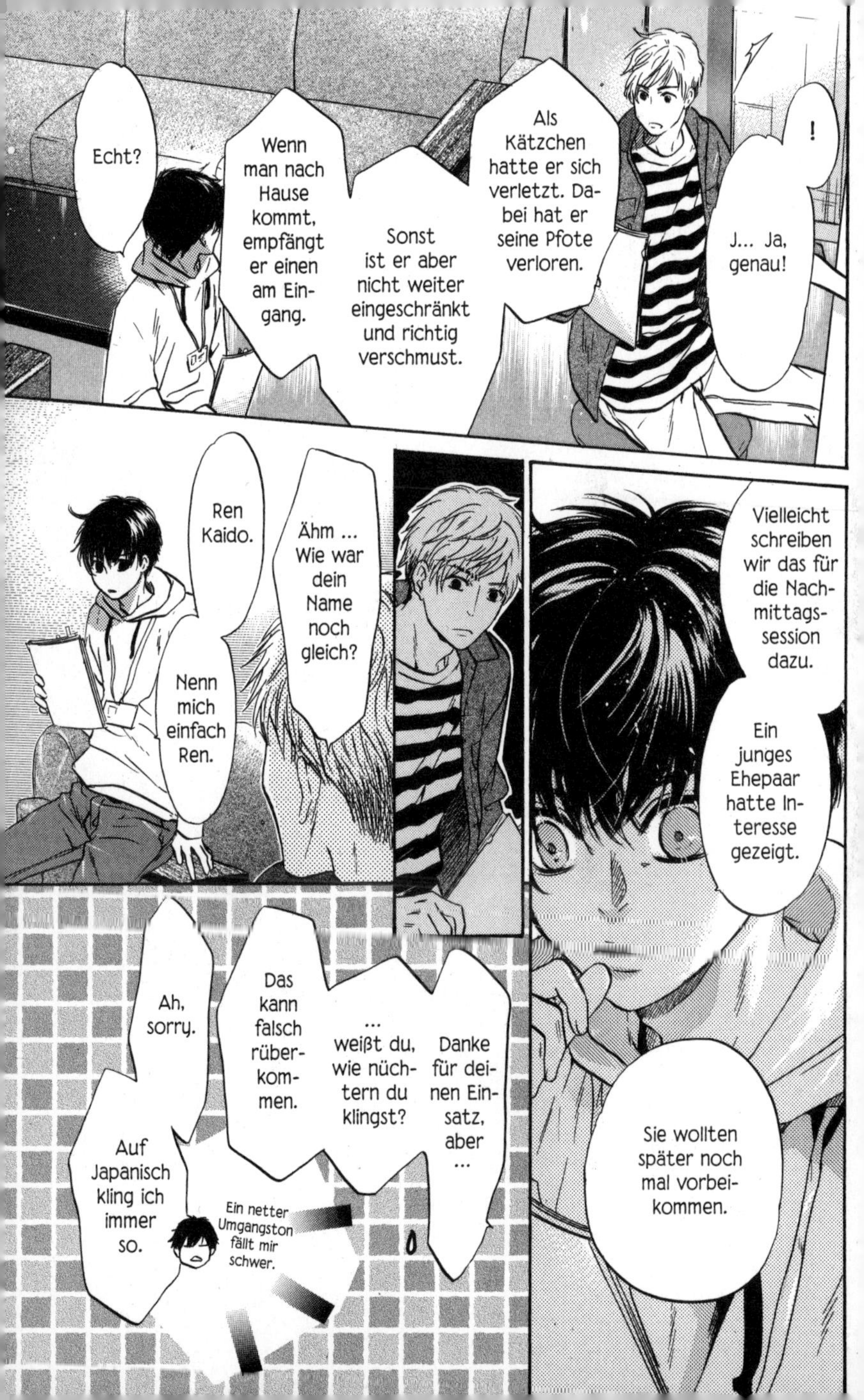
!
J... Ja, genau!
Als Kätzchen hatte er sich verletzt. Dabei hat er seine Pfote verloren.
Sonst ist er aber nicht weiter eingeschränkt und richtig verschmust.
Wenn man nach Hause kommt, empfängt er einen am Eingang.
Echt?
Vielleicht schreiben wir das für die Nachmittagssession dazu.
Ein junges Ehepaar hatte Interesse gezeigt.
Ähm ... Wie war dein Name noch gleich?
Ren Kaido.
Nenn mich einfach Ren.
Sie wollten später noch mal vorbeikommen.
Danke für deinen Einsatz, aber ...
... weißt du, wie nüchtern du klingst?
Das kann falsch rüberkommen.
Ah, sorry.
Auf Japanisch kling ich immer so.
Ein netter Umgangston fällt mir schwer.

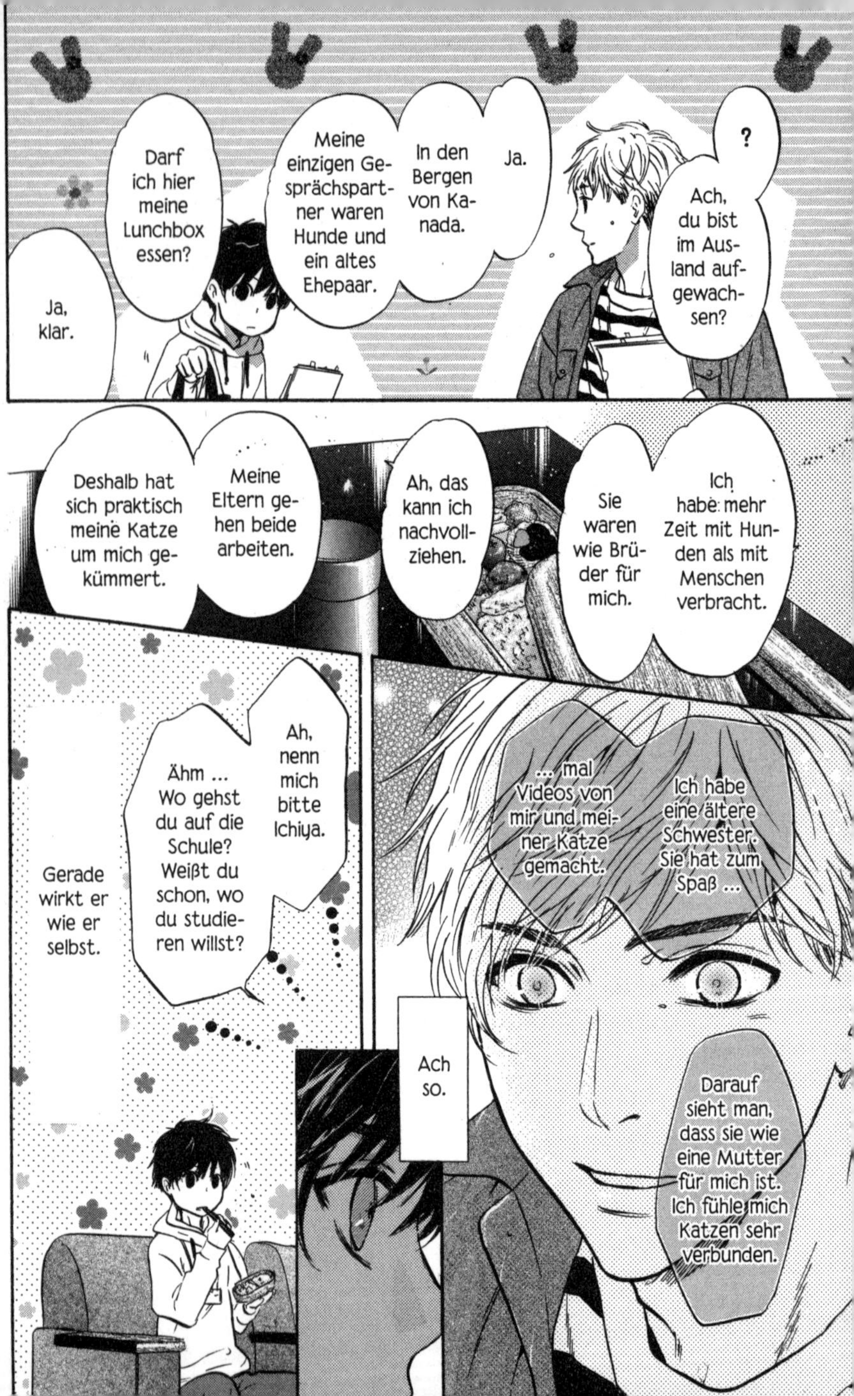
?
Ach, du bist im Ausland aufgewachsen?
Ja.
In den Bergen von Kanada.
Meine einzigen Gesprächspartner waren Hunde und ein altes Ehepaar.
Darf ich hier meine Lunchbox essen?
Ja, klar.
Ich habe mehr Zeit mit Hunden als mit Menschen verbracht.
Sie waren wie Brüder für mich.
Ah, das kann ich nachvollziehen.
Meine Eltern gehen beide arbeiten.
Deshalb hat sich praktisch meine Katze um mich gekümmert.
Ich habe eine ältere Schwester. Sie hat zum Spaß ...
... mal Videos von mir und meiner Katze gemacht.
Darauf sieht man, dass sie wie eine Mutter für mich ist. Ich fühle mich Katzen sehr verbunden.
Ach so.
Ah, nenn mich bitte Ichiya.
Ähm ... Wo gehst du auf die Schule? Weißt du schon, wo du studieren willst?
Gerade wirkt er wie er selbst.

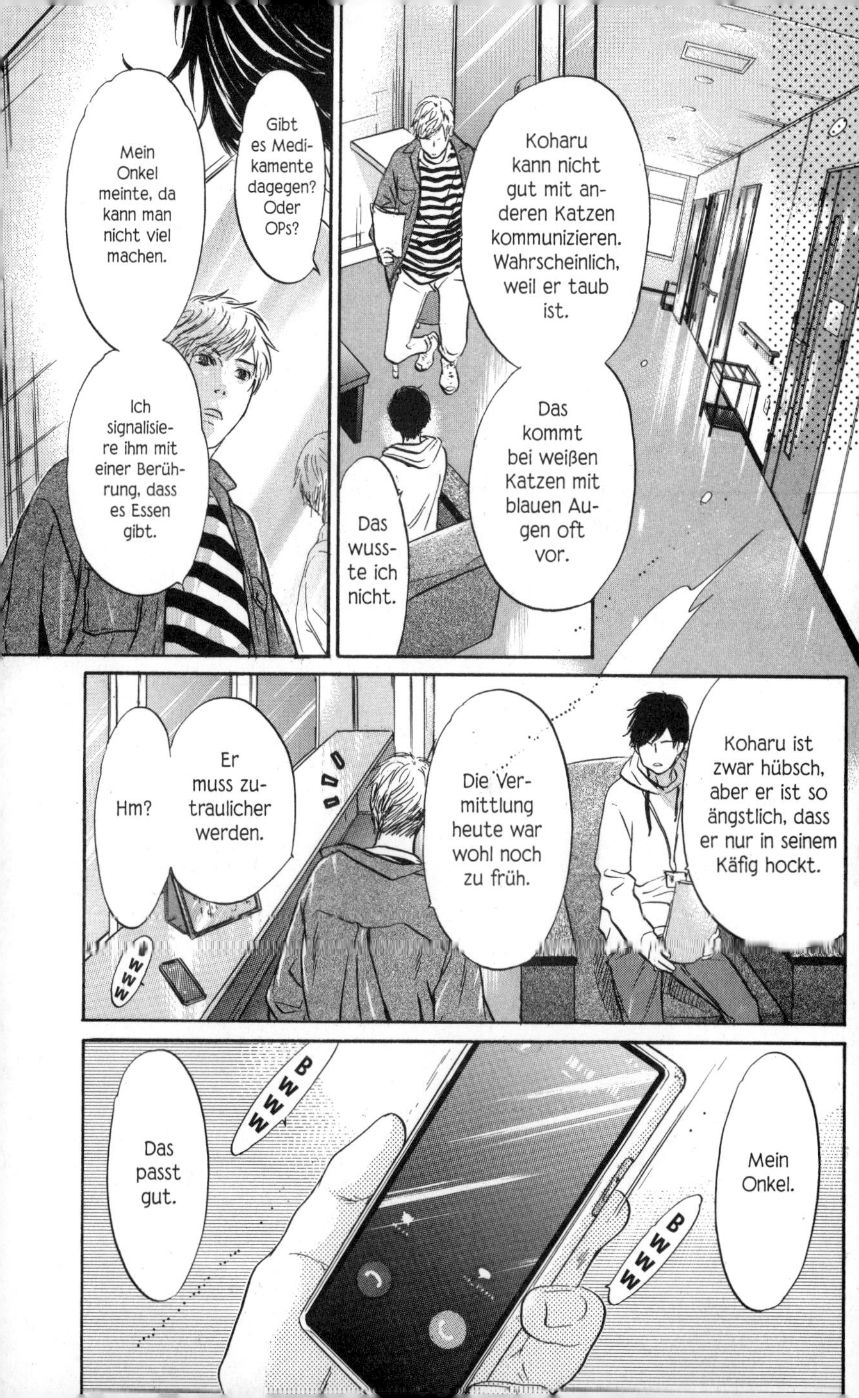
Koharu kann nicht gut mit anderen Katzen kommunizieren. Wahrscheinlich, weil er taub ist.
Das kommt bei weißen Katzen mit blauen Augen oft vor.
Das wusste ich nicht.
Gibt es Medikamente dagegen? Oder OPs?
Mein Onkel meinte, da kann man nicht viel machen.
Ich signalisiere ihm mit einer Berührung, dass es Essen gibt.
Koharu ist zwar hübsch, aber er ist so ängstlich, dass er nur in seinem Käfig hockt.
Die Vermittlung heute war wohl noch zu früh.
Er muss zutraulicher werden.
Hm?
WWW
BWWW
Mein Onkel.
BWWW
Das passt gut.

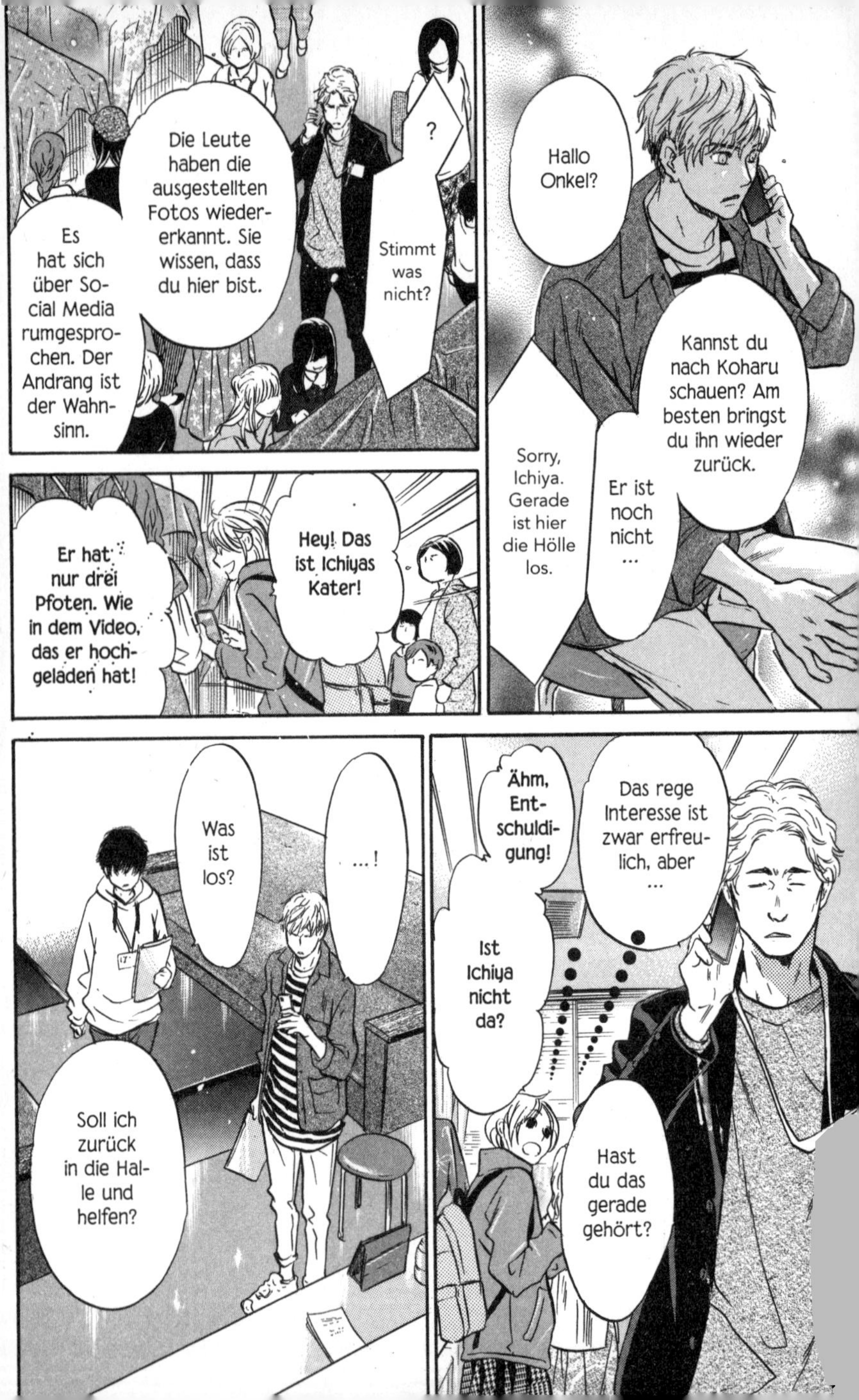
Hallo Onkel?
Kannst du nach Koharu schauen? Am besten bringst du ihn wieder zurück.
Er ist noch nicht ...
Sorry, Ichiya. Gerade ist hier die Hölle los.
?
Stimmt was nicht?
Die Leute haben die ausgestellten Fotos wiedererkannt. Sie wissen, dass du hier bist.
Es hat sich über Social Media rumgesprochen. Der Andrang ist der Wahnsinn.
Hey! Das ist Ichiyas Kater!
Er hat nur drei Pfoten. Wie in dem Video, das er hochgeladen hat!
Das rege Interesse ist zwar erfreulich, aber ...
Ähm, Entschuldigung!
Ist Ichiya nicht da?
Hast du das gerade gehört?
...!
Was ist los?
Soll ich zurück in die Halle und helfen?

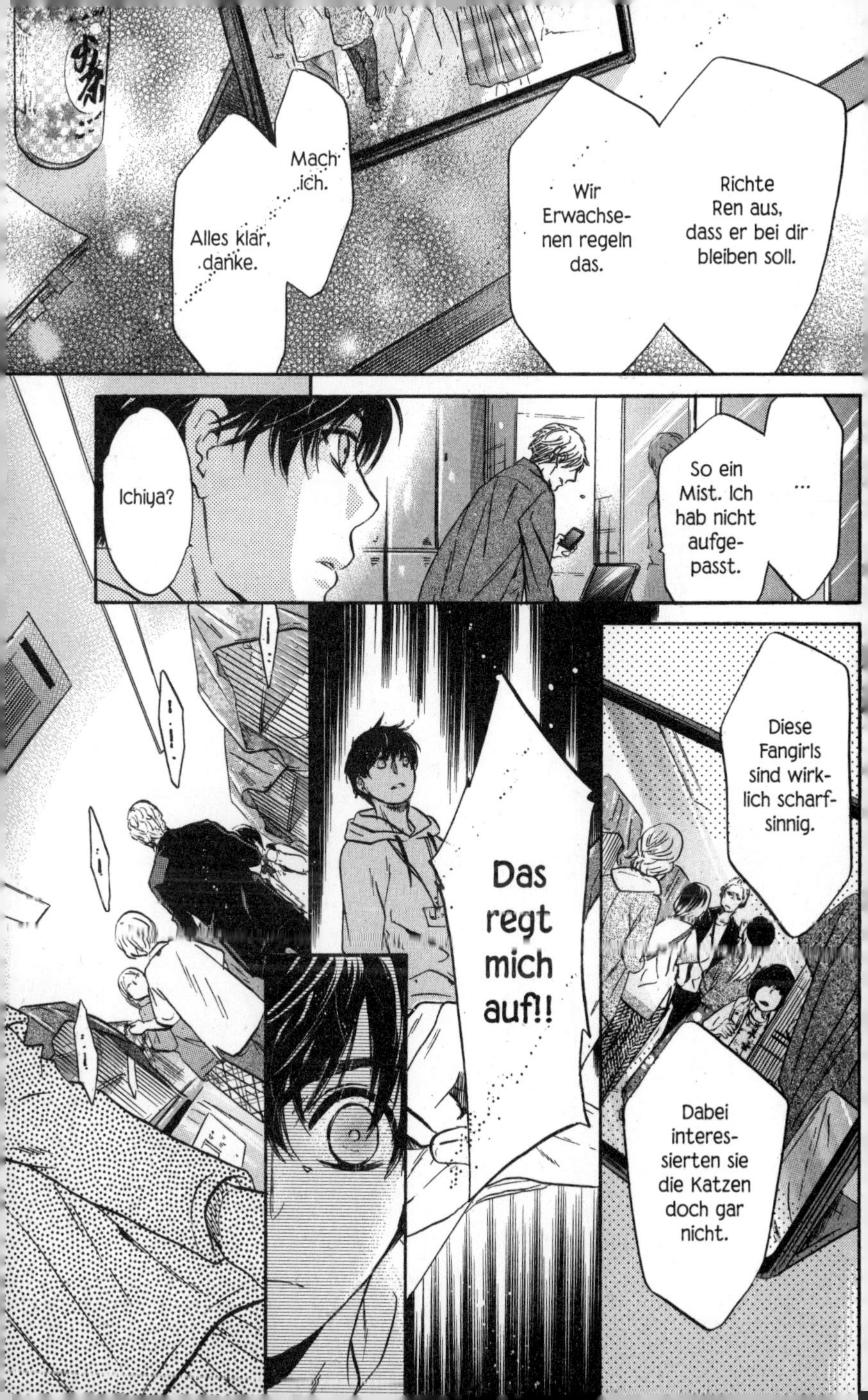
Richte Ren aus, dass er bei dir bleiben soll.
Wir Erwachsenen regeln das.
Mach ich.
Alles klar, danke.
...
So ein Mist. Ich hab nicht aufgepasst.
Ichiya?
Diese Fangirls sind wirklich scharfsinnig.
Dabei interessierten sie die Katzen doch gar nicht.
Das regt mich auf!!

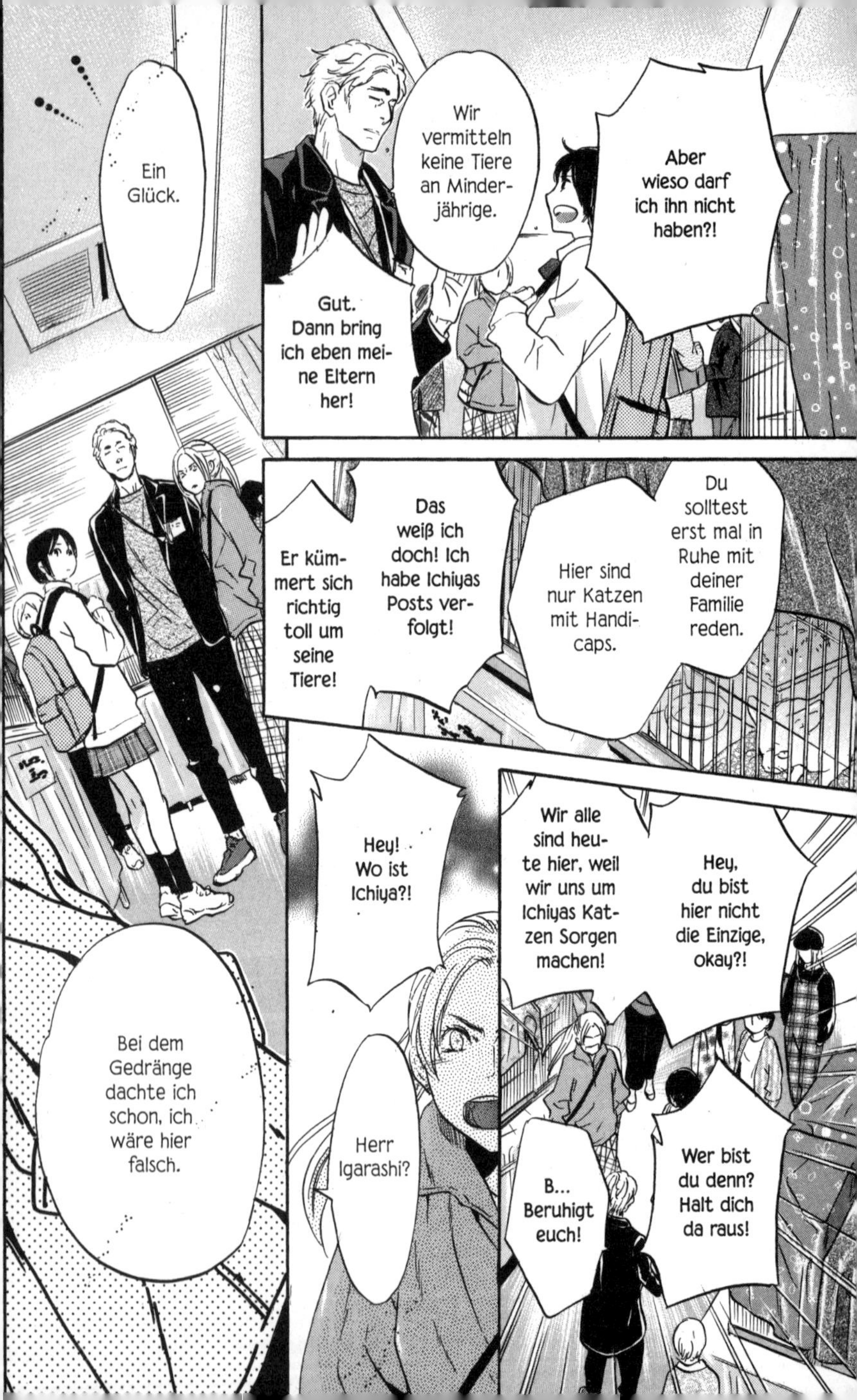

Aber wieso darf ich ihn nicht haben?!
Wir vermitteln keine Tiere an Minderjährige.
Gut. Dann bring ich eben meine Eltern her!
Ein Glück.
Du solltest erst mal in Ruhe mit deiner Familie reden.
Hier sind nur Katzen mit Handicaps.
Das weiß ich doch! Ich habe Ichiyas Posts verfolgt!
Er kümmert sich richtig toll um seine Tiere!
Hey, du bist hier nicht die Einzige, okay?!
Wir alle sind heute hier, weil wir uns um Ichiyas Katzen Sorgen machen!
Wer bist du denn? Halt dich da raus!
B... Beruhigt euch!
Hey! Wo ist Ichiya?!
Herr Igarashi?
Bei dem Gedränge dachte ich schon, ich wäre hier falsch.

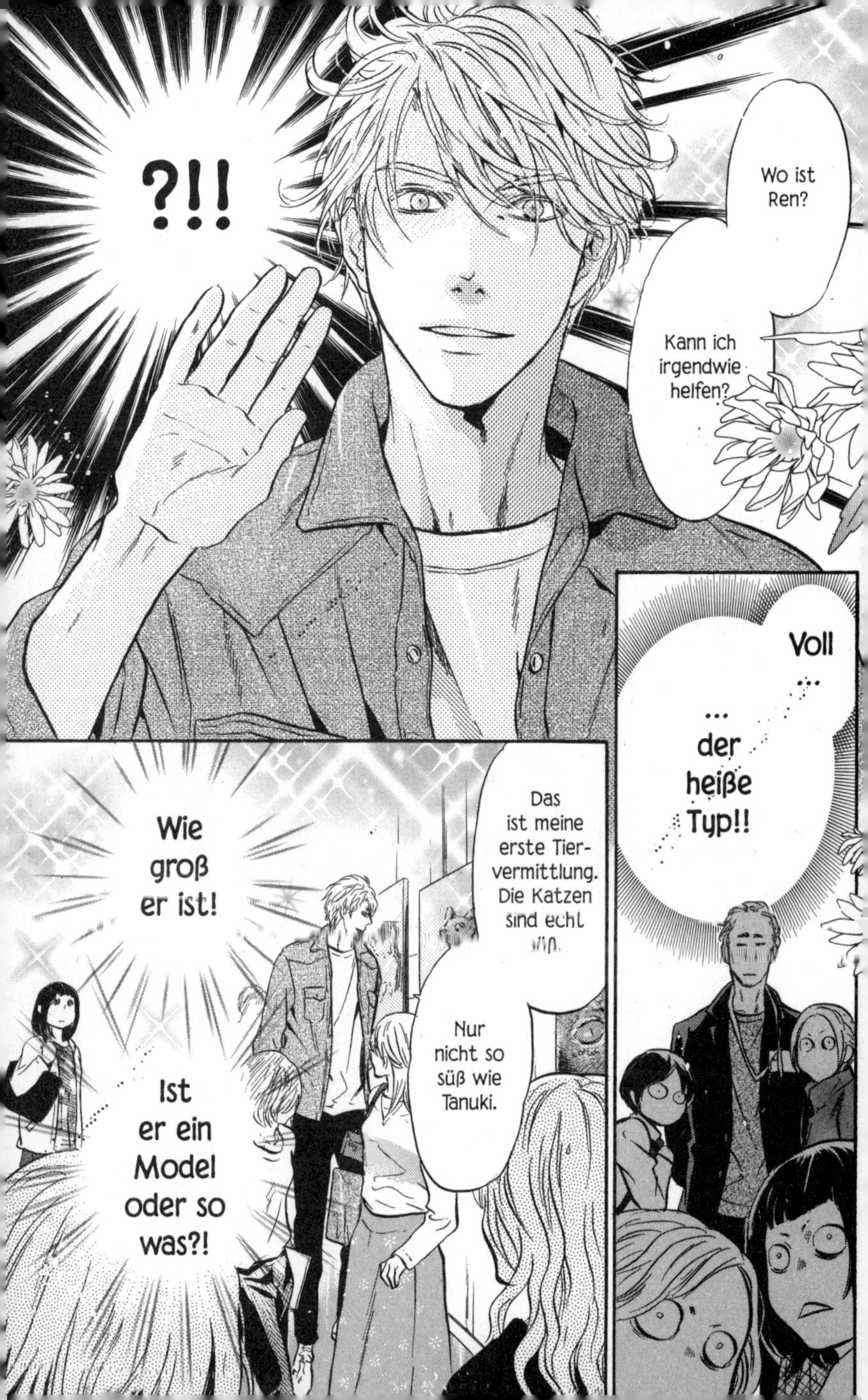
Wo ist Ren?
Kann ich irgendwie helfen?
?!!
Voll ... der heiße Typ!!
Das ist meine erste Tiervermittlung. Die Katzen sind echt
Nur nicht so süß wie Tanuki.
Wie groß er ist!
Ist er ein Model oder so was?!

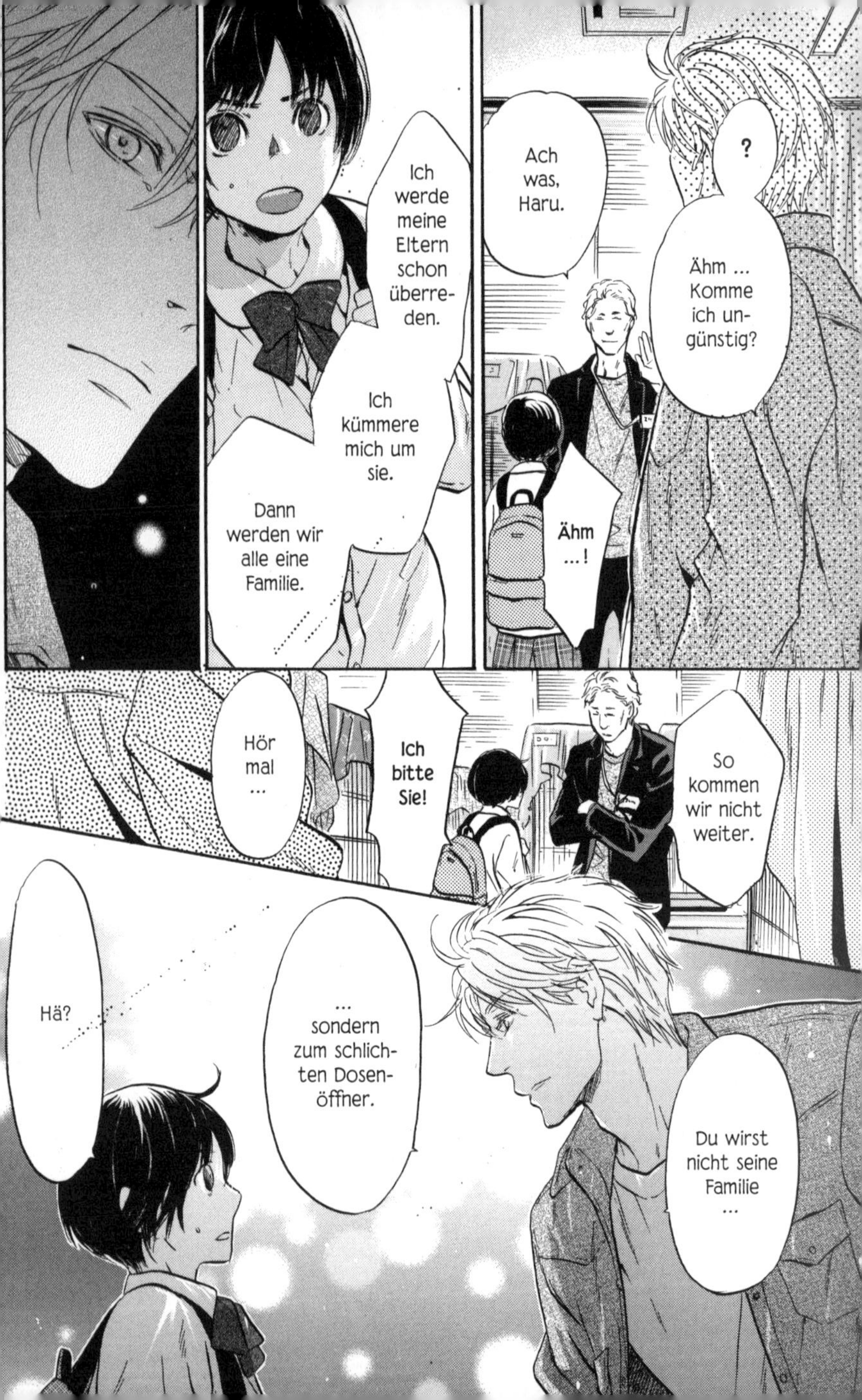
?
Ähm ... Komme ich ungünstig?
Ach was, Haru.
Ähm ...!
Ich werde meine Eltern schon überreden.
Ich kümmere mich um sie.
Dann werden wir alle eine Familie.
So kommen wir nicht weiter.
Ich bitte Sie!
Hör mal ...
Du wirst nicht seine Familie ...
... sondern zum schlichten Dosenöffner.
Hä?

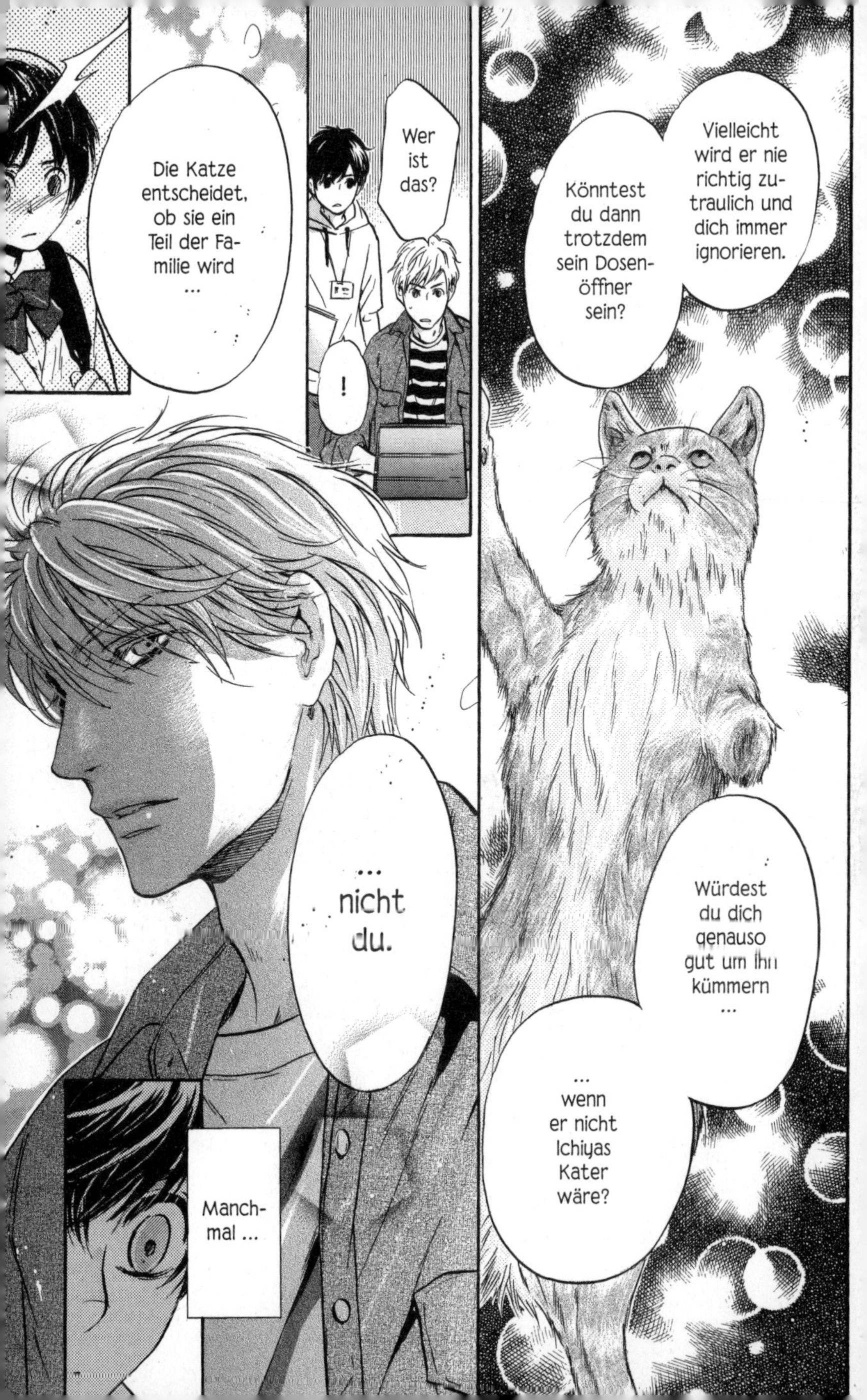

Vielleicht wird er nie richtig zutraulich und dich immer ignorieren.
Könntest du dann trotzdem sein Dosenöffner sein?
Würdest du dich genauso gut um ihn kümmern ...
... wenn er nicht Ichiyas Kater wäre?
Wer ist das?
!
Die Katze entscheidet, ob sie ein Teil der Familie wird ...
... nicht du.
Manchmal ...

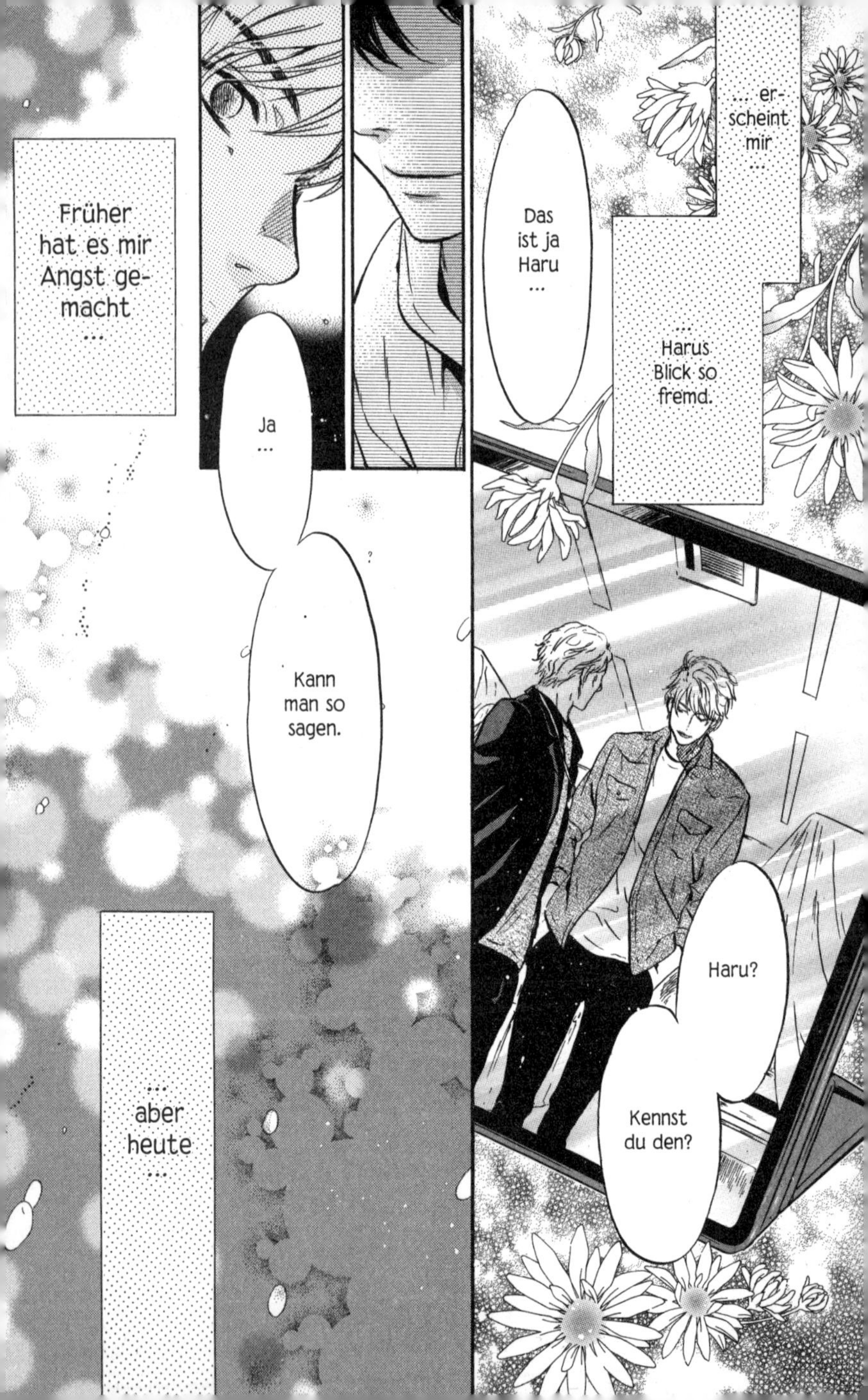

... er-
scheint
mir
...
... Harus
Blick so
fremd.
Das
ist ja
Haru
...
Haru?
Kennst
du den?
Früher
hat es mir
Angst ge-
macht
...
Ja
...
Kann
man so
sagen.
...
aber
heute
...

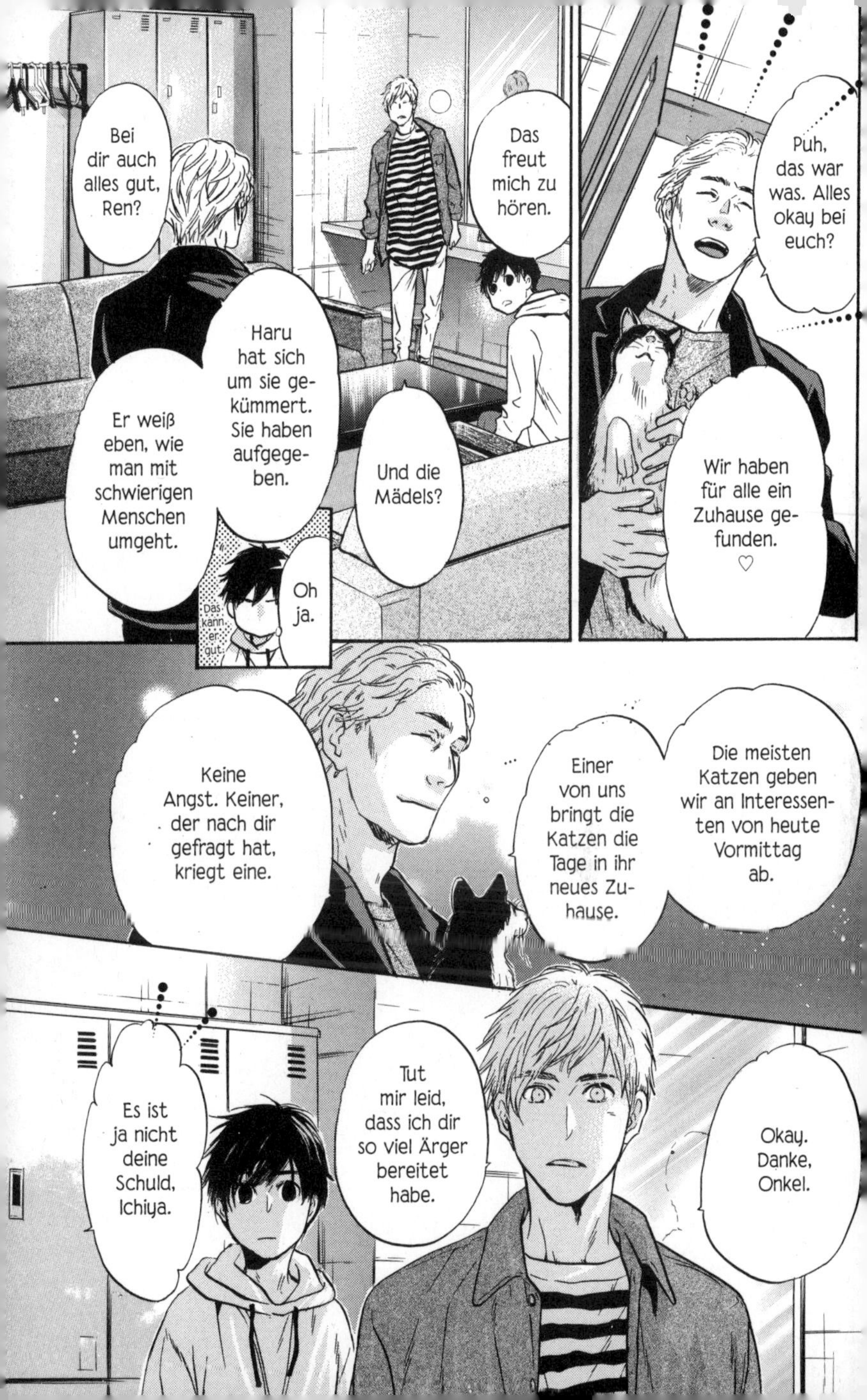

Puh, das war was. Alles okay bei euch?
Wir haben für alle ein Zuhause gefunden. ♡
Das freut mich zu hören.
Bei dir auch alles gut, Ren?
Und die Mädels?
Haru hat sich um sie gekümmert. Sie haben aufgegeben.
Er weiß eben, wie man mit schwierigen Menschen umgeht.
Oh ja.
Das kann er gut.
Die meisten Katzen geben wir an Interessenten von heute Vormittag ab.
Einer von uns bringt die Katzen die Tage in ihr neues Zuhause.
Keine Angst. Keiner, der nach dir gefragt hat, kriegt eine.
Okay. Danke, Onkel.
Tut mir leid, dass ich dir so viel Ärger bereitet habe.
Es ist ja nicht deine Schuld, Ichiya.

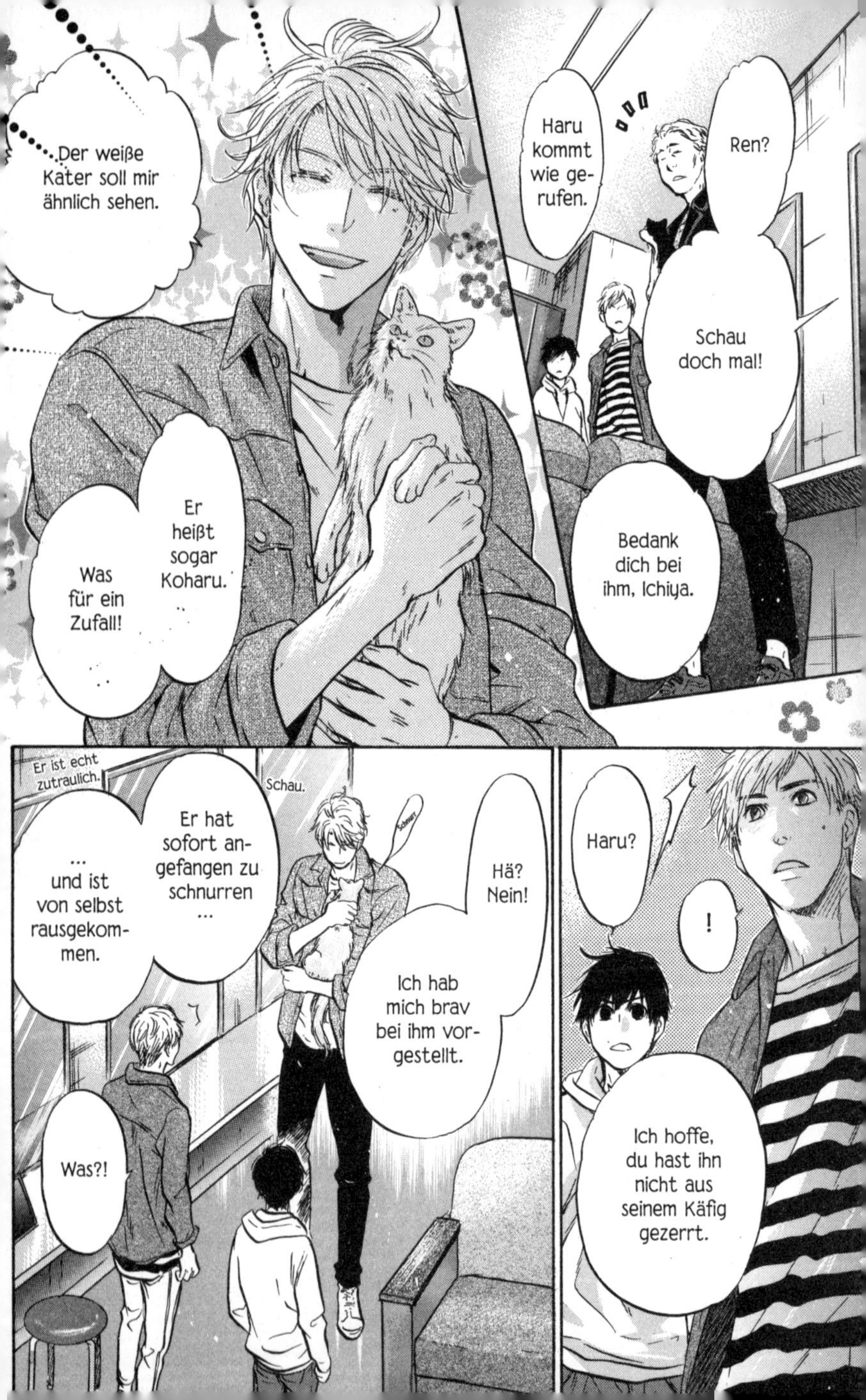
Ren?
Haru kommt wie gerufen.
Schau doch mal!
Bedank dich bei ihm, Ichiya.
Der weiße Kater soll mir ähnlich sehen.
Er heißt sogar Koharu.
Was für ein Zufall!
Haru?
!
Ich hoffe, du hast ihn nicht aus seinem Käfig gezerrt.
Hä? Nein!
Ich hab mich brav bei ihm vorgestellt.
Schau.
Er hat sofort angefangen zu schnurren ...
... und ist von selbst rausgekommen.
Er ist echt zutraulich.
Was?!

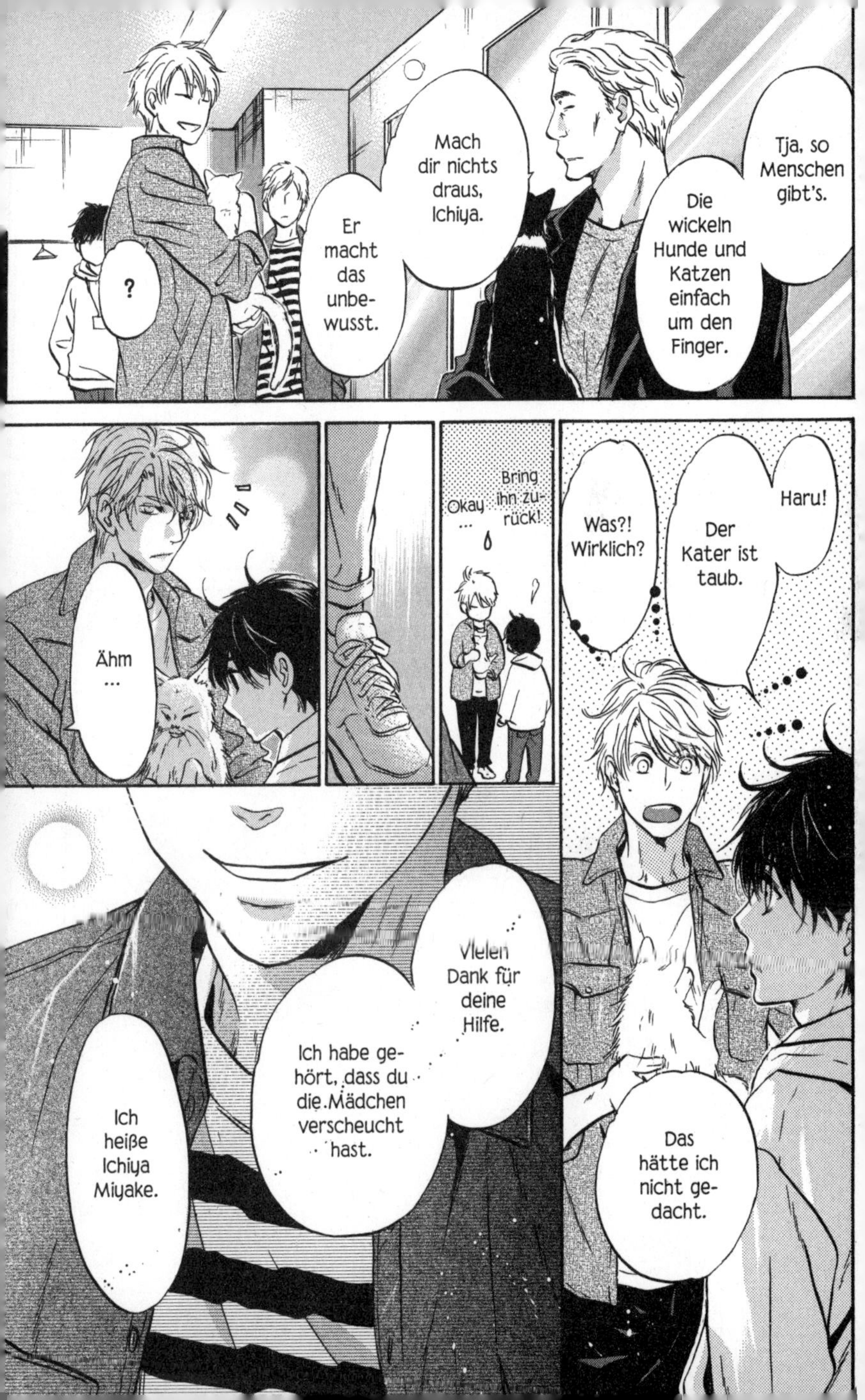
Tja, so Menschen gibt's.
Die wickeln Hunde und Katzen einfach um den Finger.
Mach dir nichts draus, Ichiya.
Er macht das unbewusst.
?
Haru!
Der Kater ist taub.
Was?! Wirklich?
Bring ihn zurück!
Okay ...
Ähm ...
Das hätte ich nicht gedacht.
Vielen Dank für deine Hilfe.
Ich habe gehört, dass du die Mädchen verscheucht hast.
Ich heiße Ichiya Miyake.

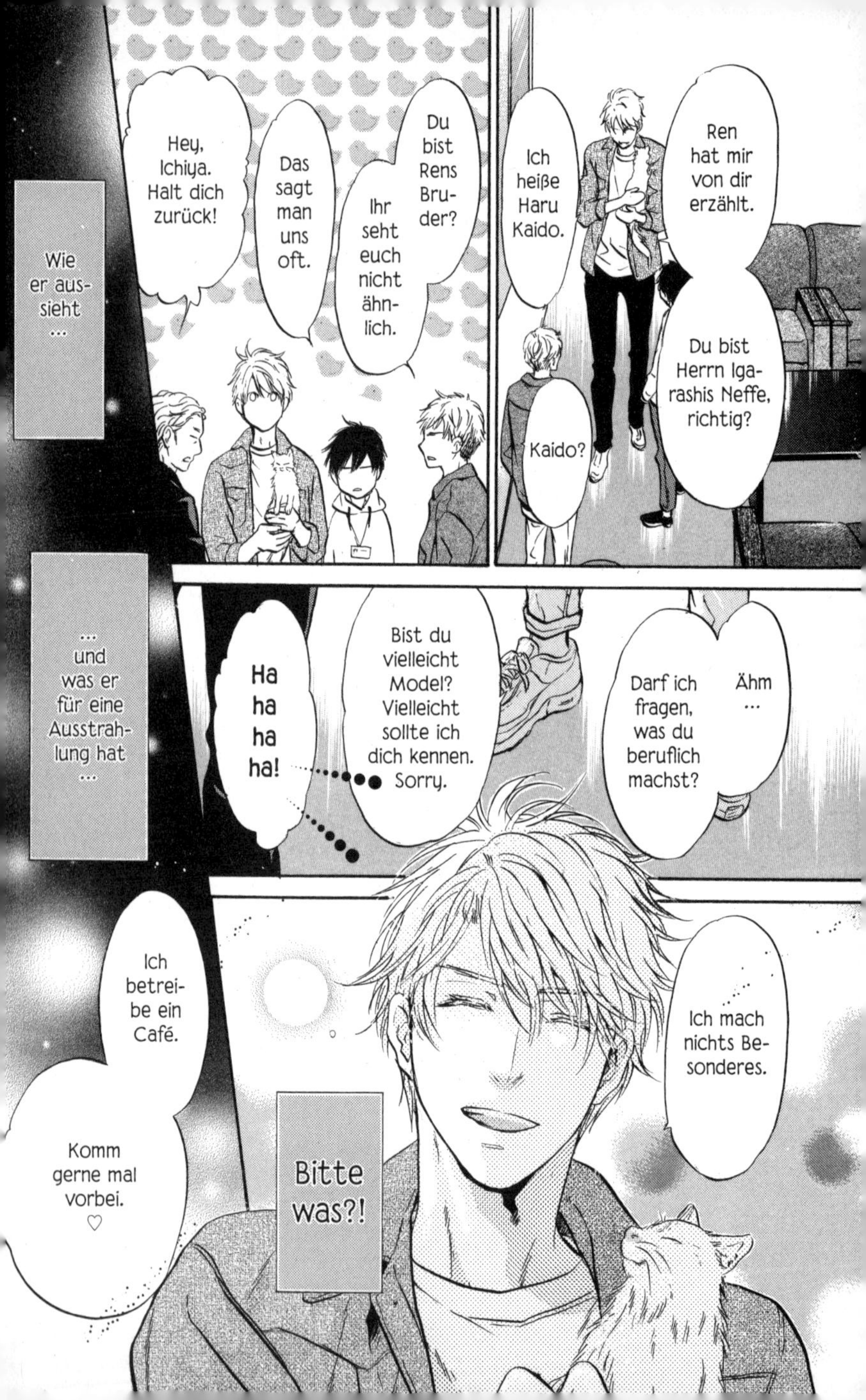
Ren hat mir von dir erzählt.
Ich heiße Haru Kaido.
Du bist Herrn Igarashis Neffe, richtig?
Kaido?
Du bist Rens Bruder?
Ihr seht euch nicht ähnlich.
Das sagt man uns oft.
Hey, Ichiya. Halt dich zurück!
Wie er aussieht …
Ähm …
Darf ich fragen, was du beruflich machst?
Bist du vielleicht Model? Vielleicht sollte ich dich kennen. Sorry.
Ha ha ha ha!
… und was er für eine Ausstrahlung hat …
Ich mach nichts Besonderes.
Ich betreibe ein Café.
Komm gerne mal vorbei. ♡
Bitte was?!

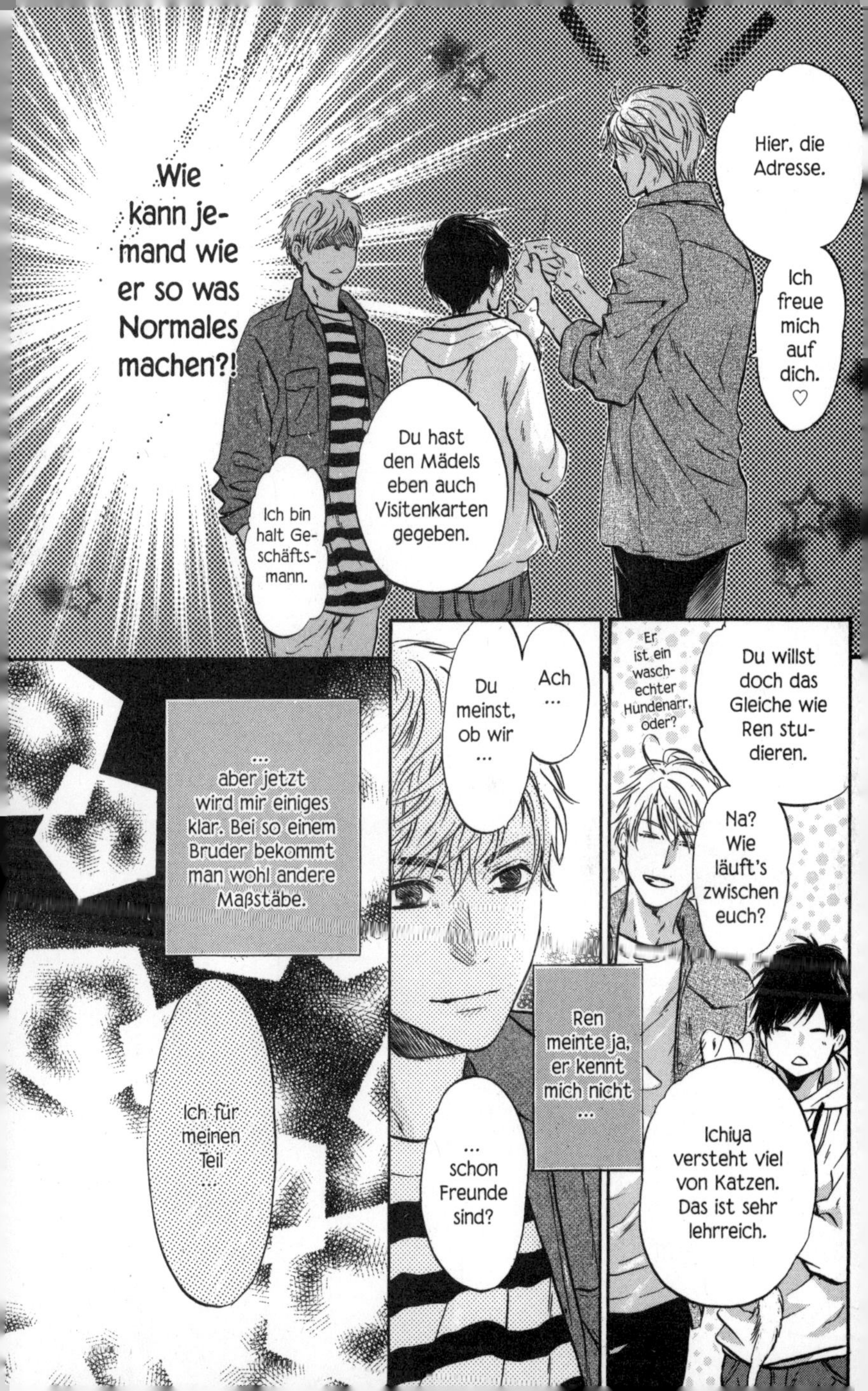

Hier, die Adresse.
Ich freue mich auf dich. ♡
Du hast den Mädels eben auch Visitenkarten gegeben.
Ich bin halt Geschäftsmann.
Wie kann jemand wie er so was Normales machen?!
Du willst doch das Gleiche wie Ren studieren.
Er ist ein waschechter Hundenarr, oder?
Na? Wie läuft's zwischen euch?
Ichiya versteht viel von Katzen. Das ist sehr lehrreich.
Ach ...
Du meinst, ob wir ...
Ren meinte ja, er kennt mich nicht ...
... schon Freunde sind?
... aber jetzt wird mir einiges klar. Bei so einem Bruder bekommt man wohl andere Maßstäbe.
Ich für meinen Teil ...

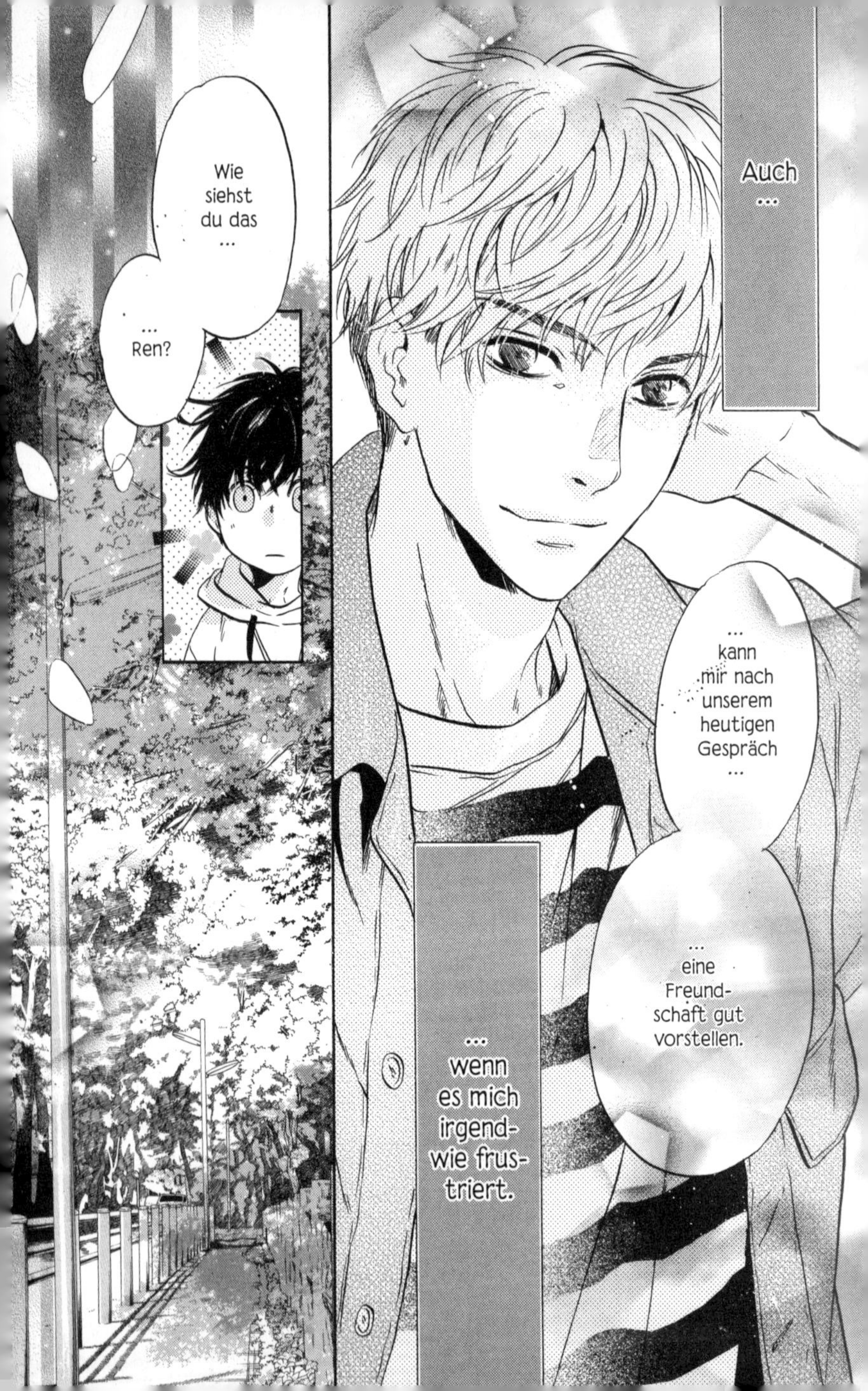
Auch …
… kann mir nach unserem heutigen Gespräch …
… eine Freund-schaft gut vorstellen.
… wenn es mich irgend-wie frus-triert.
Wie siehst du das …
… Ren?

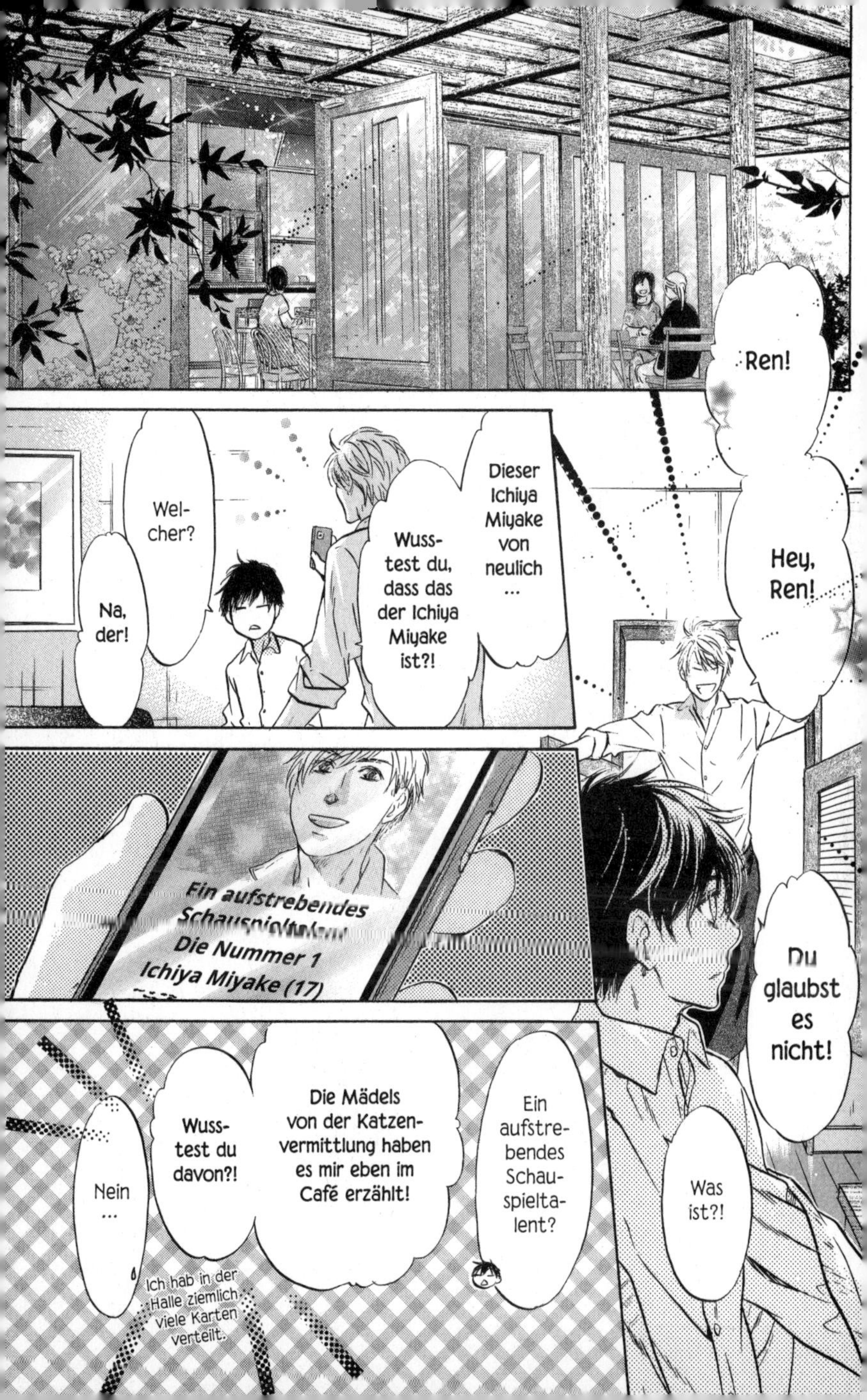
Ren!
Hey, Ren!
Dieser Ichiya Miyake von neulich ...
Wusstest du, dass das der Ichiya Miyake ist?!
Welcher?
Na, der!
Ein aufstrebendes
Die Nummer 1
Ichiya Miyake (17)
Du glaubst es nicht!
Was ist?!
Ein aufstrebendes Schauspieltalent?
Die Mädels von der Katzenvermittlung haben es mir eben im Café erzählt!
Wusstest du davon?!
Nein ...
Ich hab in der Halle ziemlich viele Karten verteilt.

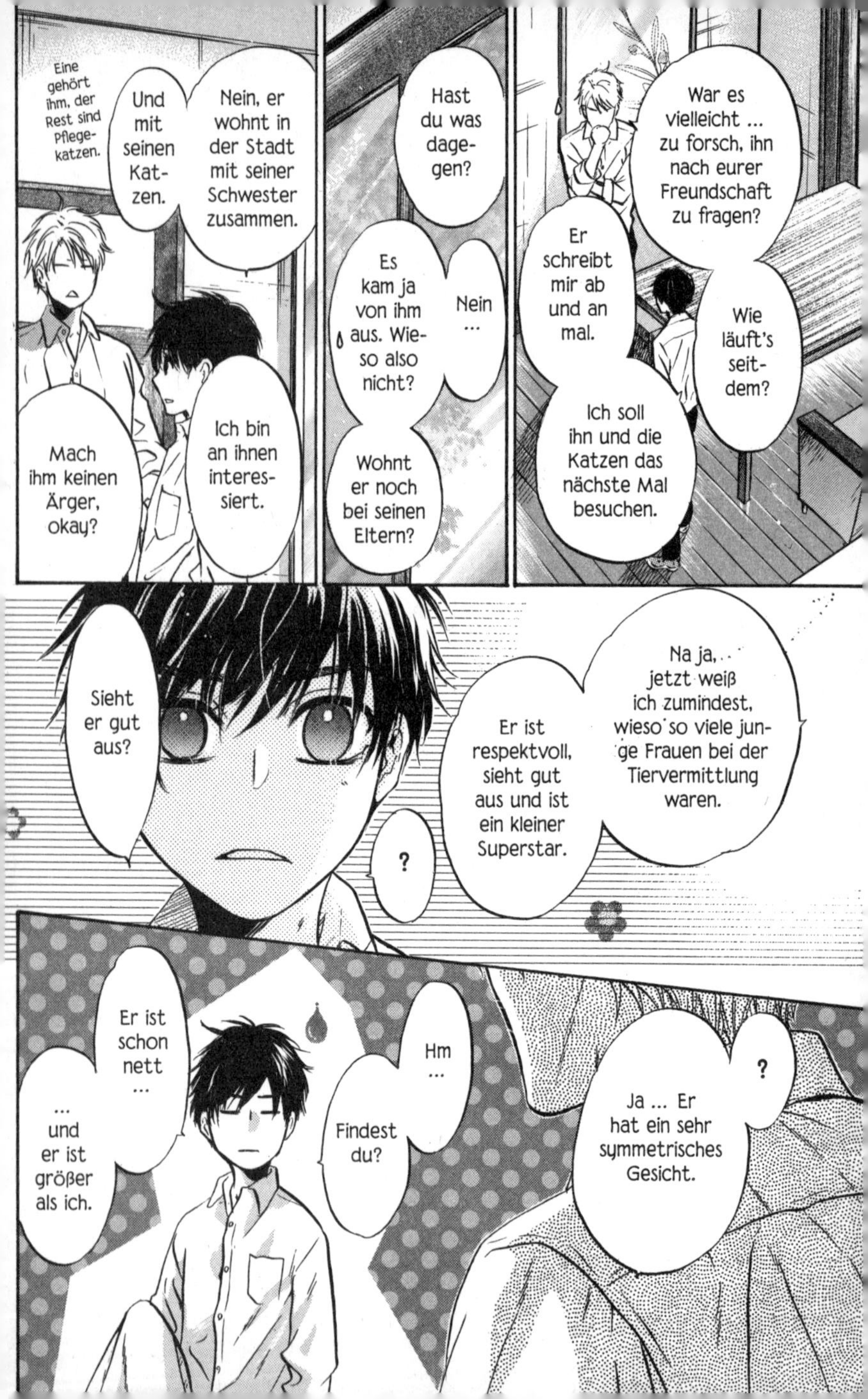
War es vielleicht … zu forsch, ihn nach eurer Freundschaft zu fragen?
Er schreibt mir ab und an mal.
Wie läuft's seitdem?
Ich soll ihn und die Katzen das nächste Mal besuchen.
Hast du was dagegen?
Nein …
Es kam ja von ihm aus. Wieso also nicht?
Wohnt er noch bei seinen Eltern?
Nein, er wohnt in der Stadt mit seiner Schwester zusammen.
Und mit seinen Katzen.
Eine gehört ihm, der Rest sind Pflegekatzen.
Ich bin an ihnen interessiert.
Mach ihm keinen Ärger, okay?
Na ja, jetzt weiß ich zumindest, wieso so viele junge Frauen bei der Tiervermittlung waren.
Er ist respektvoll, sieht gut aus und ist ein kleiner Superstar.
?
Sieht er gut aus?
?
Ja … Er hat ein sehr symmetrisches Gesicht.
Hm …
Findest du?
Er ist schon nett …
… und er ist größer als ich.

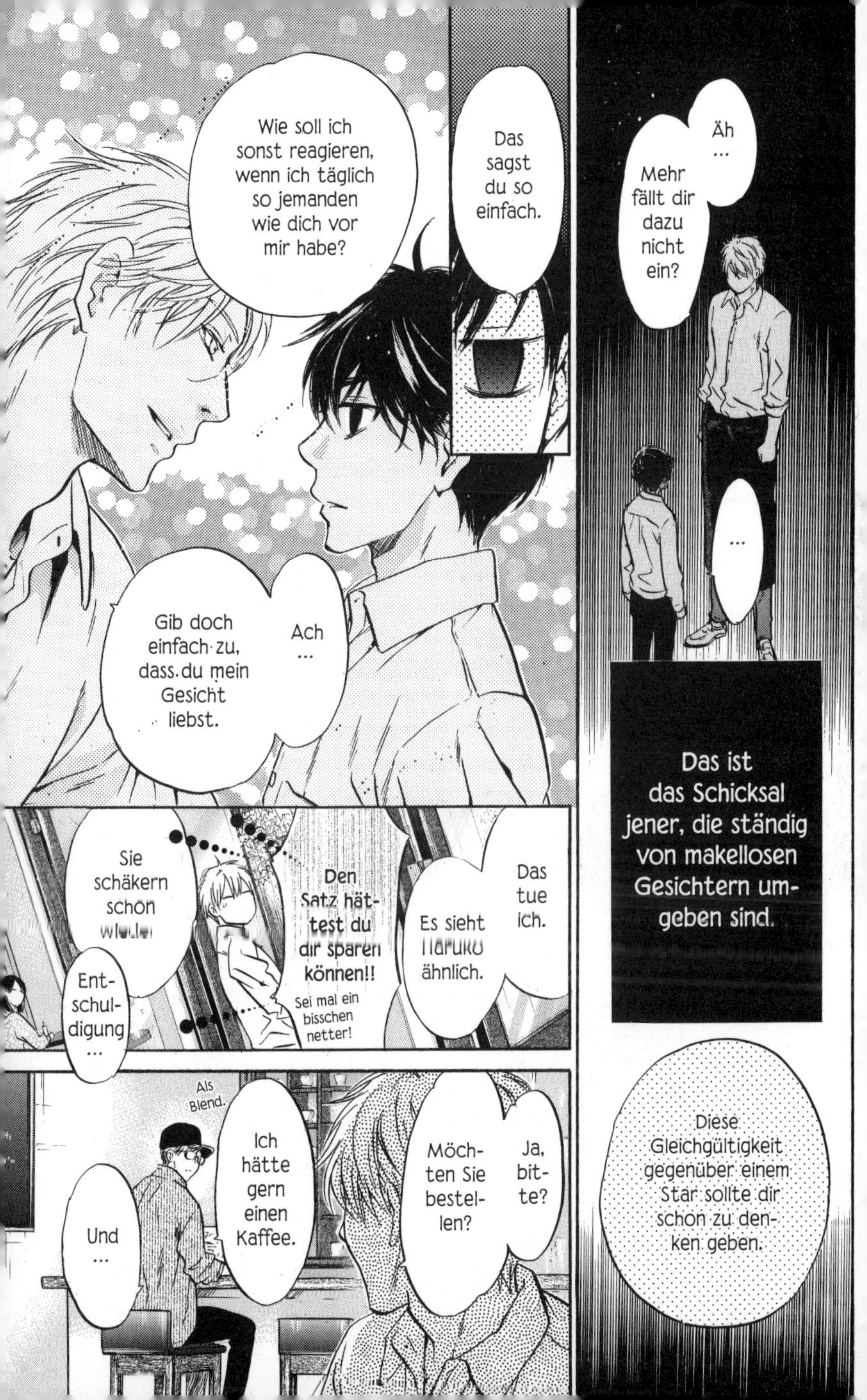
Äh ...
Mehr fällt dir dazu nicht ein?
...
Das ist das Schicksal jener, die ständig von makellosen Gesichtern umgeben sind.
Das sagst du so einfach.
Wie soll ich sonst reagieren, wenn ich täglich so jemanden wie dich vor mir habe?
Ach ...
Gib doch einfach zu, dass du mein Gesicht liebst.
Das tue ich.
Es sieht
ähnlich.
Den Satz hättest du dir sparen können!!
Sei mal ein bisschen netter!
Sie schäkern schon
Entschuldigung ...
Ja, bitte?
Möchten Sie bestellen?
Ich hätte gern einen Kaffee.
Als Blend.
Und ...
Diese Gleichgültigkeit gegenüber einem Star sollte dir schon zu denken geben.

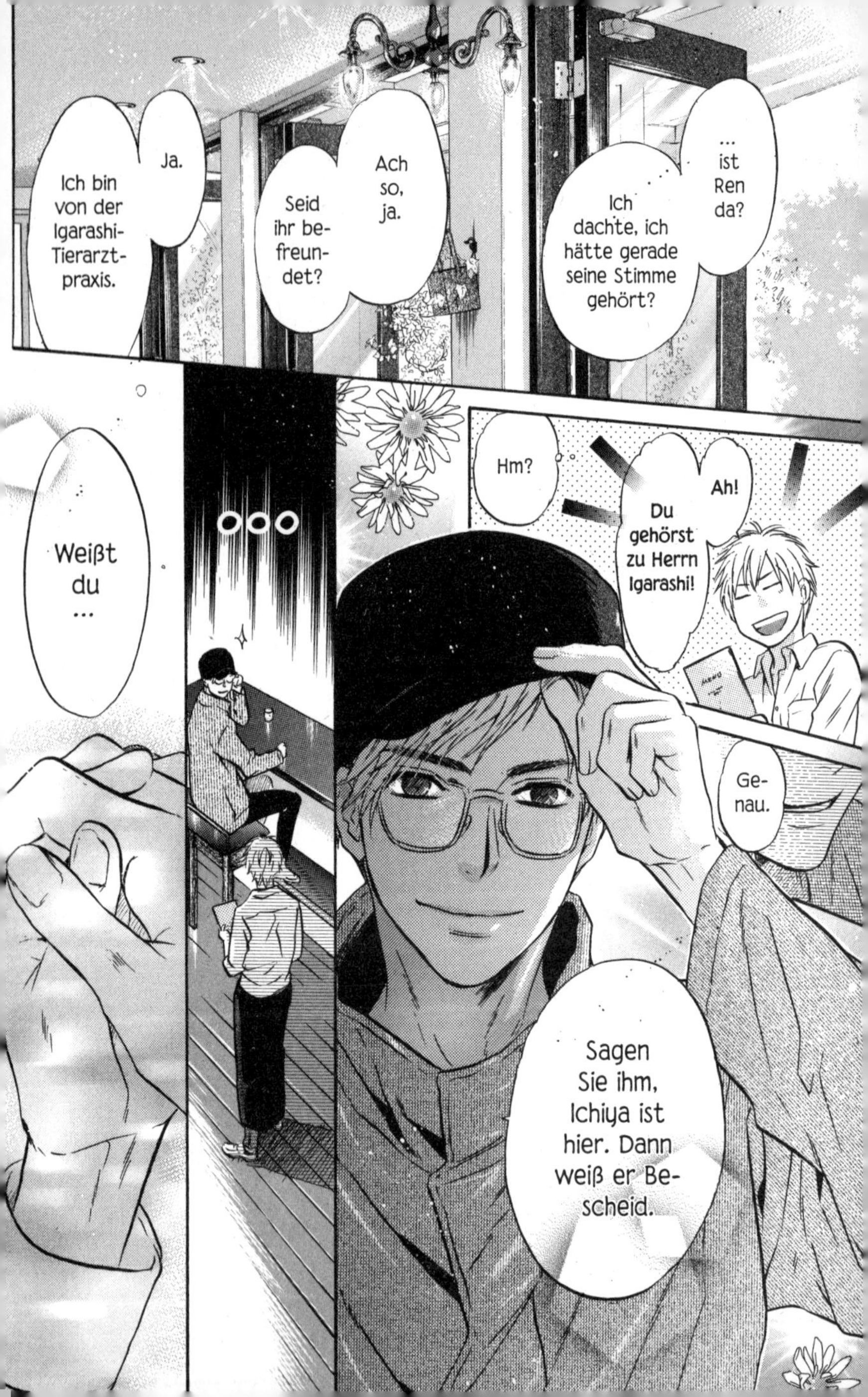
... ist Ren da?
Ich dachte, ich hätte gerade seine Stimme gehört?
Ach so, ja.
Seid ihr befreundet?
Ja.
Ich bin von der Igarashi-Tierarztpraxis.
Ah!
Du gehörst zu Herrn Igarashi!
Hm?
Genau.
Sagen Sie ihm, Ichiya ist hier. Dann weiß er Bescheid.
Weißt du ...

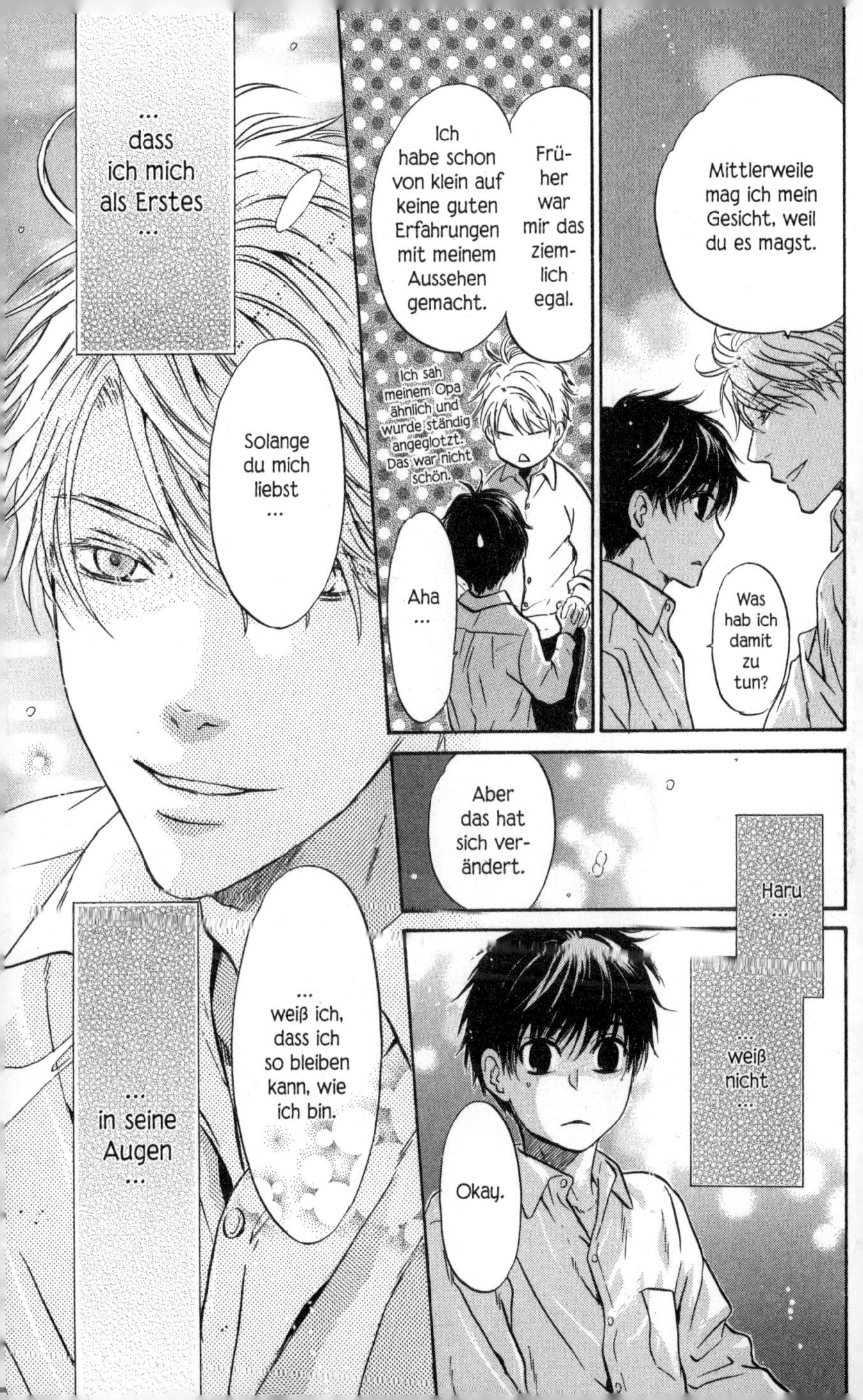

Mittlerweile mag ich mein Gesicht, weil du es magst.
Was hab ich damit zu tun?
Früher war mir das ziemlich egal.
Ich habe schon von klein auf keine guten Erfahrungen mit meinem Aussehen gemacht.
Ich sah meinem Opa ähnlich und wurde ständig angeglotzt. Das war nicht schön.
Aha ...
Aber das hat sich verändert.
Haru ...
... weiß nicht ...
Okay.
Solange du mich liebst ...
... weiß ich, dass ich so bleiben kann, wie ich bin.
... dass ich mich als Erstes ...
... in seine Augen ...

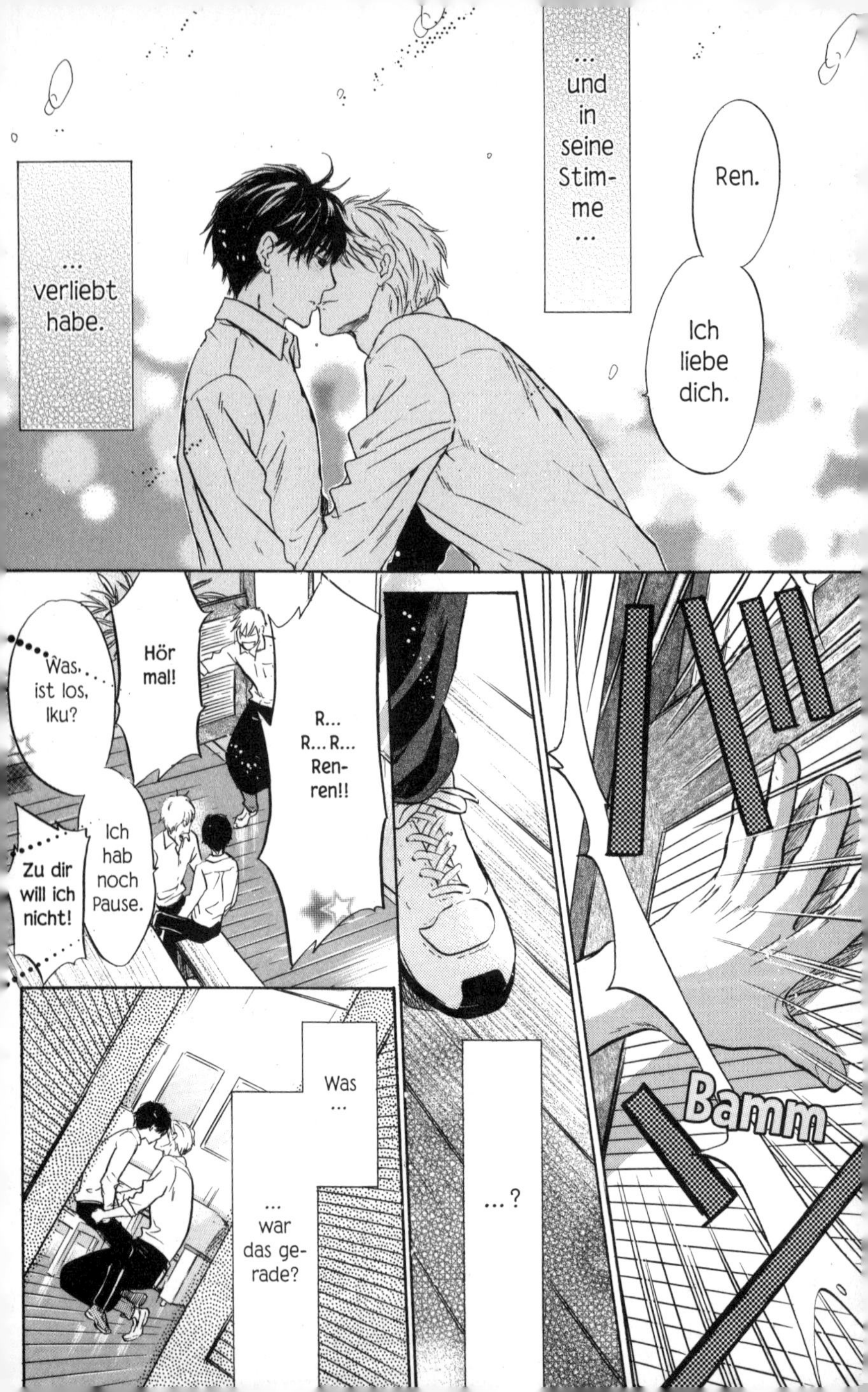

... und in seine Stim-me ...
Ren.
Ich liebe dich.
... verliebt habe.
Bamm
R... R... R... Ren-ren!!
Hör mal!
Was ist los, Iku?
Ich hab noch Pause.
Zu dir will ich nicht!
...?
Was ...
... war das ge-rade?

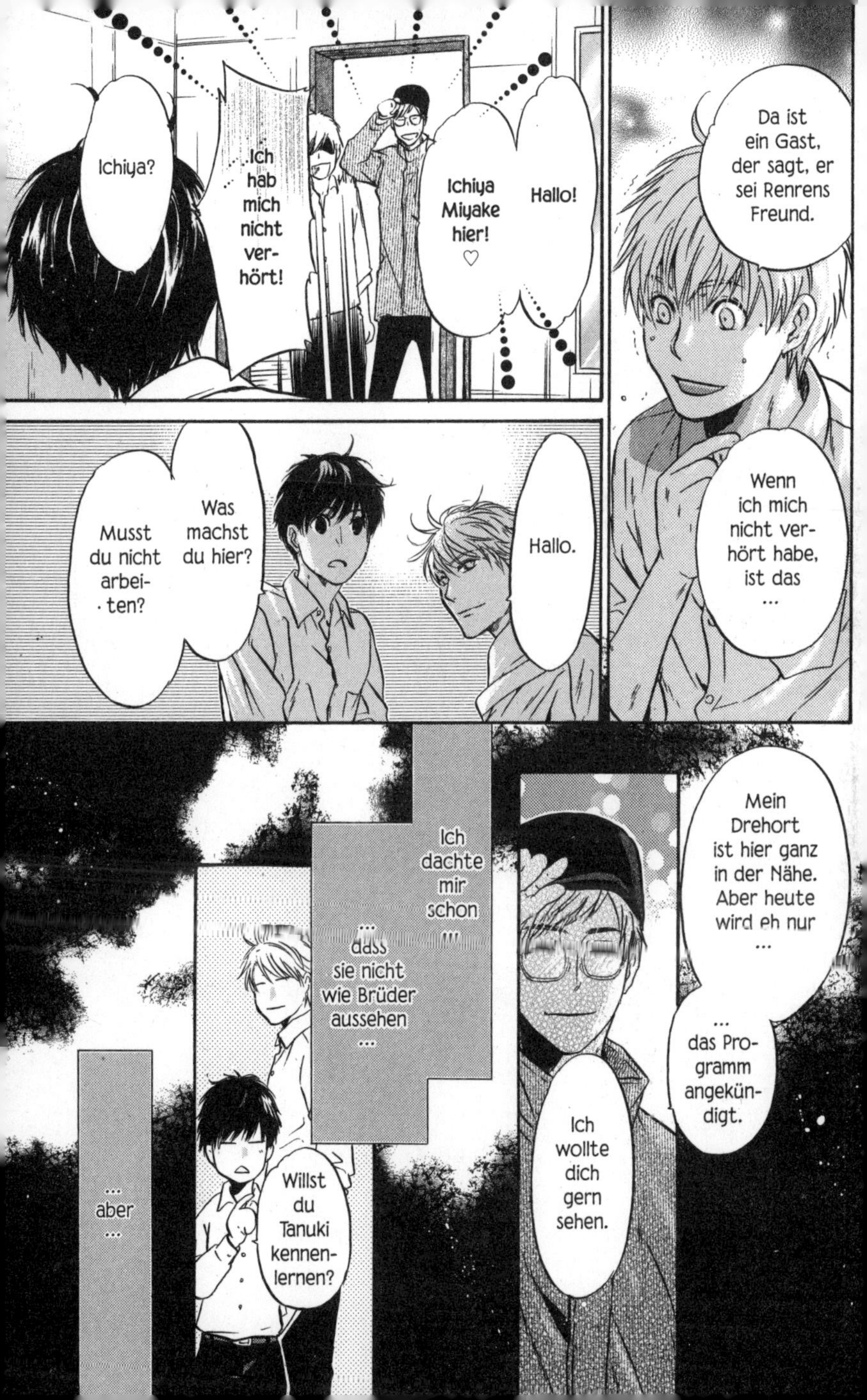
Da ist ein Gast, der sagt, er sei Renrens Freund.
Wenn ich mich nicht verhört habe, ist das ...
Hallo!
Ichiya Miyake hier! ♡
Ich hab mich nicht verhört!
Ichiya?
Hallo.
Was machst du hier?
Musst du nicht arbeiten?
Mein Drehort ist hier ganz in der Nähe. Aber heute wird eh nur ...
... das Programm angekündigt.
Ich wollte dich gern sehen.
Ich dachte mir schon ...
... dass sie nicht wie Brüder aussehen ...
Willst du Tanuki kennenlernen?
... aber ...

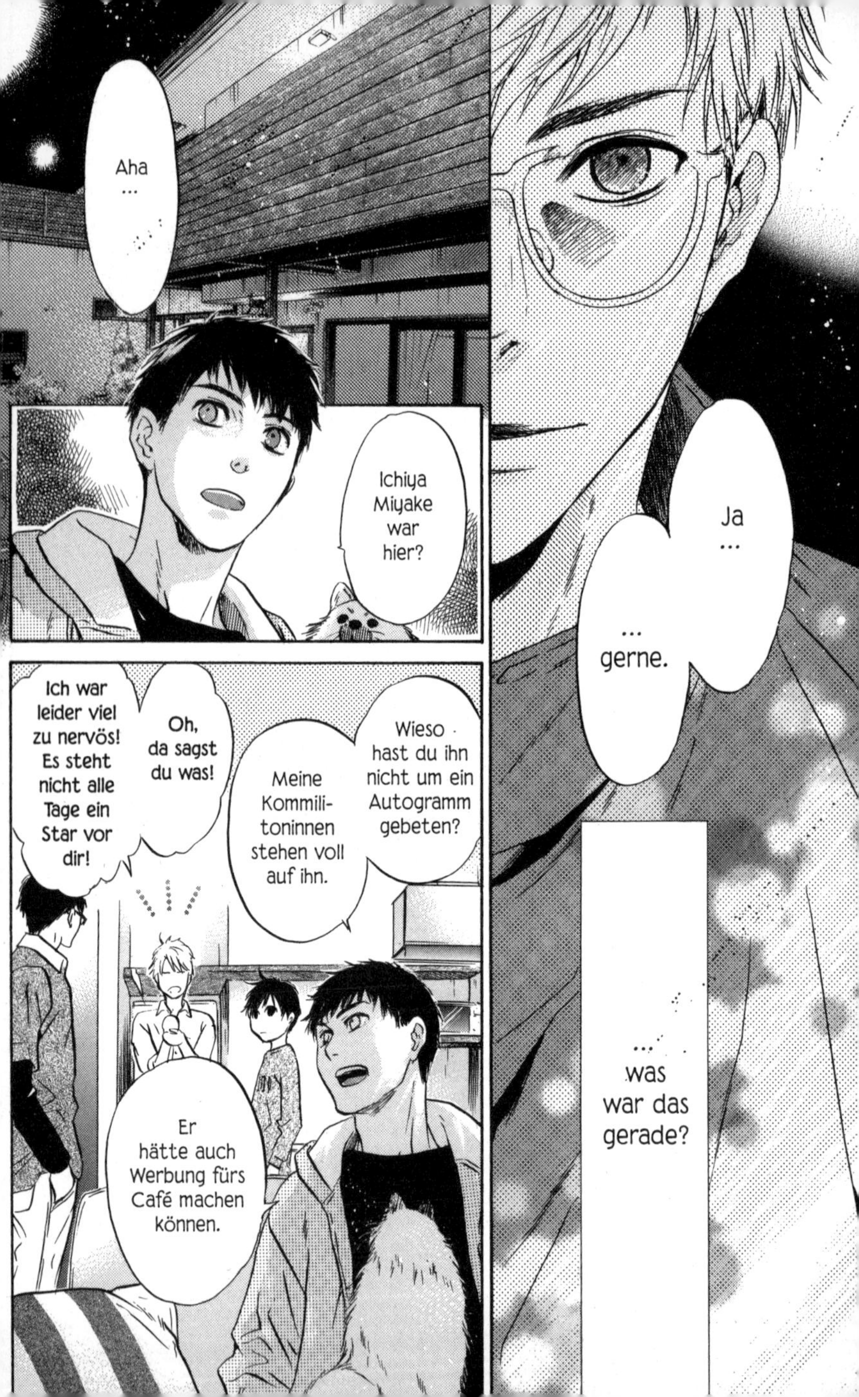

Ja ...
... gerne.
Aha ...
Ichiya Miyake war hier?
Wieso hast du ihn nicht um ein Autogramm gebeten?
Meine Kommilitoninnen stehen voll auf ihn.
Oh, da sagst du was!
Ich war leider viel zu nervös! Es steht nicht alle Tage ein Star vor dir!
Er hätte auch Werbung fürs Café machen können.
... was war das gerade?

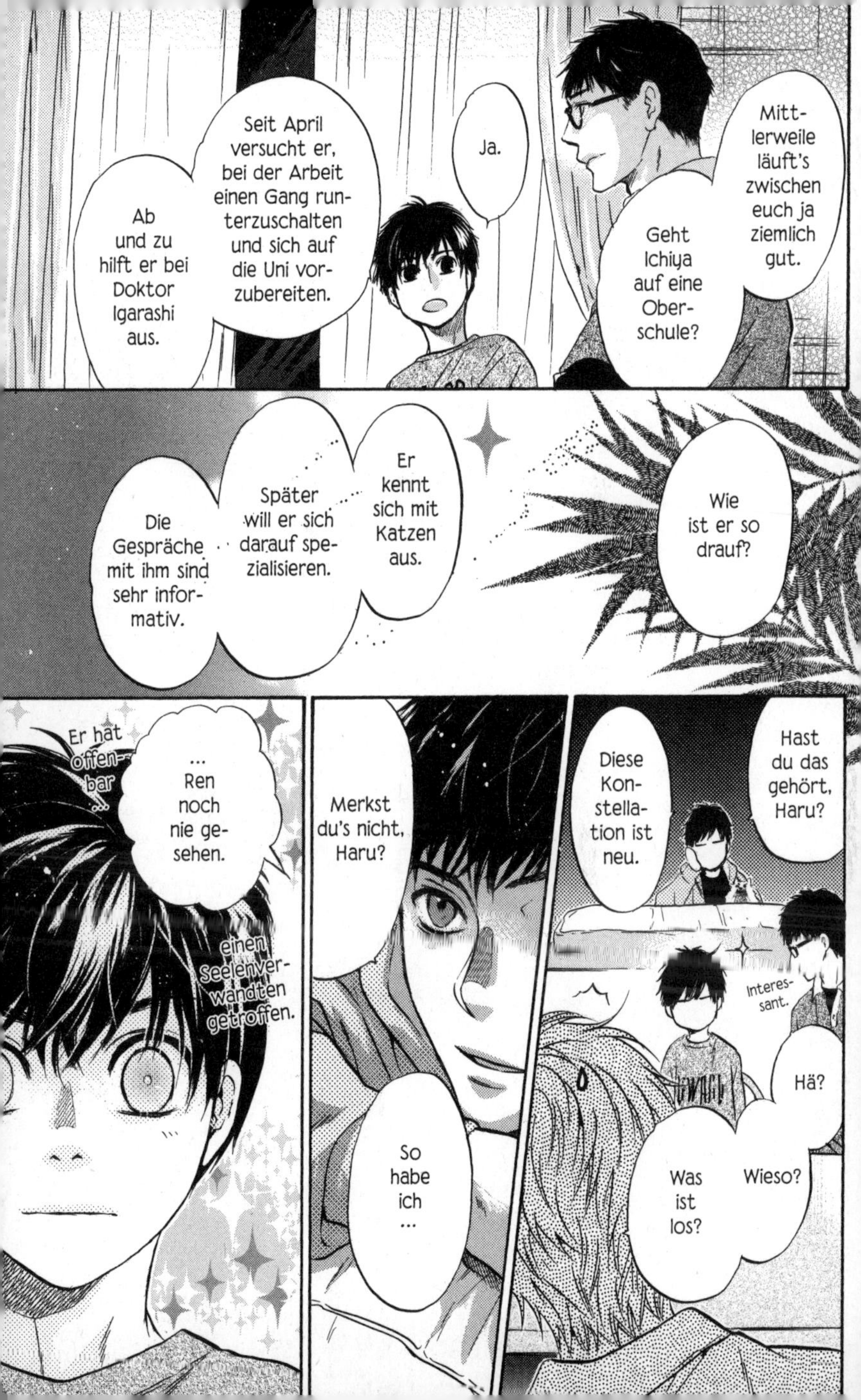

Mittlerweile läuft's zwischen euch ja ziemlich gut.
Geht Ichiya auf eine Oberschule?
Ja.
Seit April versucht er, bei der Arbeit einen Gang runterzuschalten und sich auf die Uni vorzubereiten.
Ab und zu hilft er bei Doktor Igarashi aus.
Wie ist er so drauf?
Er kennt sich mit Katzen aus.
Später will er sich darauf spezialisieren.
Die Gespräche mit ihm sind sehr informativ.
Hast du das gehört, Haru?
Diese Konstellation ist neu.
Interessant.
Hä?
Wieso?
Was ist los?
Merkst du's nicht, Haru?
So habe ich …
Er hat offenbar …
… Ren noch nie gesehen.
einen Seelenverwandten getroffen.

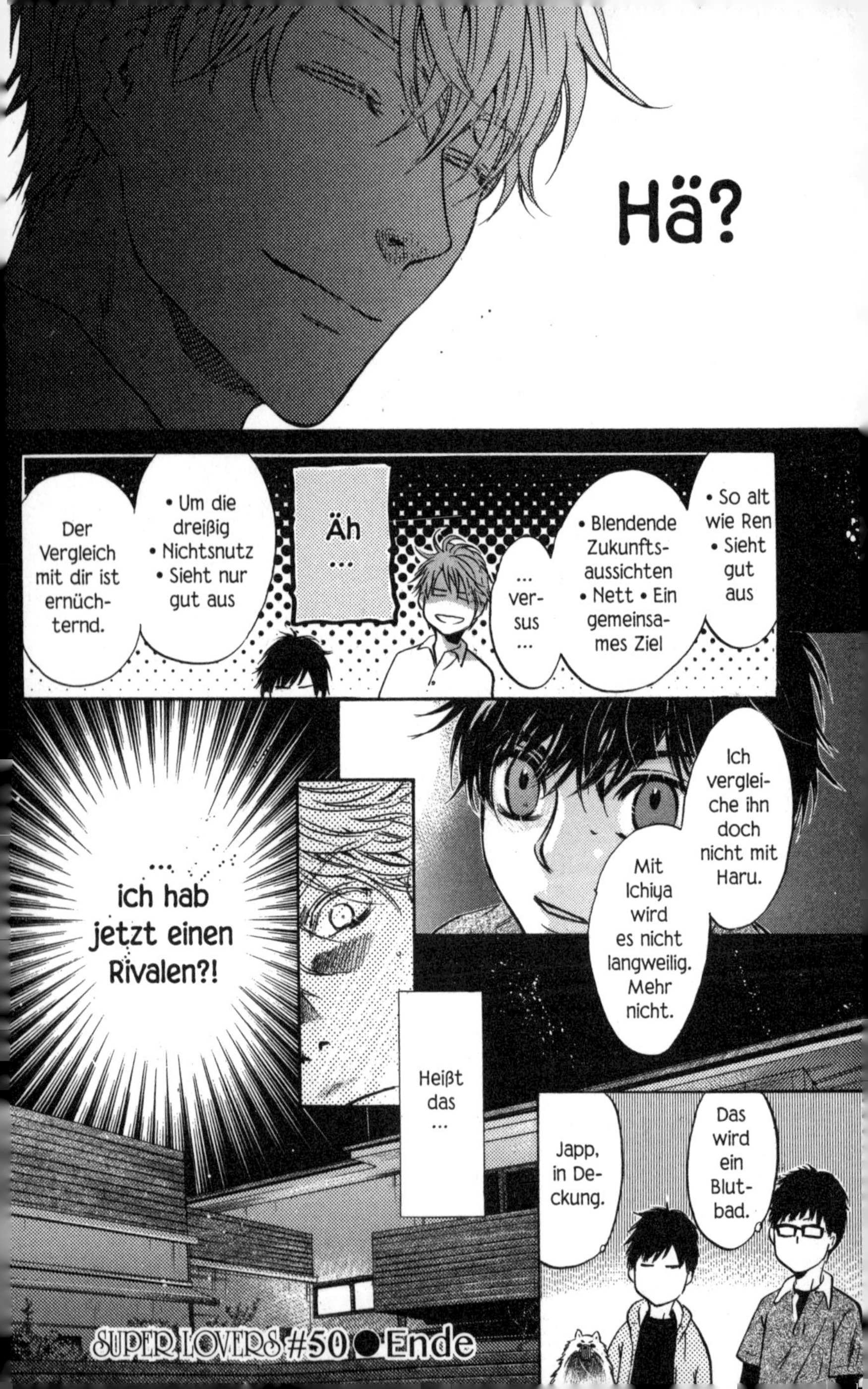
Hä?
• So alt wie Ren • Sieht gut aus
• Blendende Zukunftsaussichten • Nett • Ein gemeinsames Ziel
... versus ...
Äh ...
• Um die dreißig • Nichtsnutz • Sieht nur gut aus
Der Vergleich mit dir ist ernüchternd.
Ich vergleiche ihn doch nicht mit Haru.
Mit Ichiya wird es nicht langweilig. Mehr nicht.
Heißt das ...
... ich hab jetzt einen Rivalen?!
Das wird ein Blutbad.
Japp, in Deckung.
SUPER LOVERS #50 ● Ende

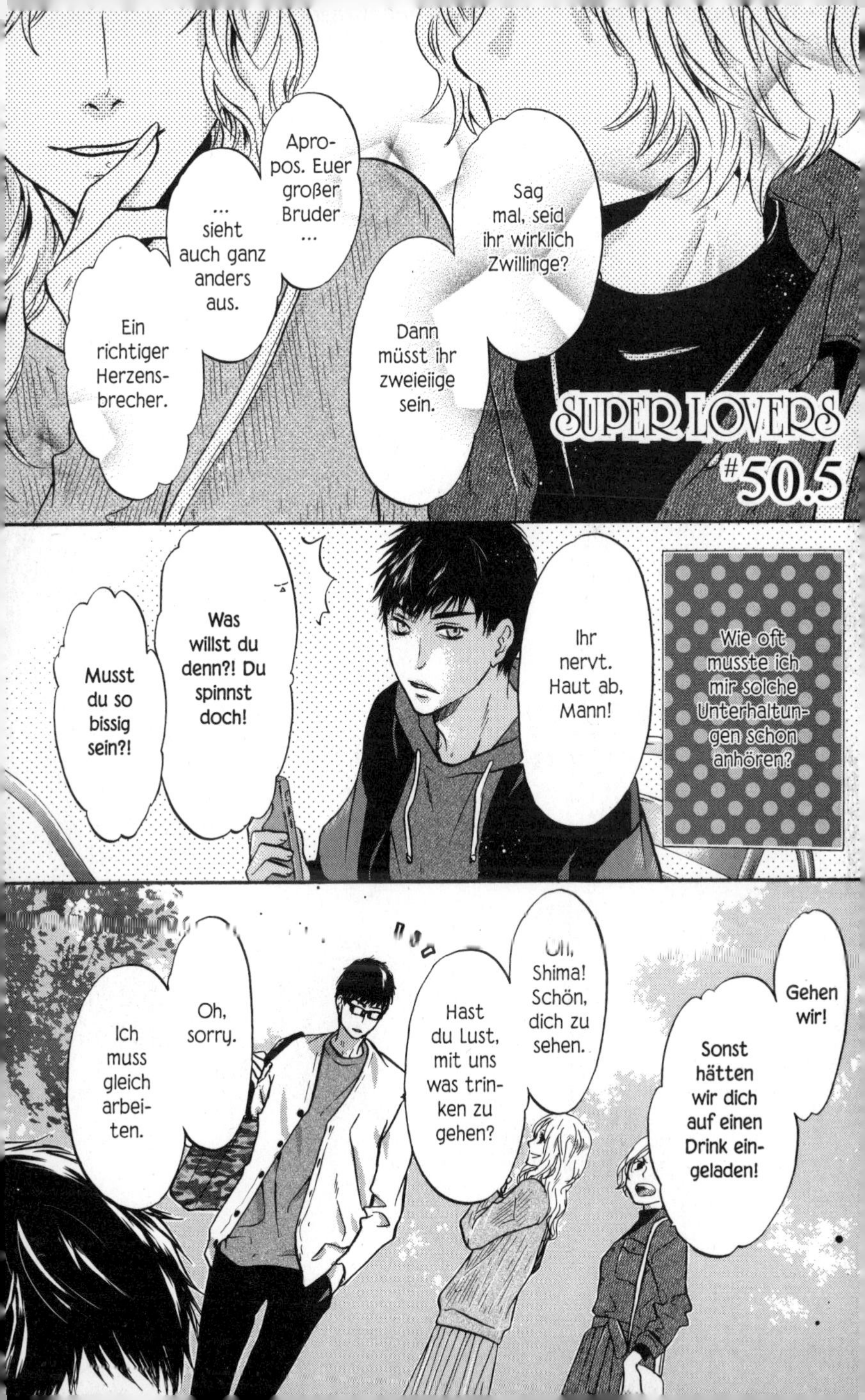
SUPER LOVERS
#50.5
Sag mal, seid ihr wirklich Zwillinge?
Dann müsst ihr zweieiige sein.
Apropos. Euer großer Bruder ...
... sieht auch ganz anders aus.
Ein richtiger Herzensbrecher.
Wie oft musste ich mir solche Unterhaltungen schon anhören?
Ihr nervt. Haut ab, Mann!
Was willst du denn?! Du spinnst doch!
Musst du so bissig sein?!
Gehen wir!
Sonst hätten wir dich auf einen Drink eingeladen!
Shima! Schön, dich zu sehen.
Hast du Lust, mit uns was trinken zu gehen?
Oh, sorry.
Ich muss gleich arbeiten.

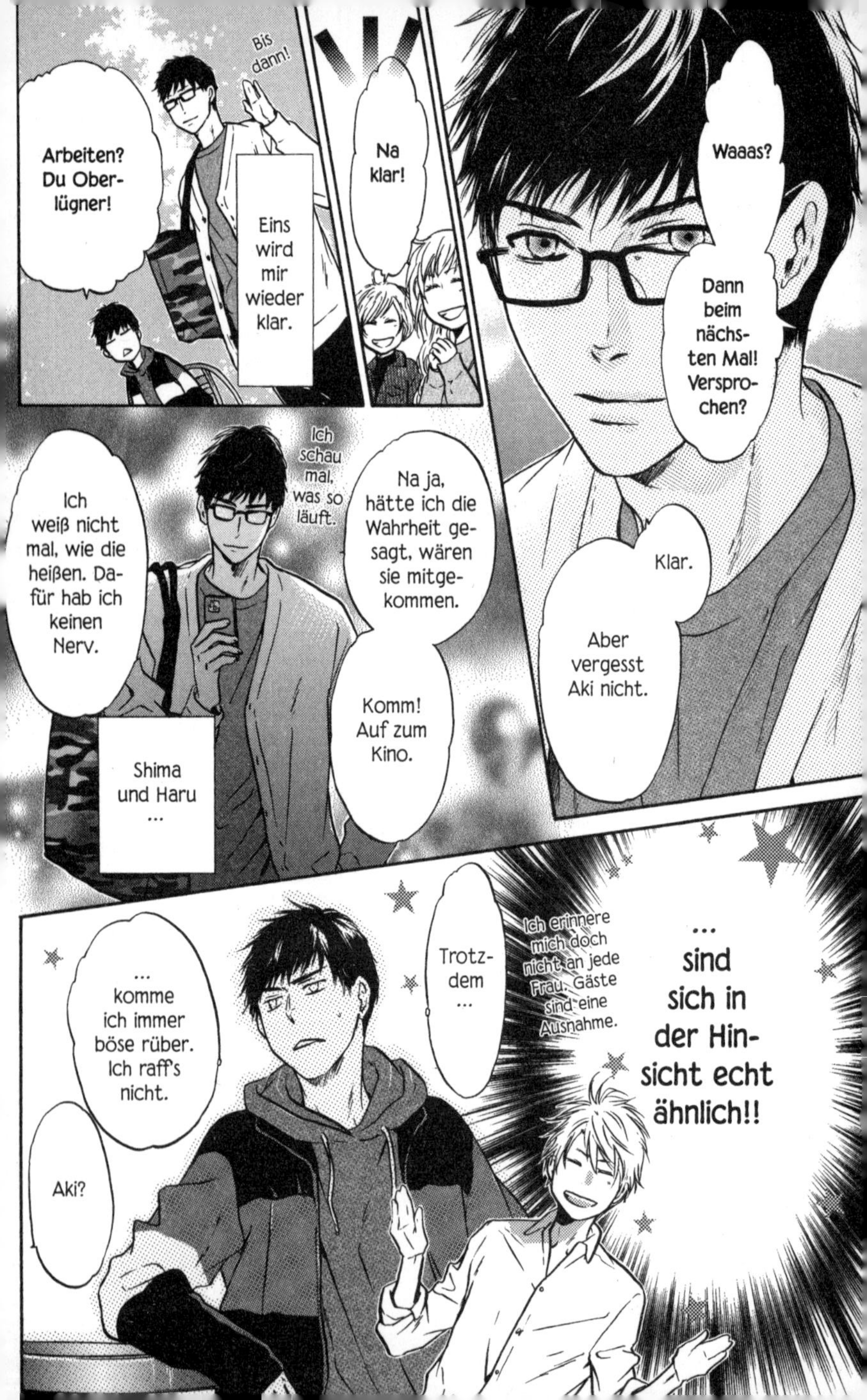
Waaas?
Dann beim nächsten Mal! Versprochen?
Na klar!
Bis dann!
Arbeiten? Du Oberlügner!
Eins wird mir wieder klar.
Klar.
Aber vergesst Aki nicht.
Na ja, hätte ich die Wahrheit gesagt, wären sie mitgekommen.
Komm! Auf zum Kino.
Ich schau mal, was so läuft.
Ich weiß nicht mal, wie die heißen. Dafür hab ich keinen Nerv.
Shima und Haru ...
... sind sich in der Hinsicht echt ähnlich!!
Ich erinnere mich doch nicht an jede Frau. Gäste sind eine Ausnahme.
Trotzdem ...
... komme ich immer böse rüber. Ich raff's nicht.
Aki?

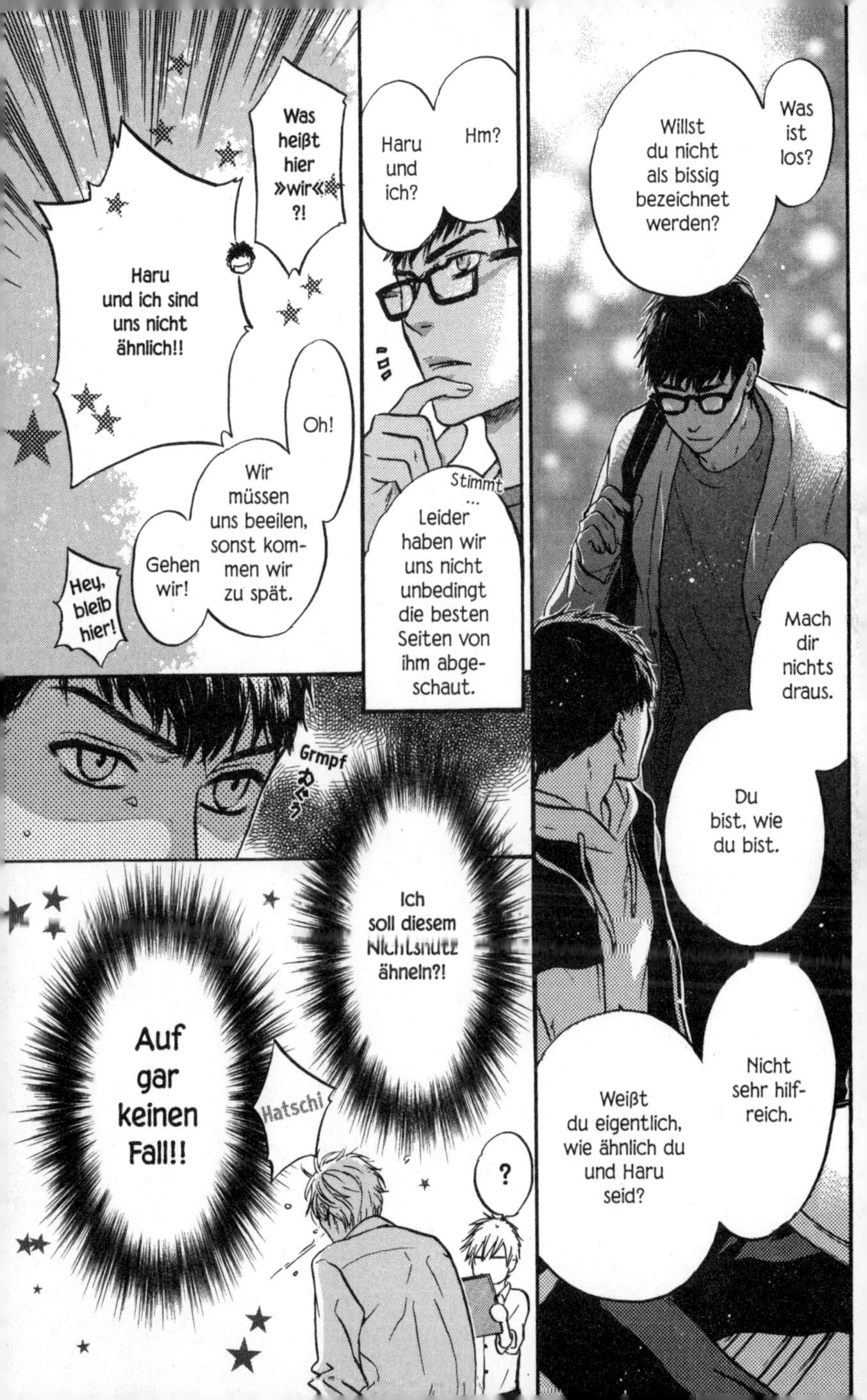
Was ist los?
Willst du nicht als bissig bezeichnet werden?
Mach dir nichts draus.
Du bist, wie du bist.
Nicht sehr hilfreich.
Weißt du eigentlich, wie ähnlich du und Haru seid?
Hm?
Haru und ich?
Stimmt …
Leider haben wir uns nicht unbedingt die besten Seiten von ihm abgeschaut.
Was heißt hier »wir«?!
Haru und ich sind uns nicht ähnlich!!
Oh!
Wir müssen uns beeilen, sonst kommen wir zu spät.
Gehen wir!
Hey, bleib hier!
Grmpf
Ich soll diesem Nichtsnutz ähneln?!
Auf gar keinen Fall!!
Hatschi
?

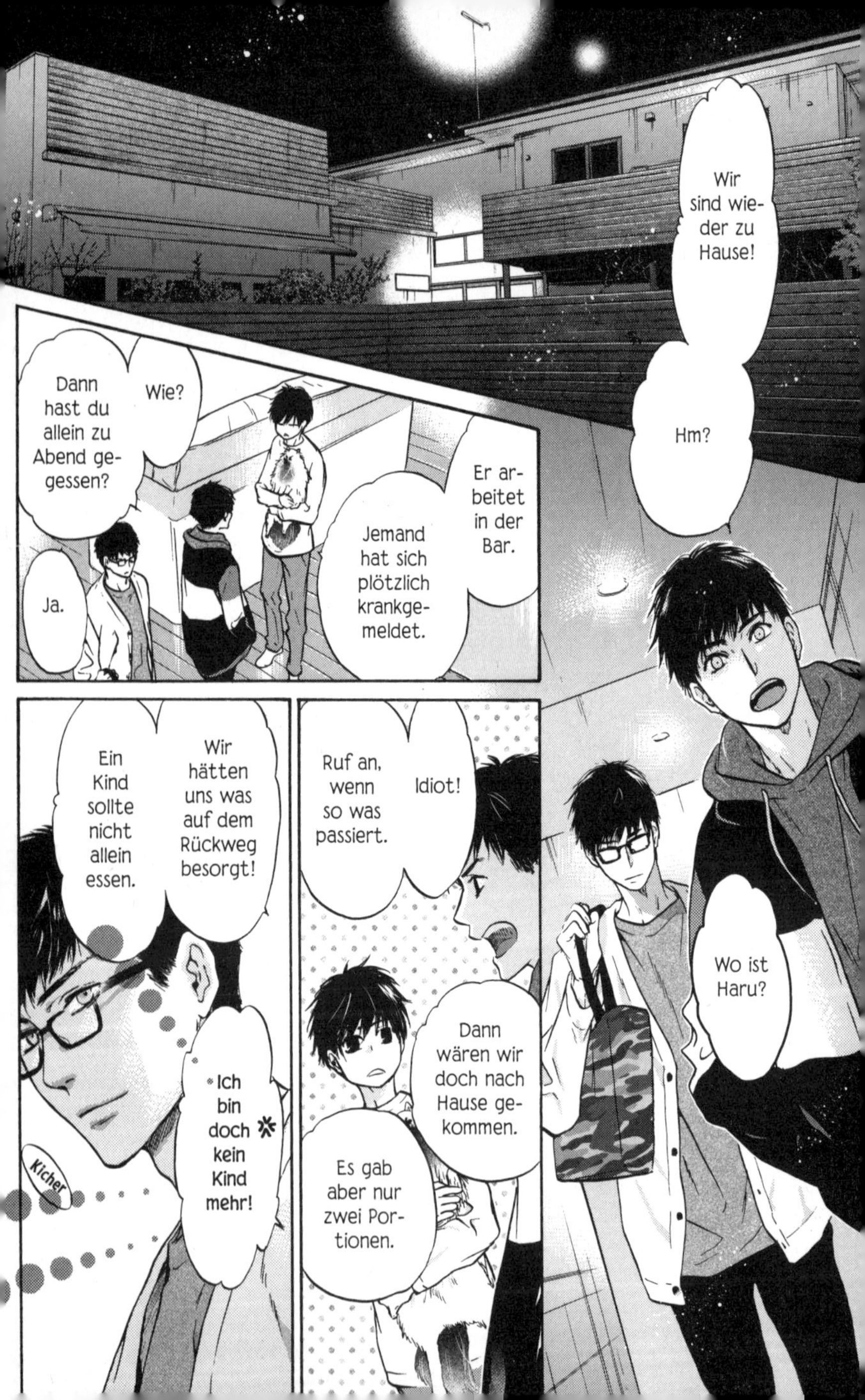
Wir sind wieder zu Hause!
Hm?
Wo ist Haru?
Er arbeitet in der Bar.
Jemand hat sich plötzlich krankgemeldet.
Wie?
Dann hast du allein zu Abend gegessen?
Ja.
Idiot!
Ruf an, wenn so was passiert.
Dann wären wir doch nach Hause gekommen.
Es gab aber nur zwei Portionen.
Wir hätten uns was auf dem Rückweg besorgt!
Ein Kind sollte nicht allein essen.
Ich bin doch kein Kind mehr!
Kicher

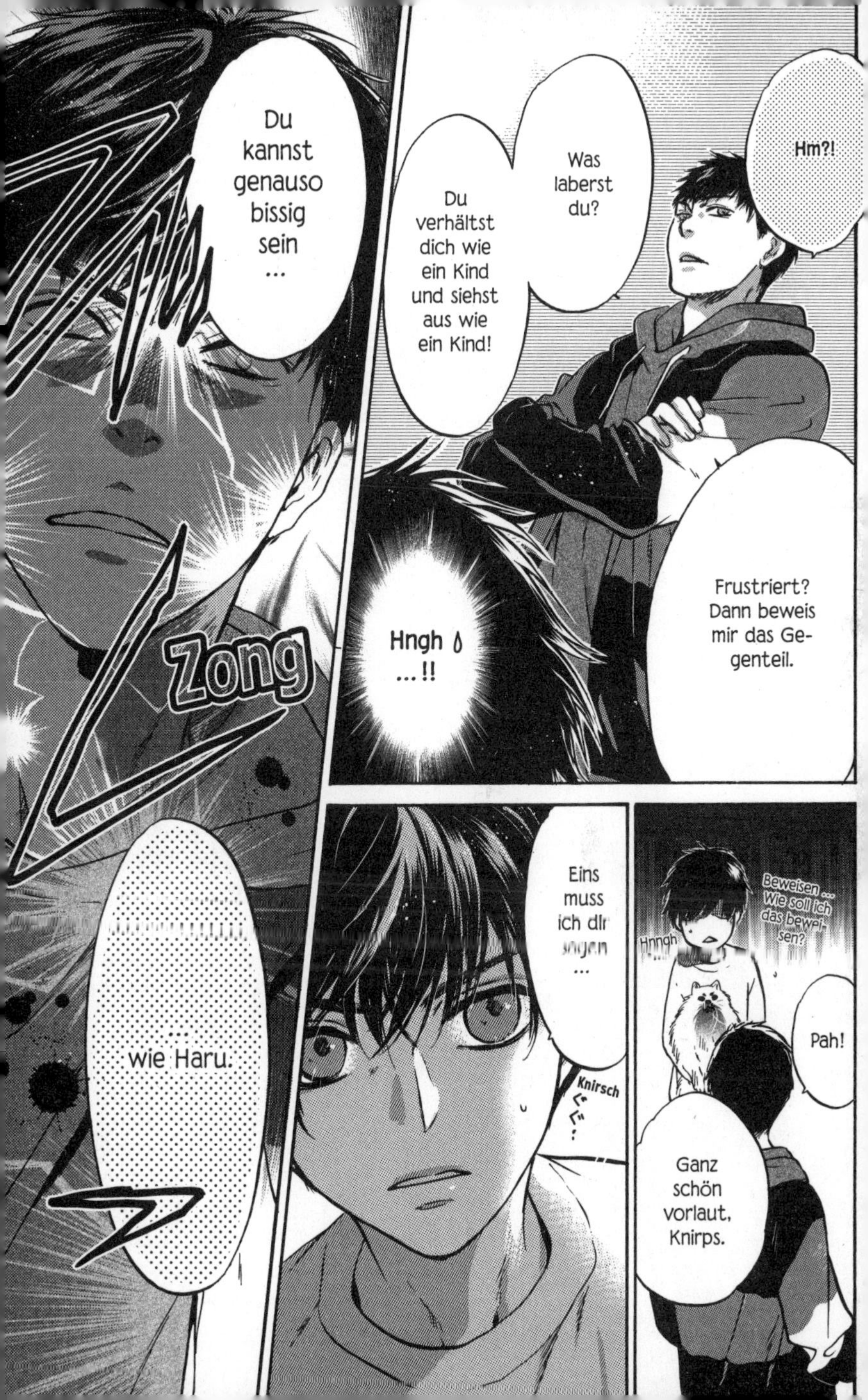
Hm?!
Was laberst du?
Du verhältst dich wie ein Kind und siehst aus wie ein Kind!
Frustriert? Dann beweis mir das Gegenteil.
Hngh ...!!
Du kannst genauso bissig sein ...
Zong
Beweisen ... Wie soll ich das beweisen?
Hnngh
Pah!
Ganz schön vorlaut, Knirps.
Eins muss ich dir sagen ...
Knirsch
... wie Haru.

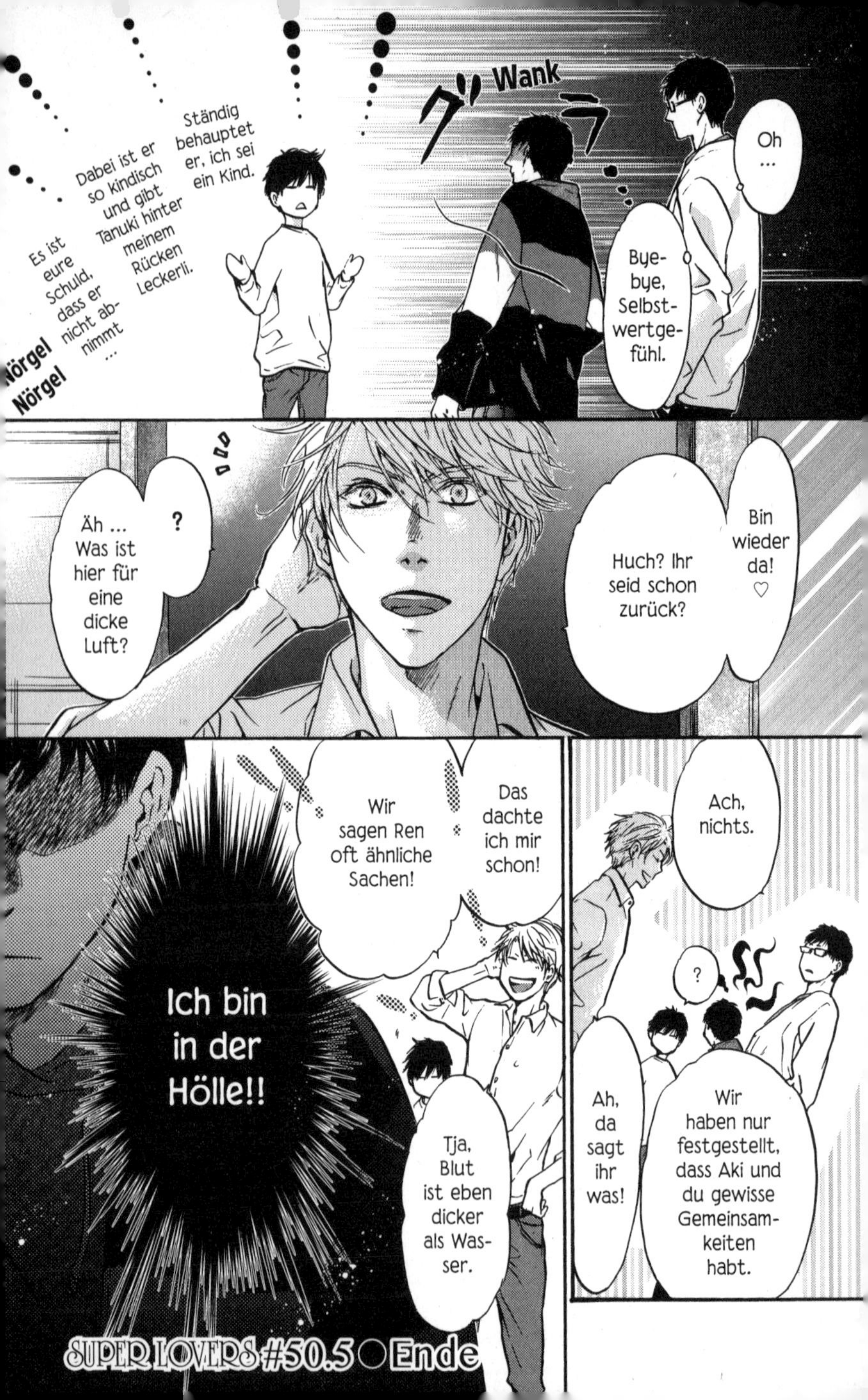
Oh ...
Bye-bye, Selbstwertgefühl.
Wank
Ständig behauptet er, ich sei ein Kind.
Dabei ist er so kindisch und gibt Tanuki hinter meinem Rücken Leckerli.
Es ist eure Schuld, dass er nicht abnimmt ...
Nörgel Nörgel
Bin wieder da! ♡
Huch? Ihr seid schon zurück?
?
Äh ... Was ist hier für eine dicke Luft?
Ach, nichts.
?
Wir haben nur festgestellt, dass Aki und du gewisse Gemeinsamkeiten habt.
Ah, da sagt ihr was!
Das dachte ich mir schon!
Wir sagen Ren oft ähnliche Sachen!
Tja, Blut ist eben dicker als Wasser.
Ich bin in der Hölle!!
SUPER LOVERS #50.5 ● Ende

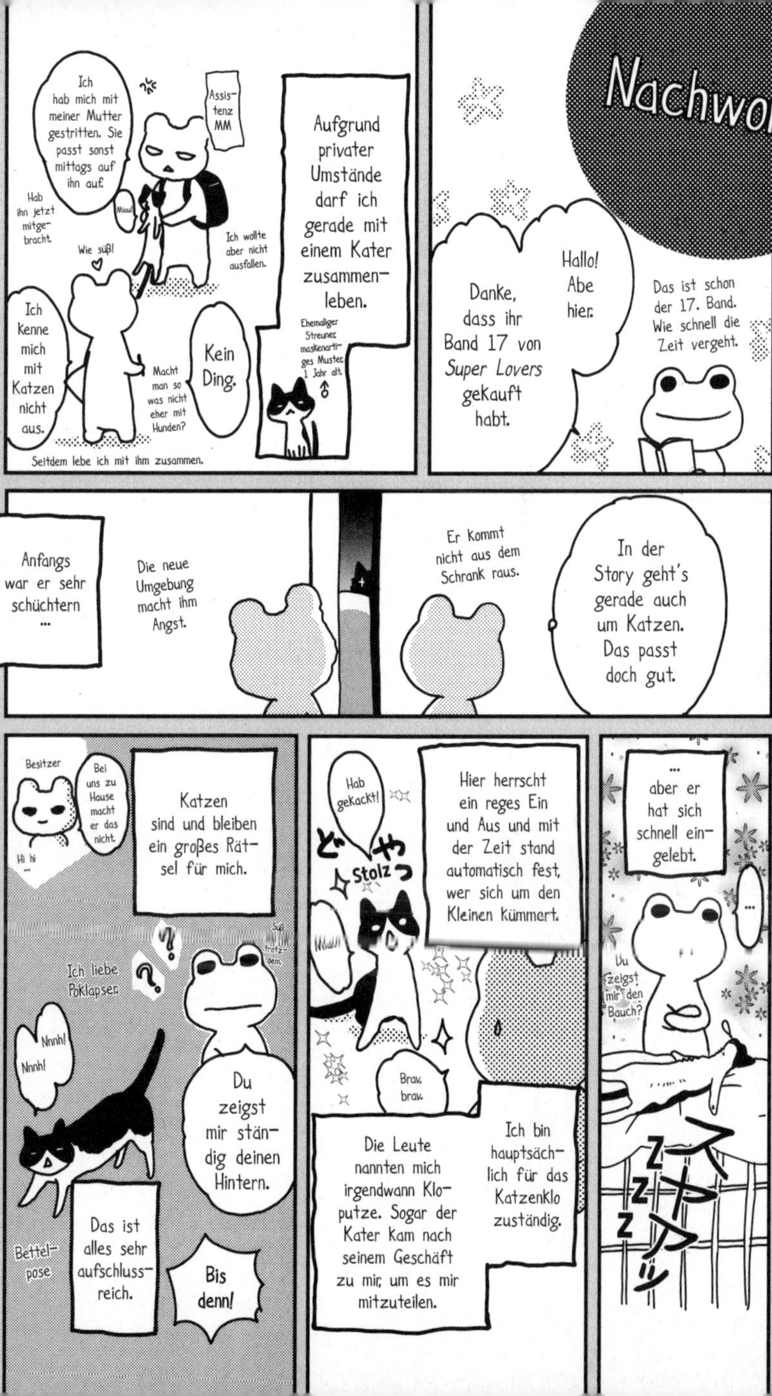

So wird man also zum Dosenöffner.

altraverse

Deutsche Ausgabe / German Edition
Altraverse GmbH – Hamburg 2024
Aus dem Japanischen von Hana Rude

SUPER LOVERS Volume 17

First published in Japan in 2023 by KADOKAWA CORPORATION, Tokyo.
German translation rights arranged with KADOKAWA CORPORATION, Tokyo
through TUTTLE-MORI AGENCY, INC., Tokyo.

Redaktion: Anne Faltin
Herstellung: Michaela Müller
Lettering: Vibrant Publishing Studio

Druck: Nørhaven A/S, Viborg
Printed in Denmark

FSC www.fsc.org MIX Papier | Fördert gute Waldnutzung FSC® C104608

ISBN 978-3-7539-2832-6
1. Auflage 2024

www.altraverse.de